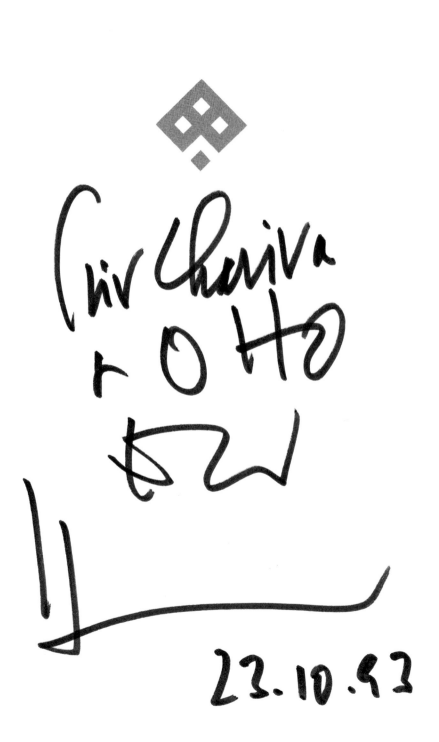

Philosophieren heißt für Goldschmidt, den Widerspruch ernst nehmen: „Wo ein Widerspruch laut wird, dort, meint man, sei etwas falsch, statt zu begreifen, daß dort, wo kein Widerspruch vorliegt, etwas falsch sein muß." So lautet der Kernsatz der *Freiheit für den Widerspruch*. In Weiterentwicklung der *Philosophie als Dialogik* (1944/48) und *Dialogik. Philosophie auf dem Boden der Neuzeit* (1964) formuliert der Verfasser in diesem Werk seine Losung kritischen Denkens und Lebens.

Das philosophische Hauptwerk von 1976 war seit fünfzehn Jahren vergriffen. In neu durchgesehener Fassung erscheint jetzt diese *Freiheit für den Widerspruch* im Rahmen der Werkausgabe, von der bereits Band I vorliegt: *Frühe Schriften* (Der Nihilismus im Licht einer Kritischen Philosophie, 1941; Hermann Cohen und Martin Buber. Ein Jahrhundert Ringen um Jüdische Wirklichkeit, 1946; Philosophie als Dialogik, 1948).

Der Autor, 1914 in Berlin geboren, lebt seit 1938 in Zürich. Er gründete und leitete das Jüdische Lehrhaus Zürich, war Gastprofessor in der Schweiz, Deutschland, Italien und lehrt an den Volkshochschulen Zürich und Basel.

FREIHEIT FÜR DEN WIDERSPRUCH

PASSAGEN PHILOSOPHIE

Werkausgabe in neun Bänden

Herausgegeben von Willi Goetschel
Werke 6

Hermann Levin Goldschmidt
Freiheit für den Widerspruch

Passagen Verlag

Die Veröffentlichung dieses Bandes wurde
durch einen Druckkostenzuschuß des
Migros-Genossenschaftsbundes ermöglicht.

Die Deutsche Bibliothek - CIP-Einheitsaufnahme

Goldschmidt, Hermann Levin:
Werkausgabe : in neun Bänden / Hermann Levin Goldschmidt.
Hrsg. von Willi Goetschel. – Dt. Erstausg. – Wien : Passagen-Verl.
(Passagen Philosophie)
NE: Goetschel, Willi [Hrsg.]; Goldschmidt, Hermann Levin: [Sammlung]

Dt. Erstausg.
6. Freiheit für den Widerspruch. – 1993
ISBN 3-85165-068-9

Graphisches Konzept: Ecke Bonk
Satz: Tau Type, Bad Sauerbrunn
Druck: Manz, Wien

Inhalt

Vorwort

Mary, meine Frau, die diese zweite Auflage der *Freiheit für den Widerspruch* nicht mehr erlebt, sie war es, die dazu riet, und wie liebevoll, beharrlich, zuversichtlich, ein neues Buch zu schreiben, statt sich damit abzuquälen, wie die *Philosophie als Dialogik* (1948) und *Dialogik auf dem Boden der Neuzeit* (1964) wieder herausgebracht werden könnten. Und Walter Robert Corti war es, der auf den 1. März 1969 zu einem Vortrag nach Winterthur einlud, für den zur Dialogik hinzu und aus ihr heraus das Schlüsselwort „Freiheit für den Widerspruch" da war: endgültig. Sogleich folgten die so angekündigten Vorlesungen an den Volkshochschulen Zürich und Basel, eine Vortragsreihe am Deutschschweizer Radio und im Rahmen der Internationalen Radio-Universität (hier auch ins Französische übertragen), sowie ihr Abdruck in der Schweizerischen Lehrerzeitung und dann das Gespräch mit Alfred A. Häsler in der *Tat* vom 27. Juni 1973, bis die Brücke nach Schaffhausen geschlagen war, hier sich ein Verlag fand, 1976.

Noch stand die Dialektik hoch im Kurs, die seit den sechziger Jahren sogar nochmals triumphierte und der – statt „dialektisch" vorgetäuschten – tatsächlichen Freiheit zum Widerspruch den Weg verlegte, erhärtete so aber auch die Berechtigung des Anarchismus, soweit sein Freiheitsdurst der Empörung im Recht ist (Achtes Kapitel der *Freiheit für den Widerspruch*), einen fast noch wichtigeren Widerspruch, denjenigen der Natur, ebenfalls „aufzuheben" versuchend, das heißt verdrängend: herausgeforderte Umwelt herausfordernder Erwachsenheit – Qualitatives Wachstum! (Zwölftes Kapitel der *Freiheit für den Widerspruch*).

Der Widerspruch der Weiblichkeit dagegen wurde nicht – noch nicht – mitbedacht, sodaß Frauen sich womöglich abgeschreckt fanden, wenn schon der erste Satz sie mit maskuliner Linguistik scheinbar – scheinbar! – überging: „Jeder Mensch ist ein ganzer Mensch oder kann es jedenfalls werden. Dabei tritt *ihm* das All der Welt als etwas *wie er selber* Eines und Ganzes entgegen ..." Die Schriften *Xanthippe – keine Xanthippe, Eine Ehrenrettung* (1986) und *Johann Jakob Bachofens Entdeckung der Zukunft in der Vergangenheit* mit den *Thesen zur Verdrängung und Vertiefung des Mutterrechts im Judentum* (1987) haben dieses in der *Freiheit für den Widerspruch* fehlende Kapitel nachgeholt, dessen Durchbruch vom Mutterrecht und/oder Vaterrecht zum Menschenrecht in zwei weiteren Veröffentlichungen auch sprachlich zum Ausdruck gebracht worden ist: in den vier Auflagen der Übertragung des Tao-te-king des Lao-Tse, *Weg und Weisung des Alten Lehrers* zwischen 1984 und 1992 erschienen, und im *Ganzheitsbuch* des gegenwärtigen Jahres 1993, Schalombuch so: *Sefer Ha'Schlemut.*

HLG

I. Entdeckung des Widerspruchs

1. Widerspruch von Anfang an

Jeder Mensch ist ein ganzer Mensch oder kann es jedenfalls werden. Dabei tritt ihm das All der Welt als etwas wie er selber Eines und Ganzes entgegen. Wenn er, dieses gleichzeitig beängstigend schwache und allein weitgehend hilflose Wesen, daran zweifeln will, daß er – er allein – ein dennoch ganzer Mensch sei oder es werden könnte, hält ihn das ebenfalls Eine und Ganze des ihn mitverbürgenden Allzusammenhangs aufrecht. Außerdem hängt der Mensch jedoch mit den anderen Menschen zusammen, deren jeder aber wie er selber ganz auf sich gestellt ist, auch er ein ganzer Mensch. Noch so innig ihr Zusammenhang und mit dem Zusammenhang des Alls noch so einig, sind die Menschen trotzdem keine gegenseitige Wiederholung. Das menschliche Gegenüber, etwas auch seinerseits Eines und Ganzes, ist niemals derselbe, sondern immer ein anderer Mensch. Statt einander zu wiederholen, widersprechen die Menschen einander.

Die zwischen den Menschen und beim Glauben und beim Denken sowie zwischen dem Glauben und dem Denken auftretenden Widersprüche sind von Anfang an so grundlegend, wie die jedem Einzelnen und ihnen zusammen begegnende Einheit des Alls. Ist diese Einheit angesichts dieser Widersprüchlichkeit nicht sogar bloß vereinheitlichte Vielfalt, das heißt letzten Endes Einheit nur eingebildeter Weise? Und ist dann also nicht Vielfalt das hier Letzte: eine zwar auch zu vereinigende Vielfalt, die sich aber nicht und niemals vereinheitlichen läßt? Die vorherrschende Neigung zieht jedoch die Einheit vor, voller Mißtrauen gegenüber der Vielfalt.

Das widerspruchslos einheitliche Ganze soll dem Ganzen widerspruchsvoller Vielfalt gegenüber den Vorzug verdienen, obgleich die Vielfalt ein ebenso vollständiges und sehr viel freiheitlicheres Ganzes erschließt. Wo ein Widerspruch laut wird, dort, meint man, sei etwas falsch, statt zu begreifen, daß dort, wo kein Widerspruch vorliegt, etwas falsch sein muß. Nicht die Vereinheitlichung, sie jeweils auf Gleichschaltung hinauslaufend, sondern der Widerspruch ist es, der die Freiheit verbürgt: kraft seiner Ausschließung jeglicher Vereinheitlichung. Tief eingefleischte Vorurteile stellen sich jedoch der Freiheit für den Widerspruch in den Weg, obgleich seine und nur seine Befreiung den Weg weist, auf dem sich die Freiheit vollendet.

Denn das Eine und Ganze, als das jeder Mensch sich selber zu verwirklichen hat, treibt ihn so auch über sich hinaus einer das ganze All zusammenfassenden Einheit entgegen. Hierin liegt der eine Beweggrund für die im Hinblick auf die Menschheit und das All in Versuchung führende Bevorzugung der Einheit. Ihr anderer Beweggrund ist die nicht weniger großartige und deswegen einen überwältigenden Eindruck machende und hinterlassende Erfahrung, daß der Geist zwar vom Individuum – und allein vom Individuum – wahrgenommen wird, dem Individuum jedoch überindividuelle Wahrheit eröffnet.

Daß der Durchbruch des Geistes und zum Geist auch der Individualität ihre Wahrheit als ihr Recht auf ihren Widerspruch besiegelt und der Geist selber einen von Anfang an widerspruchsvollen Durchbruch darstellt, fiel und fällt weniger auf als der Durchbruch zum Gesetz, diese Wahrnehmung des Allgemeinen. Die einander widersprechenden Individuen, die den Geist in Worte fassen, und die widerspruchsvollen Einzelheiten, an denen sie ihn erhärten, scheinen weniger wesentlich als die durch sie hindurch bewahrheitete Allgemeinheit des Geistes.

Trotzdem ist mit der Wahrheit außer ihrer Allgemeinheit immer auch schon ihre Widersprüchlichkeit da, als von Anfang an zweifacher Widerspruch. Dieser Widerspruch tritt der Wahrheit als eine andere Wahrheit sowie – innerhalb jeder Wahrheit – der Wahrnehmung dieser Wahrheit als eine andere Wahrnehmung derselben Wahrheit entgegen. So gründet der von außen her der Wahrheit entgegentretende Widerspruch in dem geschichtlichen Ereignis der Gleichzeitigkeit zweier Durchbrüche zum Geist. Ihnen zufolge ist dieser eine und einzige Geist seitdem sowohl Glaube als auch Wissen: Wahrheit kraft der Offenbarung und Wahrheit kraft der Vernunft.

Diese als das Gegenüber von Glaube und Wissen den Durchbruch zur Wahrheit von Anfang an mitkennzeichnende Widersprüchlichkeit des Geistes wurde aber jahrhundertelang nicht beachtet. Die religiöse Ergriffenheit des biblischen Judentums und die philosophische Begriffserhellung des antiken Griechentums gingen nebeneinander her: dort Offenbarung jenseits der Vernunft, hier Vernunft jenseits der Offenbarung. Die Glaubenswahrheit setzte sich durch, ohne von der ihr buchstäblich fern-liegenden Vernunftwahrheit in Frage gestellt zu werden. Und die Vernunftwahrheit setzte sich durch, ohne etwas von dem Widerspruch zu ahnen, den die Offenbarung ihr gegenüber darstellt, bloß die Religiosität ihres eigenen griechischen Volkes vor den Augen, eine der Philosophie nicht gewachsene Frömmigkeit.

Als der nach Platons Tod aus Athen fortgezogene Aristoteles im kleinasiatischen Assos erstmals einem Juden begegnete, „der in dem vertrauten Verkehr, den er mit vielen gebildeten Männern unterhielt, mehr austeilte, als er empfing",[1] und nach Alexander dem Großen, seinem Schüler, Griechen und Juden unausweichlich aufeinandertreffen, ohne miteinander verschmelzen zu können, wird der von ihnen zusammen zum Ausdruck gebrachte gegenseitige Widerspruch von Glaube und Wissen nicht mehr ihnen zum Schicksal, sondern das Schicksal jetzt des Mittelalters. Anderseits aber waren die Schöpfer der Offenbarungsreligion dort und die Schöpfer der Philosophie hier – die beide Male dem von ihnen in die Welt gesetzten gegenseitigen Widerspruch hatten ausweichen können – dem Widerspruch als solchem trotzdem nicht entgangen. Derjenige Widerspruch blieb ihnen nicht erspart, der innerhalb jeder Wahrheit der Wahrnehmung dieser Wahrheit als eine andere Wahrnehmung derselben Wahrheit begegnete.

2. Widerspruch beim Denken

Die Philosophie beginnt, weil es außer vielem Wissen, das Welt und Leben besser meistern läßt, auch die volle Übereinstimmung zwischen den Gesetzen des Alls und der sie nach-denkenden Vernunft gibt, das heißt Wahrheit. Der Mensch ist nicht nur irgendeiner, der auch etwas weiß, sondern derjenige, dessen Wissen das Gesetz wahrnimmt, nach dem er selber und das Weltganze ihre Wirkungen ausüben, aller Schwäche, Armseligkeit und Hilflosigkeit wie der Kürze jedes einzelnen Menschenlebens zum Trotz. Anders aber als bei den Wissenschaften, die sich jetzt ebenfalls entfalten, von der Philosophie mitverbürgt, findet sich die Wahrheit, um die es der Philosophie geht, immer wieder von neuem in Frage gestellt. Sie bloß vervollständigen zu wollen ist nicht genug.

Daß es die Wahrheit gibt und der Mensch sie wahrnimmt, schließt nämlich nicht aus, daß die Wahrheit in der Gestalt formaler Allgemeinheit, der sich die Einzelheiten verflüchtigen, oder als eine Fülle von Besonderheiten wahrzunehmen ist, der über ihren Einzelheiten jede mögliche Vereinheitlichung entgleitet. Oder daß die Wahrheit als Geist und kein Stoff oder als Sein und kein Werden wahrgenommen wird, oder umgekehrt als Stoff statt Geist, Werden statt Sein! Nichts fließt, von dem Sein des Geistes aus geurteilt, und alles fließt, den Stoff und sein Werden vor den Augen. Beides ist wahr.

17

Kaum kommt es zur Philosophie, tritt sie auch schon in der Mehrzahl auf, ohne daß sie deswegen aufhören würde, Philosophie in der Einzahl zu sein: Wahrheit schlechthin.

Parmenides und Heraklit, die sich während derselben Jahrzehnte des ausgehenden sechsten und anfangenden fünften Jahrhunderts bereits räumlich als der Westen Unteritaliens und der Osten Kleinasiens entgegentreten, stellen den von Thales ausgegangenen Durchbruch des Geistes zur Philosophie vor die Tatsache dieses ersten grundlegenden Widerspruchs, die Philosophie gerade so zu der Wahrheitssuche herausfordernd, die ihren einzigartigen Auftrag bildet. Daß es die Wahrheit gibt und der Mensch sie wahrnimmt, wird nicht dadurch fraglich, daß sich die Wahrnehmungen dieser Wahrheit widersprechen. Sowohl die Sophistik als auch die Philosophie, deren Wege jetzt angebahnt werden und sich bald endgültig trennen, lassen sich von der Widersprüchlichkeit des Wahrnehmens der Wahrheit nicht entmutigen. Aber den Sophisten führt sein Weg zur Rhetorik, der „Überredung", und das heißt: aus der Philosophie immer weiter heraus. Dagegen führt den Philosophen sein Weg zur Dialektik der „Unterredung", und das heißt: in die Philosophie immer tiefer hinein.

Der Sophist, der von der Wahrheit, und der Philosoph, der für die Wahrheit lebt, beide machen der Vorsokratik ein Ende. Diese Vorsokratik, die zur Wahrheit als einer Wahrheit ohne Widerspruch hatte vorstoßen wollen, hatte dabei den Widerspruch der Wahrnehmungen dieser Wahrheit heraufgeführt. Der Sophist wie der Philosoph gehen nunmehr vom Widerspruch aus, wobei im Anschluß an Platon und nach der Prägung von Max Weber unter der Sophistik und der Philosophie hier Idealtypen verstanden sein sollen. So kann die sich ihrem Realtypus gegenüber einstellende Frage außer acht gelassen werden, ob nicht dieser oder jener Sophist auch ein Philosoph und so mancher Philosoph nicht auch ein Sophist war, beispielsweise Sokrates, vielleicht sogar Platon?

Der Sophist – Sophist im Sinn des Idealtypus dieses Begriffs – benutzt die Widersprüchlichkeit der Wahrheit, um in jedem Fall recht zu behalten, während der Philosoph – Philosoph im Sinn des Idealtypus dieses Begriffs – die Wahrheit um ihrer Widersprüchlichkeit willen als ein Ziel auf sich nimmt, das gegen alles, das bereits im Recht zu sein vorgibt, immer erst noch anzustreben bleibt. Weil die Wahrheit *widersprüchlich* wahr ist, findet sich der Sophist mit dem besten Gewissen von der Welt dazu bereit, für den Erfolg der Seite einzustehen, die ihn jeweils für sich in Anspruch nimmt, mit reichem Lohn. Dagegen macht sich der Philosoph – weil die widersprüchliche Wahrheit *wahr* ist – dazu bereit, für sie einzustehen, ohne Lohn zu verlangen. Mag seine „Philo-Sophia", die aus Liebe zur Sache auf den Anspruch der Wahrheit und nur diesen Anspruch baut, keine Seite jemals ganz befriedigen! Eher wagt er sein Leben, als im Leben bloß erfolgreich zu sein.

3. Widerspruch beim Glauben

Dieselbe Scheidung, die angesichts der Widersprüchlichkeit des Begriffs zur Philosophie einerseits und Sophistik anderseits führt, trennt auf dem Boden der Offenbarungsreligion angesichts der Widersprüche ihrer Ergriffenheit echte und falsche Prophetie. Dem echten Künder geht es um die Wahrheit, Erfolg hin oder her, dem falschen Künder beim Hin und Her der Wahrheit um den Erfolg.

Noch blieb der Widerspruch zwischen der Wahrheit der Religion und derjenigen der Philosophie unbemerkt. Aber es gab – wie den Widerspruch beim Philosophieren – Widerspruch auch schon innerhalb der Religiosität und mit ihm den Zwang zur Entscheidung für die „sophistische" oder die „philosophische" Stellungnahme des falschen Propheten dort, echten hier. Statt der griechischerseits erfaßten vollen Übereinstimmung zwischen den Gesetzen des Alls und der sie nach-denkenden Vernunft erfaßt das Judentum die volle Übereinstimmung des Geschöpfes Mensch mit den Zielsetzungen der Schöpfung. Auch dieser Aufbruch zur Ergriffenheit jenseits des Aufbruchs zum Begriff, der statt Wissen Gewißheit bot, das heißt Glaube war, findet sich dem Widerspruch ausgesetzt. Hier wie überall stellt er mindestens insofern in Frage, als bei jeder Wahrheit die Wahrnehmung dieser Wahrheit anderen Wahrnehmungen derselben Wahrheit begegnet.

Zwar war es der Mensch als solcher, der als einziges Wesen und allein ganzer Mensch in die Gewißheit eintrat, daß sich ihm – der nicht der Schöpfer des Alls, sondern nur eines der Geschöpfe dieses Alls ist – die Zielsetzungen der Schöpfung von deren Anfang bis zu ihrem Ende hin offenbaren, und er, dieser Mensch in der Einzahl, ihrer Weisung nachzukommen fähig sei. Aber es offenbarte sich ihm auch, was den Griechen ebenfalls aufgegangen war, als ihr individueller Geist sich als Ebenbild des überindividuellen Geistes begriff, das Gesetz seiner selbst und des Alls von deren erster Ursache bis zu deren letzter Auswirkung nachzudenken imstande. Die Widersprüchlichkeit der Wahrnehmungen der Wahrheit! Der in dem Ebenbild seines Schöpfers geschaffene biblische Mensch gewahrt sich angesichts dieser Wahrheit des Glaubens in der Widersprüchlichkeit der Wahrnehmungen von Mann und Frau oder Opfer und Mörder sowie Vielzahl von Sprachen, der ursprünglich einen Sprache aller Menschen zum Trotz.

„Gott schuf den Menschen in seinem Bilde, im Bilde Gottes schuf er ihn", heißt es ohne jede Einschränkung, in demselben Satz aber außerdem: „männlich, weiblich schuf er sie" (1. Mose 1,27). Oder, noch viel krasser in den Widerspruch hineinstellend, ohne deswegen die Ganzheit jedes einzelnen Menschen in Frage zu ziehen, seine für sich selber und die Schöpfung voll verantwortliche Individualität: „Nicht gut ist es, daß der Mensch allein sei; ich will ihm eine Hilfe machen, ihm zum Gegenüber" (2,18). Denn die Tiere, diese der Sprache des Menschen untertänigen Lebewesen, erweisen sich als kein zureichendes Gegenüber des Menschenlebens. Ihnen ihren Namen gebend, die so heißen, wie der Mensch sie nennt, findet sich dabei „keine Hilfe, ihm *Gegenpart*" (2,20), mit Martin Bubers Übertragung von 1. Mose 2,18 und 2,20 ausgedrückt. Die Tiere ansprechend, breitete und breitet sich bloß der Monolog des Menschen aus, ohne die nur vom Dialog zu eröffnende Bereicherung zu bieten, die der Mensch braucht, um als ganzer Mensch es wirklich zu sein.

Erst als dem Menschen Gebein von seinem Gebein und Fleisch von seinem Fleisch zugeführt wird, jubelt er sein: „Diesmal ist sie's!" (2,23). So durch einen anderen Menschen wiederholt, findet sich der Mensch des ihm fortan ermöglichten Dialoges aber auch einem Menschen gegenüber, der anders ist als er selber. Das Gegenüber, das mit ihm seine Sprache teilt, ist ihm zu widersprechen imstande.

Mit diesem selben Ausblick vergegenwärtigt die Bibel sogleich nochmals einen paradiesischen Zustand von jetzt zwei Männern, aus deren ungetrübter Bruderschaft erst „nach geraumer Zeit" (4,3) die innere Widersprüchlichkeit dieser und jeder menschlichen Geschwisterlichkeit hervorbricht. Dem biblischen Sprachgebrauch nach geschieht es jetzt zum erstenmal, daß „die Sünde vor der Tür lauert" und der Mensch sie meistern sollte (4,7). Wirkliches Menschenleben, dessen ebenso mögliche wie notwendige Bezwingung des Bösen gerade so nicht aufgeweicht, sondern vielmehr erhärtet wird, beginnt mit der verübten Untat, ihrem „unannehmbaren Widerspruch". Das immer und unter allen Umständen Böse des Bösen, sein jeweils „geschuldetes" Gutes, eröffnet dank dieser Schuld die Umkehr von der Schuld. Mit dem Kainswort: „Bin ich meines Bruders Hüter?" (4,9) erhärtet sich die hier ausgeschlagene Annahme des Widerspruchs als Auftrag und Notwendigkeit.

Und dasselbe erweist der „Turmbau zu Babel" (11,1-9). Wie die Widersprüche zwischen Adam und Eva oder Abel und Kain sucht auch diese Erzählung auf Grund der Annahme einer Schuld ihre Folge – die Sprachvielfalt der Völker – als nicht aufzuhebende, sondern auszuhaltende Widersprüchlichkeit zu erweisen, ohne die es die Geschichte nicht gäbe, die es gibt, eine ebenso sinnvolle wie schöpferische Geschichtswirklichkeit. Die verschiedenen Sprachen der verschiedenen Völker, die nur von dem sich immer wieder einmischenden Vorurteil gegen den Widerspruch als „Verwirrung" beklagt werden, sind die andere Seite der Tatsache, daß die Menschen sprachfähig sind und sich einigen können. Der Widerspruch von Sprache zu Sprache, der jede Vereinheitlichung ausschließt, hat die hier ursprüngliche Einerleiheit gelten zu lassen, auf der zu beharren aber nicht zusammenführt, sondern auseinandergeführt hat, um erst so wirklich zusammenzuführen.

Wie der Verlust des Paradieses durch Adam und Eva oder Abel und Kain hebt auch der Verlust des dem Turmbau zu Babel vorausgegangenen Völkerparadieses das eine Ganze der Menschheit nicht auf, zu deren Sammlung Abraham erst jetzt aufbrechen kann (12, 1ff). Jetzt und erst jetzt wird die eben noch verfluchte Erde (3,17) in den Segen dieser hier anhebenden Sammlung wieder einbezogen, Boden der erst jetzt anhebenden Welt- und Heilsgeschichte aller Völker und der Menschheit, „sämtlichen Geschlechtern der Erde zum Segen!" (12,3).

4. Platons Dialektik

Aber die Philosophie ist es, die in Begriffe faßt, was die biblische Ergriffenheit nur zu erzählen weiß. Angesichts der von der Vorsokratik an den Tag gebrachten Widersprüchlichkeit der Wahrnehmungen der Wahrheit macht Platon diese Widersprüchlichkeit zur „Methode", das heißt einer „Wegleitung", in der Richtung zur Wahrheit. Die Widersprüchlichkeit selber und als solche ist es, die fortan zur Wahrheit führt, obgleich sich – wegen dieser Widersprüchlichkeit – von der Wahrheit nicht ausgehen läßt. Die verschiedenen und unausweichlicherweise verschiedenen Inanspruchnahmen der Wahrheit bieten Ausgangspunkte, deren widerspruchsvolles Hin und Her – griechisch „Dialektik" genannt – von den Sophisten zwar nur ausgenützt wird, um auf dem eigenen oder ihres jeweiligen Auftraggebers Recht zu bestehen, aber von den Philosophen, lehrt Platon, dazu benutzt werden kann, um der Wahrheit entgegenzuführen.

Trotz der Widersprüche zwischen ihren Wahrnehmungen hört die Wahrheit nicht auf, wahr und für alle Menschen dieselbe eine, einzige Wahrheit zu sein. So rühmt sich Sokrates wie ein Sophist seines Wissens, indem er sich aber als der Philosoph, der mit dieser Erkenntnis die Sophistik überwindet, des Wissens rühmt, daß er nichts weiß: deswegen der jetzt unter allen Menschen weiseste![2] Mit diesem Dreischritt, der bei der Wahrheit keines Wissens und auch bei derjenigen des Nichtwissens nicht stehenblieb, und bei diesem, seinem ersten und einem seiner denkwürdigsten Beispiele von der Setzung oder These des Wissens über die Gegensetzung oder Antithese des Nichtwissens zur Fortsetzung oder Synthese der Weisheit führte, war die Wegleitung der Dialektik bereits vollständig erfaßt, ohne allerdings schon den ganzen Weg ihrer mit den Widersprüchen rechnenden Heraufführung der Wahrheit zu durchmessen.

Eine „Seelen-Umwendung",[3] wie Platon selber sie begreift und ausmalt: Seelen-Umwendung von begeisternder Zuversicht und in der Tat bleibender Bedeutung, fehlt dieser ersten Dialektik (oder Dialektik Erster Stufe) der Bereich der Geschichte. Ihn hat erst Hegel in die Dialektik einbezogen, nachdem die Geschichte – und die Dialektik der Geschichte – vom biblischen Judentum bereits zum Ausdruck gebracht worden waren. Diese Leistung auch grundsätzlich zu durchdenken, gelang erst Hegel, dem Schöpfer so der Dialektik Zweiter Stufe. Der Glaube selber legte seinen Beitrag zur Dialektik als ein leibhaftiges Zeugnis ab, ohne seine Ergriffenheit auch zum Begriff zu erheben.

Wenn beispielsweise Jesaja ein so hartes Wort kündet wie das „Höret immerfort, doch verstehet nicht, und sehet immerfort, doch erkennet nicht ... bis daß die Städte öde liegen ohne Bewohner und die Häuser ohne Menschen sind und das Fruchtland nur noch Wüste ist" (6,9,11), indem er dabei dessen gewiß bleibt, daß zwischen den Völkern einst Recht und Weisung aufblühen werden und sie den Krieg nicht mehr lernen (2,4), ist hier die Geschichte, von der Platon noch absieht, gerade so dialektisch erfaßt wie bei Platon die Welt geistiger Entfaltung. Dasselbe gilt von der über Jeremia hereinbrechenden und ihm zuletzt durchaus sinnvoll vorkommenden Erfahrung, daß es auch falsche Propheten gibt, die auf Grund der Widersprüche bei der Wahrnehmung der Wahrheit den Lauf der Geschichte mitbestimmen und lange Zeit hindurch Erfolg haben können, während der echte Prophet auf eine künftige Bewahrheitung baut, der treu zu bleiben eher noch das Leben kostet, als Erfolg beschert (27,12ff; 28,1ff; 38,1ff).

„Manch ein Weg", heißt es dann auch in den Sprüchen, „dünkt dem Menschen der rechte, zuletzt aber ist es ein Weg des Todes" (14,12; 16,25). Und „Glaubt nicht!" schreibt Johannes, so das Wesentliche aller denkerischen Bemühungen bereits vorwegnehmend, die seit Hegel und Marx um die Unterscheidung des echten vom falschen Bewußtsein ringen: „Glaubt nicht jedem Geist, sondern prüfet die Geister, ob sie von Gott stammen; denn viele falsche Propheten sind in die Welt ausgegangen" (1. Joh. 4,1).

Aber es war die buchstäblich denkwürdige Leistung der Philosophie und bleibt Platons bahnbrechende Tat, daß dieses und jedes widerspruchsvolle

Hin und Her geistiger Inanspruchnahmen der Wahrheit als durchaus keine Abwegigkeit, sondern die von der Sache her notwendige und sinnvolle Wegleitung zur Wahrheit begriffen worden ist. Statt sich im Gefolge der Ergriffenheit des Glaubens mit der Bezeugung der Wahrheit zu begnügen, deren erst zuletzt siegreich durchbrechende Vollständigkeit dann – wenn Gott alles in allem sein wird (1. Kor. 15,28) – ihren Zeugen nachträglich bewahrheitet, oder sophistisch zwischen den sich hier und jetzt widersprechenden Ansprüchen auf Wahrheit stehenzubleiben, um bald mit dem einen und bald mit dem anderen Anspruch erfolgreich zu sein, verbindet der Philosoph sämtliche Ansprüche auf Wahrheit zur Dialektik des Dreischritts fortlaufend zunehmender Annäherung an sie.

Die Methode der Dialektik, sagt Sokrates in Platons *Staat*, sie allein bleibt bei keiner einzelnen Voraussetzung der Wahrheit stehen, sondern geht auf deren Ausgangspunkt zurück, um festen Stand zu gewinnen. So zieht sie „das in einem Schlamm des Unverständnisses versunkene Auge der Seele allmählich ans Licht und richtet es nach oben", alle wesentlichen Fächer und Künste als Mithelferinnen und Mitarbeiterinnen dieser Seelen-Umwendung nutzend.[4] Etwas Eigenes, Neues und der prometheischen Eroberung des Feuers, mit der sich die Menschheit auf sich selbst zu stellen gewagt hat, Vergleichbares ist hier eingebracht: das läßt Platon seinen Sokrates jubelnd verkünden.

Eine Gabe der Götter an die Menschen, so will es mir wenigstens scheinen, ward einst durch irgendeinen Prometheus herabgebracht, von hellstem Feuerglanz umstrahlt. Und die Alten, von edlerer Art als wir und den Göttern näher, haben uns als Kunde dies überliefert, aus Eins und Vielem und Bestimmung und Unbestimmtheit sei alles, wovon jemals gesagt wird, daß es sei ... Die unter den jetzigen Menschen Weisen hingegen setzen ein Eins, wie sie es eben treffen, schneller oder langsamer, als es sich gehört, und nach dem Eins gleich Unendliches, während ihnen das in der Mitte Liegende entgeht. Darin aber steckt der Unterschied, ob wir in unserem Gespräch dialektisch oder nur streitsüchtig miteinander verfahren.[5]

Jeden einen und jeden anderen Anspruch auf Wahrheit und auch das zwischen ihnen in der Mitte Liegende beachtend, den verschiedenen Standpunkten und ihrem gemeinsamen Ganzen weder zu schnell noch zu langsam auf der Spur, ohne die hierbei wahrzunehmenden Widersprüche streitsüchtig auszunützen, um allein recht zu behalten, ist aber auch diese Dialektik Erster Stufe – wie nach über zweitausend Jahren diejenige der Zweiten Stufe – nicht dagegen gefeit, selber ebenfalls streitsüchtig zu sein. Ob diese Streitsucht – und Streitsucht bis zur Herrschsucht –, die Platon wie Hegel und ihre sämtlichen Fortsetzer einst und immer wieder aus der Philosophie in die Sophistik zurückfallen ließ und läßt, an der Dialektik als solcher oder bloß an ihrem Mißbrauch liegt, sei zunächst dahingestellt. Jedenfalls war durch die Einführung der Dialektik die in ihrem Rahmen aus einer Anfechtung der Wahrheit zu einem Mittel der Erarbeitung der Wahrheit ausgebaute Entdeckung des Widerspruchs nicht auch schon jedem Mißbrauch des Widerspruchs enthoben.

Die Überwindung der Sophistik durch die Philosophie ist trotz der Dialektik eine nach wie vor erst noch zu verwirklichende Losung. Was Platon an der folgenden Stelle seines Dialoges über den *Staat* als bloß einen Mißbrauch der Dialektik anprangern zu können geglaubt hat, blieb in Tat und Wahrheit weder seinem eigenen noch sonst einem Gebrauch der Dialektik erspart.

„Es ist dir gewiß nicht entgangen", sagt Sokrates zu Glaukon, „daß die grünen Bürschchen, wenn sie zuerst solche dialektische Weisheit schmecken, mit ihr wie mit einem Spielzeug umgehen. Sie benutzen sie zur Widerrede, und indem sie es denjenigen gleichzutun suchen, von denen sie widerlegt werden, widerlegen sie selbst wieder andere, mit ihrer Kunst der Rede und Widerrede jungen Hunden ähnlich, die ihre Freude daran haben, jeden, der in ihre Nähe kommt, zu zerren und zu zupfen." Glaukon stimmt zu. „Wenn sie dann viele andere widerlegt haben und von vielen anderen widerlegt worden sind", sagt jetzt wieder Sokrates, „so geraten sie plötzlich und heftig in den Zustand, nichts mehr von dem zu glauben, was sie früher glaubten, und daraus erklärt sich der üble Ruf, in dem sie selbst und alles, was mit der Philosophie zusammenhängt, stehen. Wer aber schon etwas älter ist" – Platon meint: mindestens dreißigjährig – „wird mit solcher Tollheit nichts zu tun haben wollen, sondern lieber dem nacheifern, der dialektisch (in dem fruchtbaren Sinn dieses Begriffs) vorgeht, die Wahrheit zu erforschen suchend, statt sich mit dem Widerspruch nur zu belustigen. Er wird maßhalten", das erhofft Platon von dem Dialektiker, der mindestens dreißig Jahre alt ist, „und sowohl an sittlicher Tüchtigkeit zunehmen, als auch die Kunst der Dialektik nicht länger in Verruf bringen, sondern zu Ehren."[6]

II. Vergessener und übersteigerter Widerspruch

1. Die Einheit des Mittelalters

Etwas anderes ist das Vergessen des Widerspruchs und die Übersteigerung dieses vergessenen Widerspruchs während des Mittelalters, etwas anderes die auf dem Boden der Neuzeit drohenden Versuche seiner Beseitigung. Daß bereits das Mittelalter, jetzt der Realtypus des Mittelalters, neuzeitliche Züge aufweist, und die Neuzeit, jetzt der Realtypus der Neuzeit, weiter mittelalterliche Züge trägt, darf in diesem Fall außer acht gelassen werden. Der vom Mittelalter, dem Idealtypus des Mittelalters, vergessene Widerspruch bleibt als die verstörende und zerstörerische Teufelsgefahr seiner Übersteigerung zum Dualismus trotzdem gegenwärtig, während es die Gefährdung der Neuzeit ist, daß der von ihr, dem Idealtypus der Neuzeit, niemals wieder zu vergessende Widerspruch hier zu beseitigen versucht wird, durch die Verdrängung, Unterdrückung, Unterwühlung, Hinausschiebung und Verflüchtigung seiner schöpferischen Gegenwart.

Das Mittelalter war hinter die antike Entdeckung des Widerspruchs zurückgefallen, weil ihm die Verbindung von Glaube und Wissen im Vordergrund stand, die aus dem Altertum herausgeführt hatte. Wichtiger und wegweisender als die dort entdeckten Widersprüche des Denkens einerseits und Glaubens anderseits mit ihrer Abhebung der Philosophie von der Sophistik und der echten von der falschen Prophetie war dem Mittelalter die von ihm selbst erarbeitete Verbindung der Philosophie mit der Theologie. Die hierdurch begründete Einheit des Alls schien umso mehr oder jedenfalls auch deshalb jeder Widersprüchlichkeit enthoben, weil das Altertum diese beiden Wahrnehmungen der Wahrheit nebeneinander entwickelt hatte, ohne bis zu den Möglichkeiten und der Grenze ihrer Zusammenfassung vorzustoßen. Das Denken des Begriffs und das Glauben der Ergriffenheit waren einander erst nach der damaligen Vollendung des philosophischen Vernunftwissens auf der griechischen und der Offenbarungsreligion auf der jüdischen Seite begegnet.

Die Neuzeit dagegen konnte und kann weder die beim Denken und beim Glauben nebeneinander eingetretene antike Entdeckung der sich dort und hier einstellenden Widersprüche, noch die bei ihrer Zusammenfassung durch das Mittelalter damals zwar vergessenen, aber seitdem laut gewordenen Widersprüche übergehen. Gerade die von diesen Widersprüchen herrührende Infragestellung jeder Einheit ist es, die aus der Neuzeit ihre von Grund aus neue Zeit gemacht hat, ein Weltalter der Freiheit wie noch nie. Wohl darf die neuzeitliche Widerspruchsvielfalt, von der ihre Freiheit ebenfalls betroffen ist, nicht unterschätzt und darf anderseits die Freiheit nicht geringgeschätzt werden, über die bereits das Mittelalter verfügte. Seine Einheit, die ihm wichtiger war als die sie in Frage stellenden Widersprüche, schenkte ein fast beneidenswertes Ausmaß an Freiheit, der aber die Selbstverantwortung vorenthalten blieb, auf deren uneingeschränkter Heraufführung die Neuzeit beruht.

Wegleitend blieb der Kreis, das im Sinn auch der antiken Überlieferung angeblich vollkommenste Gebilde, ausschlaggebend seine jeweils eine Mitte. Quer zu jeder gegenseitigen Begegnung war es diese·eine und einzige Mitte, die jedem einen und anderen Gegenüber der Begegnung seine Stellung zuwies und deren Bewährung zur Verantwortung zog. Nicht um des Nächsten, sondern um Gottes willen war die Nächstenliebe ihr Gebot. Das „Du sollst deinen Nächsten lieben wie dich selbst!" (3. Mose 19,18) und „Wie ein Einheimischer aus eurer eigenen Mitte soll euch der Fremdling gelten, der bei euch wohnt, und du sollst ihn lieben wie dich selbst!" (19,34) werden ausdrücklich hierdurch begründet: „Ich bin der Herr (19,18) – der Herr, euer Gott" (19, 34).[1]

Weil der Kreis stets nur einen Mittelpunkt hat – statt wie die Ellipse, deren nicht weniger vollkommenes Gebilde der Neuzeit ihren Weg weist, zwei Brennpunkte – konnte zwar die Welt, die sich um diese Mitte drehte, Widersprüche enthalten, aber nicht als solche widerspruchsvoll sein. Nicht nur China, sondern auch die „katholische" Christenheit, die das Ganze des Alls mit dem eigenen Ganzen einssetzte, bildete ein „Reich der Mitte", das wohl auch Leben jenseits seines Umkreises gelten ließ, aber die Wahrheit, ganze Wahrheit als solche für sich selbst in Anspruch nahm. Was von außen her widersprach, spielte zwar seine und eine sogar zunehmend übersteigerte Rolle, ohne aber die vom eigenen Mittelpunkt verbürgte Welteinheit in Frage zu stellen, dessen Liebesallgewalt, heißt es in Dantes letzter Terzine, „still und einig im Kreis die Sonne führt und alle Sterne".[2]

2. Das All des Mittelalters

Man betrachte die Fensterrose der Kathedrale von Lausanne mit ihren Abbildungen der Jahreszeiten, Elemente, Tierkreiszeichen, Monate, Himmelsrichtungen, Lebensalter, Temperamente, Paradiesflüsse und Fabelwesen, Bruchteile bloß dessen, was innerhalb von vier Rosen hier einmal alles einbezogen war! Oder vergegenwärtige sich die Gestaltenfülle auch nur eines einzigen Domes des Mittelalters oder blicke in Zillis zur Decke der Kirche St. Martin hinauf! Eine Bewahrheitung der von dem Petrus des Johannesevangeliums gefangenen einhundertdreiundfünfzig großen Fische, „und wiewohl es so viele waren, zerriß das Netz nicht" (21,11), sind hier fünfzehn mal sieben und als ihr Rahmen weitere achtundvierzig Bilder vor die Augen gestellt, zusammen einhundertdreiundfünfzig. In fünfzehn Reihen erzählen jeweils sieben Bilder erst die biblische Geschichte und dann diejenige des heiligen Martin, Inbegriff so und durchaus zureichender Inbegriff aller Geschichte überhaupt, von dem auf den Bildern des Rahmens vergegenwärtigten Weltmeer ringsum abgeschlossen. Hier verwandeln sich die Tiere in Menschen, herrscht das Ungeheuer, dem Menschen Grenzen ziehend, unüberquerbare Grenzen. Nur das durch die ganze Decke hindurchgezogene Kreuz verbindet das Jenseits dieser Fabelwesen mit dem Diesseits des übrigen Alls.

Widerspruch gibt es also durchaus, aber keinen Widerspruch dem Ganzen der eigenen Welt gegenüber, obgleich ihr Diesseits und Jenseits keineswegs alles umspannen. Daß andere Welten dieselbe Mitte anders wahrnahmen oder womöglich sogar eine andere Mitte umkreisen, blieb nur ahnungsweise bewußt, ohne die eigene Welt deswegen in Frage zu stellen. So gab es beispielsweise den Juden, der sogar mit seiner biblischen Vergangenheit als jedoch nicht seiner Vorgeschichte, sondern derjenigen des Christentums in das „katholische" Ganze einbezogen war, und ohne daß seine nachbiblische Fortdauer und zeitgenössische Gegenwart, die er sichtlich und noch immer schöpferisch meisterte, ebenfalls ernstgenommen und miteinbezogen wurden. Und so gab es den Islam oder gab es das unabsehbar vielfältige Heidentum Asiens und Afrikas als nur immer Randgebiete des eigenen Umkreises und ihm nah oder fern, aber kein wesentlicher Widerspruch ihm gegenüber.

Noch im Jahr 1928 hat sich ein Denker wie Peter Wust zum Abschluß seiner *Dialektik des Geistes* auf ein Wort Augustins berufen, das diese mittelalterliche Widerspruchsvergessenheit nicht bloß rührend, sondern auch bestürzend selbstgerecht zum Ausdruck bringt, als diente der Widerspruch, wie noch Augustinus es anderthalb Jahrtausende zuvor sozusagen „unschuldig" annehmen durfte, nur der Verherrlichung des eigenen Umkreises, ohne ihn

– im Sinne der Neuzeit – dabei auch in Frage zu stellen. „Wundervolle Weisheit" sei, sagt Wust, „in der gesamten objektiv-phänomenologischen Architektonik der Geschichte staunend zu betrachten ... Selbst das Negative in der Geschichte setzt in all seinem abwärts drängenden Schicksalsgewicht positive Kräfte frei, die Gutes schaffen, wo Böses beabsichtigt oder nur Unvollkommenes erreicht worden war."[3] Und überall, wirklich überall sei sie am Werk, heißt es auf Wusts letzter Seite, das Ganze des Alls in der Gestalt „ewiger Dialektik" wieder und nur immer wieder bewahrheitend: „die wunderbare Manifestationskraft *alles* Negativen".[4] So hatte es am 24. August 410 Augustin und seine Kirche von Grund aus in Frage gestellt, als das Unausdenkbare, das gänzlich ausgeschlossen sein sollte, sich trotzdem ereignet hatte: Alarichs Brandschatzung des christlichen Rom. Die eigene Mitte, in den Augen der Christenheit der tragende und verbürgende Mittelpunkt nicht nur ihres Umkreises, sondern des ganzen Alls, war von einem Gegner, den es also wirklich gab, und mit einer der eigenen Welt überlegenen stärkeren Macht erobert worden.

„Aber Gott hätte wahrlich nicht nur keinen Engel, sondern auch keinen Menschen erschaffen", sagt Augustinus, „von denen er vorausgesehen hätte, daß sie böse werden würden, wenn er nicht zugleich auch vorausgesehen hätte, wie er sie zum Nutzen des Guten verwenden und also die geordnete Reihe aller Jahrhunderte wie einen hochherrlichen Gesang gleichsam durch Antithesen schmücken würde. Solche sogenannten Antithesen, die man auf lateinisch *opposita*, das heißt Gegensätze, nennt oder besser *contraposita*, das heißt Gegenüberstellungen, nennen würde, bilden nämlich den ansprechendsten Schmuck der Rede. Auch die lateinische Sprache, ja aller Völker Sprachen bedienen sich dieses Schmucks. Wie" – hier gibt Augustinus Beispiele aus Paulus (2.-Kor. 6,7ff) und Jesus Sirach (33,15) – „diese Gegenüberstellungen von Gegensätzen die Rede verschönern, so bewirkt die göttliche Rhetorik, die statt der Worte sich der Dinge bedient, durch dieselbe Gegenüberstellung von Gegensätzen die Schönheit des Alls."[5]

3. Die Angst des Mittelalters

Die Folge des vergessenen Widerspruchs war während des Mittelalters und bleibt innerhalb jeder neuzeitlichen Fortsetzung des Mittelalters die Übersteigerung des Widerspruchs zum Dualismus der Unvereinbarkeit zweier Weltmächte des letzten Endes Nurguten auf der einen und fortwährend Nurbösen auf der anderen Seite. Als Teufel, Ketzer, Hexe, Jude oder – jüngstens

– Fremdarbeiter bleibt das vom Bewußtsein vergessene Ganz-Andere der Schrecken des von diesem Bewußtsein voreilig abgeschlossenen eigenen Alls, das sich dem Widerspruch so erst recht ausgesetzt findet.

Neben der „Schönheit des Alls", dessen Umkreis auf der Rose von Lausanne oder der Decke zu Zillis und von Augustinus bis Wust Diesseits und Jenseits mit einem überwältigenden Reichtum an Wahrheiten des Glaubens und des Wissens, sowie der Fülle ihrer gegenseitigen Spannungen Gestalt annehmen läßt, geht Angst einher: von dem doch und dennoch anwesenden Fremden, das in das eigene All nicht miteinbezogen ist, aber ebenfalls lebt, buchstäblich be-engt. Angst vor dem und denen, mit denen dieses All sich nicht auseinandersetzt, aber zusammenstößt, zu seinem Entsetzen! Der Dualismus ist gerade nicht, wie angesichts des für die Neuzeit bezeichnenden Durchbruchs zur Dialogik gern und voreilig eingewendet wird, die Gefahr dieser Weltschau, die mit dem Widerspruch rechnet, sondern war vielmehr und bleibt die Gefahr jeder mittelalterlichen Weltschau, die mit ihm zu rechnen vergißt.

Wo mit Widersprüchen gerechnet wird, tritt zwar das All in grundverschiedene, ja unvereinbare Wahrnehmungen seiner Ganzheit auseinander, ohne aber deswegen in deren Zweiheit auseinanderzufallen. Das geschieht nur dort, wo der eigene Umkreis ausnahmslos alles wahrnehmen soll, ohne wirklich alles wahrzunehmen, dem von ihm nicht Mitwahrgenommenen nun wie einer zweiten Wahrheit, bösen Gegenwahrheit ausgesetzt. So blieb auch eine Welt wie diejenige des Altertums von diesem Dualismus weitgehend verschont, obgleich sie sich des ganzen Ausmaßes der Widerspruchsvielfalt des Alls nicht bewußt wurde, weil sie sich selber Grenzen zog, etwas der eigenen Reichweite enthobenes Anderes und Ganz-Anderes anerkennend. Solange der Mensch die Götter und das über ihnen und allem waltende Geschick als ein jeglichem Diesseits gegenüberstehendes Jenseits hinnahm, und das heißt mit diesem Jenseits zu rechnen hatte, was immer er tat und wo immer er sich befand, war er vor dem Schrecken dualistischer Entzweiung geschützt. Die Angst vor einem einerseits ausgeschlossenen und ebendiesem anderseits nicht auszuschließenden Gegenüber blieb ihm erspart.

Nur das nicht angenommene Jenseits ist in dem Ausmaß, in dem es nicht angenommen, aber vorhanden ist, die Schrecken erregende Beengung, die den Dualismus und ihn als eine Sackgasse kennzeichnet: wie fortdauernd undurchschaute, deswegen zunehmend stärker ausbrechende Angst.

Indem das Mittelalter auf der Höhe seiner Verbindung von Glaube und Wissen über das Altertum hinausführte und nunmehr Diesseits und Jenseits zusammen umspannte, waren seinem All nicht länger Grenzen gezogen.

Himmel wie Erde und Hölle, das heißt ausnahmslos alles, drehte sich um die Mitte des hier einesteils von der Offenbarung und andernteils von der Vernunft bis zu den äußersten Enden seines Umkreises erschlossenen Alls. Und auch schon deshalb mußte sich, schien es, alles um diese Mitte drehen, weil es in einem Kreis stets nur eine Mitte geben kann. So aber schlug dem Dualismus seine Stunde. Gab es trotzdem Anderes und Ganz-Anderes, das eigene All von Grund aus in Frage stellend, konnte dieses Gegenüber nur aus dem Umkreis eines anderen Mittelpunktes hervorgegangen sein. Gerade deswegen, weil die eigene Welt die ganze Welt ausmachen sollte, gab es nicht nur ihr All, mit dem zu rechnen war, sondern auch die Beengung durch Gegenwelten schreckenvollster Unberechenbarkeit: Angst erregend teuflisch Anderes überall.

Daß dieser Dualismus dann von einem Kampf der eigenen mit dieser zweiten Welt spricht, der gegenüber sich die eigene Wahrheit zwar zuletzt als die eine und einzige Wahrheit, die es gibt, herausstellen müsse, nachdem aber lange, sehr lange – und bis ganz zuletzt – die Gegenwelt, deren sogenannte Wahrheit nur Lüge und nichts als Lüge sei, trotzdem alles beherrscht haben werde, zeugt von keiner Einsicht in die grundlegende Daseinswirklichkeit des Widerspruchs. So bezeugt sich vielmehr bloß Einsichtslosigkeit ihm gegenüber.

Etwas anderes ist diese Überflutung durch den deswegen übersteigerten Widerspruch, weil er vergessen worden ist; etwas anderes das Rechnen damit, daß es ihn gibt.

Ein Gegenüber, mit dem als solchem gerechnet wird, als mit einem zum Widerspruch fähigen Gegenüber, verbreitet schlimmstenfalls Furcht, die das, vor dem sie sich fürchtet, kennt: deshalb auch sich hiergegen zu wehren imstande. Die Angst jedoch, die das nicht kennt, von dem sie sich zu ihrem Entsetzen beengt findet, gerät dadurch, daß sie sich gegen dieses Unbekannte zu wehren versucht, in nur immer noch größere Angst bis zur Panik, buchstäblich ver-rückter Angst: Flucht dem entgegen, vor dem die Angst sich ängstigt, angstverwirrt. So mißlingt dem Dualismus auch dieser Schritt, dessen Anlaß – aber undurchschauter Anlaß – der Widerspruch ist. Vergessen und übersteigert, macht sich der Widerspruch als die Angst vor dem Ganz-Anderen, das es nicht geben sollte und dennoch gibt, bemerkbar, für den von dieser Angst Geschlagenen unbemerkt. Im Bann der Angst kommt der Mensch gerade dem nicht und niemals auf den Grund, vor dem er sich ängstigt.

Erst die Befreiung zum Widerspruch befreit vom Dualismus und von seiner Angst. Ihr Preis, unerläßlicher Preis, ist das Ende des Mittelalters.

4. Das Ende des Mittelalters

„Es ist etwas Großes, ohne Wanken festhalten zu können an dem Miteinander der Gegensätze", erklärt Nikolaus von Cusa im Jahr 1458.[6] Sogleich fällt er aber wieder in das Mittelalter zurück, das Folgende hinzufügend, das auch von Augustinus herrühren könnte. „Wirst du gefragt, warum in der sinnlichen Welt soviel Gegensätzlichkeit ist, so mußt du sagen: Deswegen, weil Gegensätze, nebeneinandergestellt, um so mehr hervorleuchten."

Dazwischen findet sich aber noch eine weitere Feststellung, die Augustinus nicht und niemals geäußert hätte, ein der Neuzeit die Bahn brechender, das Mittelalter hinter sich zurücklassender kühner Satz. Das Miteinander der Gegensätze bildet, sagt der Cusaner, „eine Schau, die in sich bereits volle Gewißheit trägt". Das Hin und Her der Gegensätze stelle kein Schwanken dar, bei dem zu straucheln die Gefahr und, um diesem Straucheln zu entgehen, nach einem Halt zu suchen notwendig wäre. Das „Miteinander der Gegensätze – eine Schau, die in sich bereits volle Gewißheit trägt", sei vielmehr sich selber Begründung und sich selber Halt genug.

Sobald es derartige Gegensätze gab, die – wie das Buch der Natur dem Buch der Bücher gegenüber (von der jüdischen Thora bis zur christlichen Bibel und bis zum islamischen Koran) oder die Philosophie angesichts der Theologie, der Staat angesichts der Kirche und die Individualität angesichts der andern Individuen und der Gesellschaft – nicht länger auf eine gemeinsame Gewißheit zurückzuführen waren, sondern als ihr gegensätzliches Miteinander gerade so bereits volle Gewißheit vertraten, hatte dem Mittelalter seine Stunde geschlagen. Noch ließ es sich nicht ahnen, daß diese Schau von Gegensätzen, die nicht und niemals wieder zu vereinheitlichen waren, sondern künftig „ohne Wanken" auszuhalten sein sollten, die Spannungen bloß erst streifte, mit denen fortan zu rechnen sein würde. Die Widerspruchsvielfalt des Alls, die sich von keiner Gegensätzlichkeit einfangen läßt, an deren Stelle sie in eine noch viel spannungsvollere Wirklichkeit hineinstellt, war so nur gerade erst von neuem entdeckt.

III. Widerspruchs-Verdrängung

1. Vom Gegensatz zum Widerspruch

Gegensatz und Widerspruch sind zweierlei: der Gegensatz das Entweder-Oder der „Alternative": Abwechslung; der Widerspruch das Entweder-Und-Oder des „Konflikts": ein Zusammenstoß.

Die Gegenteile eines Gegensatzes schließen sich geradeso aus, wie sie einander ergänzen, so daß zwar bei jedem Gegenteil das ihm entgegenstehende andere Gegenteil außer Betracht fällt, aber bis in dieses Entweder-Oder ihrer Abwechslung hinein das eine Ganze sichtbar bleibt, das ihre wechselseitige Ausschließlichkeit miteinander verkörpert. So bilden Weiß und Schwarz, Gut und Böse, Jung und Alt Gegensätze, das heißt etwas als ihr Entweder-Oder außerdem gemeinsames Ganzes: die Einheit eines Gegensatzes. Jedes Gegenteil bleibt auf das andere Gegenteil angewiesen: ohne Finsternis selber kein Licht, wie ohne Böses nichts Gutes, und kein Alter, gäbe es nicht auch die Jugend.

Wenn aber Menschen verschiedener Hautfarbe und gute und böse Menschen oder Junge und Alte einander begegnen, könnte jede dieser Selbständigkeiten ohne ihr Gegenüber das Leben genießen, das jedoch – auf dem Boden der Neuzeit – nicht daran vorbeileben kann, daß deren All sie zusammen umfaßt. Statt etwas einander Abwechselndes darzustellen, verkörpern sie ein Entweder-Und-Oder als kein gemeinsames, sondern zweierlei Ganzes, das heißt etwas, das einander widerspricht: einen Zusammenstoß. Der Weiße und der Schwarze wie der Gute und der Böse oder die Jugend und das Alter sind gleichzeitig anwesend, ohne daß ihr voneinander unabhängiges Dasein dasjenige ihres Gegenübers mitvoraussetzen würde, das von dem eigenen Wesen so in Frage gestellt wird, wie es selber sich auch umgekehrt von ihm in Frage gestellt findet.

Der aus gegensätzlichen Hautfarben hervorbrechende Widerspruch bildet allerdings einen nicht eigentlich notwendigen Zusammenstoß. Geschichtliche und andere Gründe, die bloß äußerliche, aber deswegen nicht weniger wirkliche Verursachungen sind, haben ihn heraufgeführt, der die gegenwärtige Weltstunde schwer belastet. Das Beispiel dieses Zusammenstoßes, der auf der einen Seite kaum ernst genug genommen werden kann, weist anderseits auf einen Widerspruch hin, dessen Überwindung denkbar wäre, die mit aller und der äußersten Entschiedenheit anzustreben bleibt.

Viel unausweichlicher ist es dagegen, daß Gutes sich vom Bösen so von Grund aus in Frage gestellt sieht wie Böses vom Guten. Zwar ist jeder einzelne Mensch auch eine Welt des Gegensatzes von Gut und Böse, das heißt – seinem Wesen nach – sowohl gut als auch böse und entweder das eine oder das andere, durch seine eine oder andere Tat. Aber zusammen bilden die Menschen kein gemeinsames Ganzes, das auf dieselbe Art und Weise sowohl gut als auch böse sein und das eine oder andere abwechselnd verwirklichen würde. Sondern sie bilden – auf dem Boden des ihnen gemeinsamen Alls – die Zusammenstöße von jeweils zwei ganzen Menschen, die im Widerspruch zueinander der eine besser und der andere böser als ihr Gegenüber sind.

Derselbe nicht und niemals zu vereinheitlichende, sondern vielmehr unversöhnliche Zusammenstoß ereignet sich, wenn ein junger und ein alter Mensch einander begegnen. Statt daß ein und derselbe Mensch, der entweder jung oder alt ist, beide Male so Jugend und Alter vereint, die in diesem Fall dann einander zwar ausschließen, aber sich auch zu ihm selber ergänzen, einem in der Spannung dieses Gegensatzes stehendem einen, ganzen Menschen, widersprechen sich jetzt zwei verschiedene Menschen: die Jugend der eine, der andere das Alter. „Gewiß! das Alter ist ein kaltes Fieber im Frost von grillenhafter Not. Hat einer dreißig Jahr vorüber, so ist er schon so gut wie tot. Am besten wär's, euch zeitig totzuschlagen", sagt da schon Goethes Baccalaureus,[1] und dasselbe seufzt umgekehrt so mancher Alte, jetzt die unter Dreißigjährigen dorthin verwünschend, wo der Pfeffer wächst.

In dem Fall der sich abwechselnden Gegenteile des Gegensatzes geht es um die Spannung eines Entweder-Oder, dessen eine oder andere Entscheidung ein und dieselbe Einheit besiegelt. Auch sind diese einander abwechselnden Gegenteile als ihre entweder eine oder andere Entscheidung sich selber genug. Dagegen stellt der Widerspruch in die Spannung eines Entweder-Und-Oder, deren eine und andere Entscheidung sich nicht vereinheitlichen lassen. Deshalb ist es nun außerdem daran nicht genug, eine von ihnen getroffen zu haben. Statt mit der anderen Entscheidung abzuwechseln, stößt die eine mit der anderen Entscheidung zusammen: jede mit demselben Gewicht einer ganzen Wirklichkeit die unversöhnliche Infragestellung ihres mitgegenwärtigen Gegenübers.

Aristoteles durfte noch lehren, daß es unmöglich sei, daß dasselbe demselben in derselben Beziehung zugleich zukommen und nicht zukommen kann,[2] während nunmehr damit zu rechnen ist, daß demselben in derselben Beziehung Verschiedenes zugleich zukommt und nicht zukommt, oder sonst etwas vergessen oder beseitigt sein muß, das es zur Wahrheit braucht, um sie vollständig zum Ausdruck zu bringen. Der von Aristoteles gelehrte Satz vom Widerspruch, demzufolge wahr nur etwas sein soll, was keinen Widerspruch einschließt, behält zwar seine Geltung im Hinblick auf jede einzelne Wahrnehmung und so immer und überall, insofern in einem Augenblick ein Dasein nur jeweils eine Wahrnehmung machen kann, indem aber diese augenblicksweise Ausschließung des Widerspruchs hinsichtlich des Alls sämtlicher Wahrnehmungen seine Geltung verliert. Hier machen künftig erst zwei Wahrnehmungen das Ganze aus, obgleich ihr einer und ihr anderer Augenblick sich widersprechen.

Die Ausschließung des Widerspruchs, weiterhin das Gesetz jeder Wahrnehmung im Ganzen des Alls, hat in dieser Zukunft – auf dem Boden der Neuzeit – aufgehört, das Gesetz der Wahrnehmung des Ganzen zu sein.

2. Von Hegel zu Marx und Kierkegaard

„Seitdem von Hegel", heißt es im Jahr 1822 bei Franz von Baader, „das dialektische Feuer (das Auto da Fé der bisherigen Philosophie) einmal angezündet worden, kann man nicht anders, als durch dasselbe selig werden, das heißt, indem man sich und seine Werke durch dieses Feuer führt, nicht etwa indem man von selbem abstrahieren oder es wohl gar ignorieren möchte."[3] Und in der Tat: hier ist mit der Dialektik zwar nicht zum erstenmal, aber auf eine umwälzend neue Art und Weise jede bisherige Philosophie überholt und ein von jeder künftigen Philosophie einzuholender Schritt vorwärts gelungen, an dem – anderthalb Jahrhunderte später – nur zu beklagen ist, daß er nicht noch weiter geführt hat.

Dieselbe Dialektik Hegels, die den von Platons „Dialektik Erster Stufe" als ein dauerndes Nebeneinander begriffenen Zusammenstoß der Widersprüche als ein geschichtliches Nacheinander begreift, so jetzt „Dialektik Zweiter Stufe", weist die Widersprüche dabei in die Richtung des Fortschritts zu dem Ziel ihrer eigenen Aufhebung. Während sich die Wahrheitssuche des platonischen Dialoges jedesmal von neuem wiederholt, bis die auftretenden Widersprüche zuletzt ihren Dialektiker bewahrheiten, der hier Sokrates heißt und Platon meint, duldet Hegels weltgeschichtliche *Phänomenologie des Geistes* bei ihrem Fortgang zu Neuem keinerlei Wiederholung. Zuletzt aber, wenn sämtliche Widersprüche zum Wort gekommen sein werden, soll auch hier die letzte Fortsetzung aller vorausgegangenen Setzungen und Gegensetzungen nicht noch einmal bloß eine weitere Setzung sein, deren These von einer Antithese widersprochen wird, sondern diejenige letzte Synthese zum Ausdruck bringen, mit deren abschließender Aufhebung jedes vorausgegangenen Widerspruchs ihr Dialektiker von vornherein rechnet.

Eher rundet sich die Linie Hegels zum Kreis, als daß sie – und im Sinn dann der Neuzeit, statt noch einmal demjenigen des Mittelalters – vom Kreis zur Ellipse weiterführen würde. Wie für seinen Gegner Schopenhauer, dessen Ungeschichtlichkeit den Kreis als das „echte Symbol der Natur" rühmte, der das Schema der Wiederkehr sei, wodurch allein in dem rastlosen Strom der Zeit und ihres Inhalts doch ein bestehendes Dasein möglich werde: die Natur[4], ist für Hegel und trotz seiner Geschichtlichkeit die Philosophie „wie das Universum *rund* in sich": kreisrund. „Es ist kein Erstes und kein Letztes, sondern alles ist getragen und gehalten, *gegenseitig* und in *Einem*", verkündet die Rede zum Antritt des philosophischen Lehramts an der Universität Berlin am 22. Oktober 1818. Und in der *Ästhetik* (III,2,2,6), von der Rundung der Säule hingerissen: „Die in sich einfachste, fest abgeschlossene, verständig bestimmte, regelmäßigste Linie ist der Kreis." Die Freiheit für den Widerspruch war zwar zur Losung erhoben, letzten Endes jedoch – im Hinblick auf das von Hegel selber so festgelegte Ende der Geschichte – ihre Widerspruchsvielfalt außerdem auch verdrängt.

Zunächst aber verbrennt Hegels „dialektisches Feuer" alle Abgeschlossenheiten des Mittelalters und mit ihnen jede bisherige Philosophie. Diese Dialektik geht nicht bloß auf die von der griechischen Philosophie bereits entdeckten Widersprüche zurück, an die sie anknüpft, sondern hält auch der vom Mittelalter heraufgeführten Verbindung der Philosophie mit der Theologie die Treue. Die Welt der Geschichte, in der Hegel Platons Dialektik verankert, kommt vom Glauben her, den und dessen Widersprüche das biblische Judentum entdeckt hatte. Auch sie aufnehmend, fügt Hegel ihnen – und der Widersprüchlichkeit des Philosophierens – den Widerspruch zwischen dem Glauben und dem Wissen hinzu, den das jüdische und das griechische Altertum, die sich nebeneinander entwickelt hatten, noch nicht wahrnahmen und das Mittelalter vergessen hatte, von dem Aufschwung seiner Verbindung der Vernunft mit der Offenbarung überwältigt.

Doch mit dieser selben Dialektik, die zum Widerspruch befreit, hat Hegel den Widerspruch sogleich auch verdrängt, als er dem von ihm so genannten „Fortschritt im Bewußtsein der Freiheit"[5] das Ziel der Aufhebung sämtlicher Widersprüche setzte. War nicht die Widersprüchlichkeit des Alls, sondern ihre Aufhebung das hier Letzte, ging es letzten Endes nicht um die jedem Wesen zustehende Freiheit, wie die ihm eingeräumte Freiheit für den Widerspruch sie verbürgt, sondern um ein Ziel, an dem der Widerspruch und mit ihm die Freiheit abschließend wieder aus dem Weg geräumt waren. Dieses Ziel rechtfertigte es schon jetzt, daß ihr Dialektiker von den Infragestellungen absah, die innerhalb der ihrem Ziel zustrebenden Geschichte seine Gegenwart hier und jetzt zur Verantwortung zogen. Schon jetzt konnte, so schien es, und sollte deswegen davon abgesehen werden, was an Wahrnehmungen der Wahrheit sich widerspricht.

Das platonische Nebeneinander der Widersprüche als eine Aufeinanderfolge dieser Widersprüche begreifend, deren Nacheinander Geschichte ist und macht, hob Hegel nicht bloß seine Gegenwart von der Vergangenheit ab. Die aus der Vergangenheit in die Gegenwart führende Aufeinanderfolge der Widersprüche führt auch die Folge einer im Widerspruch zur Gegenwart gerade erst anhebenden Zukunft herauf. Aber sie vor den Augen, so wie sie schon jetzt aus der Vergangenheit und Gegenwart heraus ableitbar sein sollte, verdrängt Hegel dabei und mit eben der Dialektik, mit der er die Gegenwart von der Vergangenheit abgehoben hatte, diese Gegenwart, ihr die Zukunft vorziehend. Wenn sämtliche Widersprüche in die Geschichte eingegriffen haben würden, und das sei jetzt oder demnächst und für den nachdenkenden Geist jedenfalls schon grundsätzlich möglich, breche, meint Hegel, die Zukunft der Aufhebung dieser Widersprüche an. Jetzt – oder demnächst – komme es zu einer eindeutigen Vollendung des geschichtlichen Alls, ohne nochmals und jemals wieder zum Widerspruch herauszufordern.

Aber macht die Vollendung im Bewußtsein der Freiheit auch schon wirklich frei? fragt in der Generation nach Hegel Karl Marx. Trifft der „Denkprozeß", dieser von Hegel als ein Weg zur Freiheit durchaus richtig vorgestellte Denkprozeß, schon die ganze Wirklichkeit? Oder steht diese Wirklichkeit, deren Freiheit geistige Freiheit bleibt, nicht vielmehr auf dem Kopf? Muß nicht das „Ideelle" noch in das „Materielle" übersetzt und umgesetzt werden, das von der Entwicklung des Geistes mitgemeint ist, aber von ihm nicht mitheraufgeführt wird?[6] Hegels abschließende Synthese war also, kaum daß sie laut geworden war, bereits wieder als nur eine These durchschaut und von Grund aus in Frage gestellt. Noch so sehr die Krönung alles bisherigen „Fortschritts im Bewußtsein der Freiheit" und so auch die tatsächliche Aufhebung aller bisherigen Widersprüche, habe diese Stunde Hegels, sagt Marx, und mit Recht, dabei weder schon die ganze Freiheit errungen, noch die restlose Aufhebung sämtlicher Widersprüche vollbracht.

Der zuerst von Hegel in das Bewußtsein gehobene geschichtliche Widerspruch, der durch Setzung, Gegensetzung und Fortsetzung hindurch die

Freiheit herauführt, blieb der von Hegel selber nun ebenfalls und erstmals versuchten Beseitigung des Widerspruchs überlegen. Hegels Befreiung zum Widerspruch hielt Hegels Versuch der Verdrängung des Widerspruchs stand, ohne allerdings weitere Versuche dieser Art verhindern zu können. Marx wie Kierkegaard – zwei große Beispiele für den dank Hegel gegen ihn und nach ihm einmal mehr Geschichte machenden Widerspruch – blieben trotzdem nicht auf diesem Vorposten der Befreiung zum Widerspruch stehen, den ihre Antithese ihnen zuwies, sondern verfielen auch ihrerseits eigenen Versuchen abschließender Verdrängung des Widerspruchs.

Seine Methode sei, sagt Marx, ohne zu spüren, wie er nun zwar nicht denselben Fehler wie Hegel macht, aber mit seiner Zielsetzung, die ebenfalls bloß eine Mitte umkreist, diesem Fehler auf nur eine andere Art und Weise verfällt: seine Methode sei das „direkte Gegenteil" der dialektischen Methode Hegels. „Man muß sie" – die Methode Hegels – „umstülpen, um den rationalen Kern in der mystischen Hülle zu entdecken."[7]

Aber sowenig die Größe Hegels bestreitbar ist, weil der ihm gelungene Schritt vorwärts nicht weit genug führt, hört Marx deswegen auf, groß zu sein, weil seinem Materialismus, mit dem er den Idealismus Hegels in Frage gestellt hat, widersprochen werden muß, als auch wieder nur einem „Ismus". Teils ist es wahr, und andernteils bleibt es begeisternd, wie die Geschichte in der Sicht von Marx auch dem Fortschritt der Freiheit des materiellen Seins dient, statt bloß derjenigen des ideellen Bewußtseins. Aber anderseits verdrängt so Marx – wie Hegel – mit eben der Dialektik, mit deren Hilfe er dem von seinem Gegenüber außer acht gelassenen eigenen Widerspruch die Bahn freilegt, den Widerspruch als solchen, der auf dem Boden der Neuzeit jede Zielsetzung, die allein wahr sein will, in Frage stellt, Marxens Zielsetzung miteingeschlossen.

Und wie Hegel und Marx, so verdrängt Sören Kierkegaard und verdrängt die an Kierkegaard anschließende „dialektische Theologie" und verdrängt ihre Umkehrung durch Martin Heidegger den Widerspruch, nachdem der dort theistische und hier atheistische Existentialismus für die eigene Wahrheit und Bewährung jedes einzelnen Menschenlebens eingetreten waren, der überindividuellen Systematik Hegels und Marxens widersprechend. Noch einmal dient die dialektische Methode nicht nur ihnen selbst, soweit das von ihnen herausgestellte Individuum als je eigenes Dasein vor Gott oder ohne Gott im Recht ist, sondern auch dazu, ihr Gegenüber „umzustülpen", als ob der allgemeinen Geschichtlichkeit keinerlei Recht zukommen würde. Deswegen jedoch, weil die Allgemeinheit des ideellen Bewußtseins von Hegel und des materiellen Seins Marxens immer auch das Bewußtsein und das Sein einer Existenz ist und sich jede von jeder anderen Existenz wesentlich unterscheidet, ist auch diese Wahrheit trotzdem nicht die Wahrheit schlechthin.

Erst die einander widersprechenden Bewahrheitungen der Besonderheit jedes einzelnen Individuums und der überindividuellen Allgemeinheit ihrer Geschichte sind zusammen wahr, gerade so wie die ideelle und die materielle Zielstrebigkeit der Geschichte oder in dem Fall des Existentialismus sein Theismus und sein Atheismus zusammen wahr sind. Nur das Und ihres Entweder-Und-Oder eröffnet – wenn sie und solange, als sie einander widersprechen – die ganze Wahrheit.

3. Mao Tse-tungs Freiheit für den Widerspruch

Für den Widerspruch, wie er von Hegel von neuem entdeckt und auf dem Boden der Neuzeit durchgesetzt worden ist, und gegen die ebenfalls auf Hegel zurückgehenden Versuche der Verdrängung des befreiten Widerspruchs ist Mao Tse-tung aufgetreten. Mit großer Klarheit weist er nach, wie seit Hegel und bei Marx, Engels, Lenin und Stalin deren Dialektik den Widerspruch in sein Recht einsetzt, aber auch Versuchen der Verdrängung des Widerspruchs verfallen ist.

Wo liegt der Grund dieser Verdrängung? Wem ist hier die Schuld zuzuschreiben? Keinesfalls, meint Mao Tse-tung, liegt der Grund in der Dialektik als solcher. Ihr sei keine Schuld beizumessen. Die Dialektik und die wesentliche Leistung der Dialektik, ihre Befreiung zum Widerspruch, könnten vor den Verdrängungen des Widerspruchs durchaus geschützt werden. Denn es sei möglich, meint Mao Tse-tung, sowohl der Dialektik treu zu bleiben, als auch der Freiheit die Treue zu halten.

„Ohne Widerspruch gäbe es kein Weltall: Plus und Minus in der Mathematik, Wirkung und Gegenwirkung in der Mechanik, negative und positive Elektrizität in der Physik, Scheidung und Verbindung in der Chemie, Klassen und Klassenkampf in der Gesellschaft, Angriff und Verteidigung beim Militär, Idealismus und Materialismus, metaphysische und dialektische Anschauung in der Philosophie usw. – das alles hat jeweils seinen besonderen Widerspruch.“ Oder: „Einseitigkeit besteht darin, daß man nicht versteht, eine Frage von jeder Seite zu betrachten. Man begreift zum Beispiel nur China, aber nicht Japan, nur die kommunistische Partei, aber nicht die Kuomintang, nur das Proletariat, aber nicht die Bourgeoisie, nur die Bauernschaft, aber nicht den Grundherrn.“ Schon Sun Dsi habe es vor zwei Jahrtausenden gewußt: „Kennst du den Feind und kennst du dich selbst – hundert Schlachten ohne eine Niederlage." Und We Dscheng, ein Mann des siebenten Jahrhunderts, habe gelehrt: „Hörst du alle an, dann bist du dir im klaren; schenkst du nur einem Glauben, tappst du im dunkeln."[8]

Ist aber so der Widerspruch tatsächlich befreit? Und ist den Versuchen seiner Verdrängung so tatsächlich auf den Grund gegangen?

Daß bei Mao Tse-tung beides nicht der Fall ist, erweist eine von ihm vertretene weitere Annahme, die er selber zwar auch wieder einschränkt, aber nicht von Grund aus, sondern bloß oberflächlich vertieft. Der Widerspruch und der Gegensatz, Konflikt und Alternative, sind nach ihm ein und dasselbe. Sie seien identisch, obgleich Mao Tse-tung den Widerspruch, der dasselbe wie der Gegensatz sein soll, sogleich wieder in Haupt- und in Nebenwidersprüche aufspaltet, weil der Widerspruch und der Gegensatz eben doch ganz Verschiedenes bezeichnen. Grundsätzlich gäbe es trotzdem keinen Unterschied zwischen ihnen. Die ersten Worte der Rede *Über den Widerspruch* vom August 1937, die Mao Tse-tung im Februar 1957 mit seiner Rede *Zur Frage der richtigen Lösung von Widersprüchen im Volke* nochmals unterstrichen hat, lauten wie folgt:

„Das Gesetz des Widerspruchs, der den Dingen innewohnt, oder das Gesetz der Einheit der Gegensätze, ist das fundamentalste Gesetz der materialistischen Dialektik."[9] Und, wenige Seiten später, noch einmal: „Die wechselseitige Abhängigkeit und der Kampf der Gegensätze, die jedem Ding innewohnen, bestimmen das Leben aller Dinge, treiben die Entwicklung aller Dinge vorwärts. Es gibt keine Dinge, die nicht Widersprüche in sich trügen; ohne Widersprüche gäbe es kein Weltall."[10]

So aber ist trotz des Widerspruchs als Losung der Gegensatz wieder ausschlaggebend geworden, statt des Widerspruchs. Die Natur und die Gegensätzlichkeit der Natur drängen in der Gestalt des Naturkreislaufs, einem jahrtausendealten chinesischen Lehrgut, die Geschichte und die Widerspruchsvielfalt der Geschichte zurück, dieses ursprünglich biblische Lehrgut, Botschaft des Durchbruchs durch den Kreislauf der Natur. Von einem ersten Anfang aus, der niemals wiederkehrt, war, so lehrt es das biblische Judentum, ein letztes Ziel zu erreichen, das nur einmal und dann endgültig zu erreichen ist. Wie anders klingt demgegenüber, was sich bei Mao Tse-tung von der chinesischen Überlieferung her als das in ihm Stärkere erweist, auch wenn er es in der Sprache der ihm vom Abendland her zugekommenen Philosophie zum Ausdruck bringt.

„Praxis, Erkenntnis, wieder Praxis und wieder Erkenntnis, diese zyklische Form wiederholt sich endlos, und der Inhalt von Praxis und Erkenntnis wird bei jedem einzelnen Zyklus auf eine höhere Stufe gehoben. Das ist die ganze

Erkenntnistheorie des dialektischen Materialismus, das ist die dialektisch-materialistische Theorie der Einheit von Wissenschaft und Handeln."[11] Oder: „So geht es stets in der Welt vor sich. Das Neue ersetzt das Alte, das Neue löst das Alte ab, das Alte wird vom Neuen verdrängt, oder das Neue wächst aus dem Alten heraus."[12]

Aber der auf dem Boden der Neuzeit zu bewältigende Widerspruch, der sich quer zu den Gegensätzen der Natur mit der Geschichte eingestellt hat, ist, um bei Mao Tse-tungs Beispiel zu bleiben, die Jugend auf der einen Seite und das Alter ihr gegenüber, Jugend wie Alter eine eigene ganze Welt. Daß hier also zwei Welten einander begegnen, die beide einander nicht ersetzen und einander nicht ablösen und einander deshalb nicht verdrängen können! Gerade daß sie einander nicht verdrängen können, macht aus ihrer Begegnung einen Zusammenstoß. Dieser wirkliche Widerspruch ist gerade nicht bloß eine Gegensätzlichkeit gegenseitiger Abwechslung von zwei sich ausschließenden Gegenteilen, die sich in demselben Ausmaß zur Einheit ergänzen. Die Welten der Jugend und des Alters wechseln sich nicht, wie Gegensätze es tun, auf demselben Schauplatz ab, sondern stoßen hier als zwei von Grund aus vollständige Lebensstufen zusammen. Von ihnen, die sich nicht vereinheitlichen lassen, wird derselbe Schauplatz für sich selbst in Anspruch genommen: im Widerspruch zueinander.

Mao Tse-tung hilft sich da durch die von ihm persönlich entwickelte Lehre von dem jeweils entscheidenden einen Hauptwiderspruch und den außerdem vorliegenden Nebenwidersprüchen, so die vordergründig gelehrte Identität von Widerspruch und Gegensatz hinterrücks fallenlassend. Denn was Mao Tse-tung als Hauptwiderspruch bezeichnet, das eben ist der Widerspruch, während das, was er Nebenwidersprüche nennt, keine Widersprüche, sondern Gegensätze sind. Die Hauptwidersprüche seien, lehrt er, antagonistisch, die Nebenwidersprüche dagegen nicht antagonistisch. So gibt es also eben doch als Antagonismen Konflikte und als keine Antagonismen Alternativen: einerseits den Widerspruch, anderseits den Gegensatz. Oder, vom Gegensatz zum Widerspruch übergehend, einerseits die nur uneigentlich dialektische Gegensätzlichkeit des Naturkreislaufs und anderseits die eigentliche Dialektik der Geschichte; sie statt von Gegensätzen, diesen Nebenwidersprüchen, von Widersprüchen – den Hauptwidersprüchen – bewegt.

„Es steht ganz außer Zweifel", heißt es in der Rede *Über den Widerspruch*, mit der Engstirnigkeit dieser nur scheinbar offenen Aussage nun auch in sehr ungutem Sinn eine Fortsetzung aller Dialektik seit Hegel: „Es steht ganz außer Zweifel, daß es in jeder Etappe eines Entwicklungsprozesses nur einen einzigen Hauptwiderspruch gibt, der die führende Rolle spielt. Sobald dieser

41

festgestellt ist, kann man alle Probleme leicht lösen."[13] Indem man sich nämlich, das ist der Rat Mao Tse-tungs, jetzt, schon jetzt auf diejenige Seite
schlägt, der die Zukunft gehört. Weil dieser Seite die Zukunft in dem Sinn
gehöre, daß sie ihr Gegenüber einst restlos besiegt.

Die Erfassung des jeweiligen Hauptwiderspruchs, für Mao Tse-tung der Zusammenstoß von Bourgeoisie und Proletariat, dem Kapitalismus auf der einen und dem Kommunismus auf der anderen Seite, soll also nicht diesen Widerspruch als solchen zum Wort kommen lassen, zu diesem seinem zweifachen Wort gegenseitiger Infragestellung und Verantwortlichkeit. Sondern
deshalb und nur deshalb soll der Widerspruch erfaßt werden, damit von ihm
aus dem Gegenüber sein Wort abgeschnitten werden kann. Früher oder später, das ist hier die Annahme, muß der Gegner verstummen. Dann allerdings
mag, aber das kann hier außer Betracht bleiben, weil dieser Rückfall in den
Kreislauf der Natur an der grundsätzlichen Engstirnigkeit der eigenen geschichtlichen Haltung nichts ändert, ein neuer Hauptwiderspruch aufbrechen, dem Sieger beim vorhergegangenen Hauptwiderspruch gegenüber.
Auch dann wie in jedem Fall geht es darum und nur darum, auf der siegreichen Seite des jeweiligen Hauptwiderspruchs zu stehen und das letzte Wort
zu behalten, ganz allein.

Das heißt aber, den Widerspruch zu verdrängen im Namen des Widerspruchs. Schön klang es, als Mao Tse-tung We Dscheng anführte: „Hörst du
alle an, dann bist du dir im klaren; schenkst du nur einem Glauben, tappst
du im dunkeln." Die Absicht seiner Nachfolge ist jedoch nicht das Hören auf
alle oder auch nur – wenigstens – zwei. Sondern das Heraushören des Einen,
dem hier und jetzt andere noch widersprechen, aber einst niemand mehr widersprechen wird.

4. Die Schwäche jeder Dialektik

Kein schlechter Wille, der sich bessern ließe, sondern die Dialektik selber
und als solche ist es, die von der ihr Wesen mitausmachenden letzten Zielsetzung her den Widerspruch zuletzt wieder zu verdrängen sucht, dem sie sich
zunächst vorbildlich öffnet. Dieselbe Entdeckung des geschichtlichen Nach-
einanders, die aus dem Mittelalter heraus und über das Altertum hinausführt, dort das Vergessen und hier die Halbheit der entweder nur vom Wissen oder nur vom Glauben her erfahrenen Widerspruchvielfalt des Alls
überwindend, verführt außerdem zur Vorwegnahme dessen, was nach der einen und anderen These und Antithese ihre Synthese sein soll.

Gerade auch diese Dialektik Zweiter Stufe verfällt wieder und wieder der Herrschsucht, ihr Dialektiker mag noch so redlich offen bleiben wollen. Aus dem hier und jetzt in Frage stellendem und wortwörtlich Verantwortung abverlangendem Zusammenstoß des Widerspruchs – dem der Dialektiker deshalb auch nur und bloß vorübergehend „Koexistenz" zubilligen kann – muß nach seiner Überzeugung eine neue Fortsetzung in der Gestalt der nächsten und schließlich einer letzten Synthese hervorgehen, die wenigstens grundsätzlich schon vorauszusehen sei. Deshalb kann und soll mit ihr bereits jetzt gerechnet werden.

Der Maßstab ausnahmslos jeder Dialektik – und der Grund und die eigene Rechtfertigung der ausnahmslos jedem Dialektiker eigentümlichen Herrschsucht – ist angesichts des beim Widerspruch zusammenstoßenden gleichen Rechtes zweier Ansprüche auf das grundverschiedene Dasein ihrer These und ihrer Antithese die feste Überzeugung von dem gleichzeitigen Unrecht der einen dieser beiden Seiten. Sie stehe, meint der Dialektiker, der Zukunft im Weg. Deshalb dürfe er, dessen Anspruch statt dessen zukunftsträchtig sei, sich auf dem Weg zur abschließenden letzten Synthese die Beseitigung aller ihn und sie in Frage stellenden Widersprüche erlauben, ihrem zunächst – aber nur zunächst – anzuerkennenden Daseinsrecht zum Trotz.

So beruhigt, was aufregt, und erstarrt, was fließt, todbringend und tot. Noch in der Schweiz, notiert sich Bertolt Brecht im *Arbeitsjournal* vom 6. Januar 1948, in bezug auf „drüben": „Wieder erschwindelt sich diese Nation eine Revolution durch Angleichung. Die Dialektik, welche alles aufregt, um es zu beruhigen, die den Fluß der Dinge selber in ein starres Ding verwandelt, die Materie zu einer Idee ‚erhebt', gibt so recht eigentlich den Zauber- und Tricksack ab für eine solche beschissene Zeit. Zugleich kann dieses Deutschland gar nicht mehr begriffen werden ohne Dialektik ..."[14]

Heideggers Blick – und Rückblick zum eigenen 80. Geburtstag im September 1969[15] – gilt dagegen nicht bloß einer besonderen Dialektik, die zur falschen Beruhigung dient, bis eine bessere Dialektik diese Erstarrung in den Fluß zurückholt, sondern der Dialektik schlechthin. „Die Dialektik ist die Diktatur des Fraglosen. In ihrem Netz erstickt jede Frage." Und: „Die heutige Hegel-Renaissance – das herrschende Denken ist schwer aus der Mühle der Dialektik herauszuholen. Es ist nur noch eine leer laufende Mühle, weil die Grundstellung Hegels, seine christlich-theologische Metaphysik, preisgegeben ist; denn in ihr allein hat Hegels Dialektik ihr Element und den Halt."

Einen Ausweg zeigt Heidegger aber nicht. Denn die „Revolution der Denkart, die dem Menschen bevorsteht", sei noch nicht vorbereitet. Sie zu erörtern, sei es noch nicht an der Zeit. Das heißt, jetzt im Hinblick auf ihn und mit dem Vorwurf gesprochen, den er der Dialektik macht: sich an der Dialogik vorbeischleichen, dieser durchaus schon vorbereiteten Revolution der Denkart, für die es Zeit und bald höchste Zeit ist. Heidegger begnügt sich damit, die Dialektik anzuprangern.

Der bloße Scharfsinn ist kein Weg zu dem, was sich unserem Denken noch verbirgt. Die Revolution der Denkart, die dem Menschen bevorsteht, ist noch nicht vorbereitet, eine öffentliche Erörterung darüber nicht an der Zeit ... Die Frage bleibt, ob die Industriegesellschaft, die heute als die erste und die letzte Wirklichkeit gilt – früher hieß sie Gott –, mit Hilfe der marxistischen Dialektik, das heißt im Prinzip mit Hegels Metaphysik, sich überhaupt zureichend denken läßt. Die Methode des dialektischen Vermittelns schleicht sich an den Phänomenen vorbei, zum Beispiel am Wesen der modernen Technik.

IV. Versuchte Abwälzung

1. Freiheit der Technik

Bald wird der Technik zuviel Schuld beigemessen, wie Schuld – oder wenigstens Mitschuld – an der Verdrängung, Unterdrückung, Unterwühlung, Hinausschiebung und Verflüchtigung des Widerspruchs von der Dialektik und dem Totalitarismus und Faschismus bis zur Manipulation, Futurologie und Fachidiotie, bald wird die Technik irreführend bejubelt. So pries Lenin am 21. November 1920 den Kommunismus als „Sowjetmacht plus Elektrifizierung des ganzen Landes"[1], oder sollte – nach einem Herzl-Wort vom 7. November 1895 – das elektrische Licht nicht bloß zur Beleuchtung der Salons einiger Geldprotzen, sondern dazu erfunden sein, „damit wir bei seinem Scheine die Fragen der Menschheit lösen."[2] Schon ein Vierteljahrhundert vor Lenin lautet in dem Sinn seiner Begriffsbestimmung des Kommunismus diejenige des Zionismus „Judentum plus Elektrifizierung", und Elektrifizierung hier sogar der ganzen Welt, im Dienste der Menschheit: wie Lenins Wort eine Aussage von zunächst allerdings auch großartiger Weitsicht.

Im Jahr 1945, fünfundzwanzig Jahre nach Lenin, fünfzig nach Herzl, hat das Plus der atomphysikalischen „Nuklearisierung" die Umwälzung der Politik durch die Technik wirklich in die Wege geleitet, die sich vom Gipfel der Elektrifizierung aus nur erahnen ließ. Die „wunderbaren technischen Errungenschaften",[3] wie Herzl sie nennt und Lenin sie feiert, haben das politische Vermächtnis dieser Männer tatsächlich verwirklichen lassen.

Aber es war trotzdem falsch und ist außerdem eine gefährliche Irreführung, wenn auf die Technik das abgewälzt wird, was von der Politik oder der Wirtschaft oder der Wissenschaft zu verantworten bleibt, auch wenn sie sich mit der Technik verbünden, diese sich ihnen beigesellt. Daß die Elektrifizierung und die Nuklearisierung der Welt Leninsche und Herzlsche Weltrevolutionen in dem Sinn fruchtbarer Lösungen von bisher unlösbaren Menschheitsfragen möglich gemacht haben oder die Technik dieser Stufe eine wie noch niemals zuvor durchführbare Verdrängung, Unterdrückung, Unterwühlung, Hinausschiebung und Verflüchtigung des Widerspruchs ermöglicht, ist nur die halbe Wahrheit. Ebenso wahr ist die vollendete Freisetzung des Menschen durch die Technik. Erst der Mensch ihrer Neuzeit kann auf der Höhe der ihm hier erschlossenen Vielfalt – und Widerspruchsvielfalt – gegen die Bedrohungen der Freiheit aufstehen, die er erst jetzt ganz durchschaut: erst von jetzt an niemals wieder erträgt.

Die Technik, gewiß das geduldige Werkzeug jeder Beseitigung der Freiheit, wo ihr dieser Zweck gesetzt wird, und von Anfang an Werkzeug (in dem fruchtbaren Sinn dieses Wortes) einerseits und Waffe anderseits, erspart es niemandem, sich mit ihrer Hilfe gegen die Bedrohungen der Freiheit zu wehren, die – mit ihrer Hilfe – seine Freiheit bedrohen. Wie nicht die eigene und wie keine fremde Schuld, ist das eigene Versagen bei der Abwehr der hier Schuldigen nicht auf die Technik abzuwälzen, von der umgekehrt auch nichts Gutes zu erwarten ist, wenn niemand es tut. Dort aber, wo es getan und wo für die Freiheit eingestanden wird bis zur Freiheit für den Widerspruch, enthüllt – und erfüllt – die Technik dabei nun auch noch den eigentlichen Sinn und allein wesentlichen Zweck, für den der Mensch sie sich erfunden hat.

2. Freiheit dank der Technik

Die Technik wird nicht entdeckt, sondern erfunden: sie liegt nicht schon vor, in der Natur bloß aufzusuchen und nur noch auszubauen, sondern geht mit dem Menschen, der sie sich entwickelt, über die Natur hinaus. Hier wird Kultur zur Natur hinzugefügt, Werktum zum Wachstum. Im Vergleich zur „natürlichen" Welt der Lebewesen ist die Kultur eine von Grund aus andere Welt künstlicher Lebensgestaltung.

Der Mensch, nach einem den Kern treffenden Wort Sigmund Freuds „sozusagen eine Art Prothesengott",[4] mußte die Technik, die er nicht vorfand, erfinden, und er hat sie erfunden. Zu der Natur, die der Mensch ebenfalls ist und immer bleibt, noch auf jeder Höhe der Technik auf sie angewiesen, erschuf er sich die Entlastung, Verstärkung und Ergänzung durch Prothesen in dem Sinn seiner anderseits eher skeptischen als hoffnungsvollen Erhebung zum „Prothesengott" durch Freud. *Das Unbehagen in der Kultur* ist das Buch dieser Aussage überschrieben: mehr von den auf der Höhe der Kulturentwicklung drohenden Störungen des Zusammenlebens beunruhigt, als durch die Heraufführung des Zusammenlebens dieser Kulturentwicklung mit Vertrauen erfüllt.[5]

Prothesen sind es aber auf jeden Fall, mit denen der Mensch seine Kultur bewährt oder zerstört. Solche künstlichen Glieder, über die er „von Natur aus" nicht verfügt, stellen die Werkzeuge seiner Technik dar, von den in bezeichnender Weise auf den Wortstamm der „Technik" zurückgehenden „Textilien" der Kleidung bis zur „Tektonik" der Wohnung und dem „Text" des Gewebes der Schrift. So weiß auch die Bibel, daß die Technik und allein sie der längst vollendeten und als die Natur bereits abgeschlossenen Schöpfung nachträglich hinzugefügt wurde. Zum ersten und letzten Mal greift der Schöpfer ein weiteres Mal ein, als die nach dieser biblischen Aussage früheste Prothese das Werkzeug der Kleidung erfindend. „Er, Gott, machte Adam und seinem Weibe Röcke von Fell und kleidete sie" (1. Mose 3,21).

Die an- und ablegbare Kleidung, eine künstliche Haut, oder die künstliche Schneide des Messers, vom Faustkeil bis zur Klinge eine außerdem willkommene Waffe – die sich allerdings auch sogleich zum Mord mißbrauchen ließ, jeder von der Natur für Artgenossen sonst verbürgten gegenseitigen Schonung ungeachtet – sowie das „gezähmte" Feuer, diese ältesten Werkzeuge und das erst sehr viel spätere Rad sind der Natur unbekannt. Dem „homo faber", einem zur „Fabrikation" eigener Schöpfungen durchgebrochenen Geschöpf und hierdurch der Mensch, bietet das All keine abgeschlossene Schöpfung, sondern ein seiner Erfindungsfähigkeit ausgesetztes, Mordlust ausgeliefertes und Verantwortung anvertrautes Ganzes. So bildet und bleibt die Natur die in keiner wesentlichen Hinsicht aufzuhebende unersetzliche Grundlage, über und für die aber der Mensch, sobald er es ist, nunmehr ebenfalls die Verfügung übernimmt und Verantwortung trägt. Aus der Natur heraus geht er an das Werk seiner Kultur, die ihrerseits wieder Folgen für die Natur nach sich zieht, tief einschneidende und umwälzend ausgreifende Folgen.

„Fruchtet und mehrt euch und füllet die Erde und bemächtigt euch ihrer! Schaltet über das Fischvolk des Meers, den Vogel des Himmels und alles Lebendige, das auf Erden sich regt! " (1. Mose 1,28). *Bemächtigt euch ihrer, schaltet über sie!* Nur zu gern wird dieses Wort in dem Sinn autoritärer Herrschafts- und totalitärer Ganzheitsanmaßung mißverstanden. Dieselben Vergewaltiger des Menschen und des Alls, die ihre Schuld an der drohenden Beseitigung der Freiheit sonst auf die Technik abwälzen, wälzen hier auf die Bibel ab, was einmal mehr nur von ihnen her droht. Die Bibel rechtfertigt keine der Anmaßungen, welche die von ihr gewiesene Freiheit und Fruchtbarkeit in ihr Gegenteil verkehrt haben und verkehren.[6] Ein Maßstab ist biblisch gesetzt, nicht bloß und nicht bloß blindlings ein Ziel, als außerdem derjenige Maßstab, den die Neuzeit auf ihren anderen Wegen ebenfalls nachgewiesen hat.

Aus denselben neunziger Jahren des neunzehnten Jahrhunderts, die vom psychoanalytischen Eintritt in das seelische Innen bis zum atomphysikalischen Eintritt in das Innere des Stoffs die erst jetzt eigentliche und von jetzt an endgültige Neuzeit heraufgeführt haben, stammt das Dollosche Gesetz: von Louis Dollo im Jahr 1893 formuliert. Der dem Menschen biblisch gewiesene Vorrang über das Fischvolk des Meers, den Vogel des Himmels und alles Lebendige, das auf Erden sich regt, wurde hier von der Naturwissenschaft als genau zutreffender Hinweis auf das Wesen des Menschen erhärtet. Wohl bleibt auch da und noch einmal jede Verantwortungslosigkeit möglich, die aber wieder und noch einmal nur deshalb eine Möglichkeit des Menschen darstellt, weil er – und nur er – dazu berufen ist, für sich selber, die Erde und alles, was auf Erden sich regt, tatsächlich verantwortlich zu sein.

Das Tier ist an die Werkzeuge, die es sich mit Hilfe seiner eigenen Körperteile in seinen eigenen Körper hinein „erfindet", gebunden. Es kann sie, lehrt Dollo, zunehmend verfeinern, aber die Entwicklung niemals wieder rückgängig machen, deren Richtung es mit ihnen eingeschlagen hat. Dagegen ist der Mensch an die Werkzeuge, die er sich mit Hilfe von künstlichen Gliedern (Freuds „Prothesen") zu seinem Körper hinzu erfindet, nicht gebunden. Er kann sie zunehmend verfeinern und gleichzeitig benutzen oder nicht benutzen, die Entwicklung – und jede Entwicklung, deren Richtung er eingeschlagen hat – auch wieder rückgängig zu machen imstande. Schwimmend wie der Fisch, fliegt derselbe Mensch wie der Vogel, als derselbe Mensch ebenso in jeder anderen Richtung unterwegs, in der Lebendiges auf Erden sich regt. Denn schwimmend ist er trotzdem kein Fisch, wie fliegend trotzdem kein Vogel. Dieses Lebewesen bleibt bei jeder Bewegung, die es bewerkstelligt, und in jeder Richtung, die es dabei einschlägt, ihnen gegenüber frei, das heißt ganz es selber, ein Mensch. Dank seiner Technik!

Und Freiheit ist es noch einmal, die der Mensch sich durch die Technik erschließt, oder – dank der Technik – als sein eigenes Wesen und eine der wesentlichsten Bewährungsproben seines Daseins erhärtet. Der Weg vom Kraftwerk ausgenützter Naturkraft (wie fließendem Wasser, wehendem Wind oder der Stärke tierischer und menschlicher Muskeln) über das Kraftwerk ausgenützter Maschinenkraft (das aber auf die „Nahrung" der gewachsenen Vorräte der Natur wie Holz, Kohle, Öl, Gas und Wasser und seine „Bedienung" durch den Menschen angewiesen bleibt) bis zum Kraftwerk der Kernphysik ist ein Weg der Entwicklung zur Freiheit.

Beim Kraftwerk ausgenützter Naturkraft, für das die Kräfte des Menschen buchstäblich schwer in das Gewicht fallen, war die Sklaverei unfreiwillig menschlicher Arbeit nicht zu umgehen. Und unumgänglich blieb bei dem Kraftwerk Zweiter Stufe während seiner Ersten Industriellen Revolution (der die Kraft des Menschen als solche nicht länger ins Gewicht fiel) die „Bedienung" der Maschinen durch den Menschen, dieser sich dann zu den „unmenschlichen" Bedingungen der Maschinen aufnötigend qualvolle Zwang. Aber die mit dem Kraftwerk der Kernphysik zusammen erfundenen und auch seine „Bedienung" übernehmenden Schöpfungen der Kybernetik und der Automation haben davon, daß Dienst Sklaverei sein muß, befreit. Geradeso, wie sie von der geistigen Arbeit befreit haben, insofern diese Anstrengung des Kopfes kein Werk der Freiheit, sondern bloß Mechanik ist, das heißt ebenfalls Sklaverei.

Freiheit durch die Technik bildet nicht nur den eigentlichen Sinn und allein wesentlichen Zweck der technischen Erfindungen, sondern auch den Maßstab der Entwicklung der Technik als solcher, von der Ausbeutung der unmittelbar zugänglichen Naturkräfte, deren eine der Mensch selber ist, über die Ausbeutung der in Jahrmilliarden natürlich gewachsenen Vorräte an Rohstoffen, die unersetzlich sind, bis zur Befreiung von jeder Ausbeutung des Menschen und des Alls auf der Höhe des Kraftwerks Dritter Stufe.

An einem bereits absehbaren Tag wird es nicht länger die einmal mehr mit Zerstörungen arbeitende Kernspaltung, sondern – nach dem Vorbild des „Kraftwerks" der Sonne – Kernverschmelzung sein, die Kernkraft entbindet. Mit ihr sollte dann diejenige letzte Kraftquelle erschlossen sein, derentwegen keine andere Kraft ausgenutzt werden muß und womöglich aufgebraucht würde. Und diese Theorie technischer Überwindung und technischer Erübrigung jeglicher Ausbeutung weist schon jetzt jeder gegenwärtigen Praxis und allem zukünftigen Denken und Handeln den Weg. Auch unverwirklicht und, was ihre Verwirklichung angeht, noch unbestimmt, hat diese von der Theorie gemeisterte äußerste Stufe der Erschließung von Kraft bereits – und weltweit – diejenigen umwälzenden Folgen, die Adrien Turel mit einem Wort des Jahres 1951 unvergeßlich bildhaft zum Ausdruck gebracht hat, ohne den mit der überholten Vergangenheit dabei mitversinkenden Begriff der „Zerstörung" bereits aufgeben zu können:

„Alle großen Täter, auch alle großen Schöpfer waren bisher auch große Töter. Erst seit wir wissen, daß man Materie zerstören muß, um Energie ‚frei' zu bekommen, können wir inskünftig diesen Fluch der großen Täterschaft meistern."[7]

Zu den Stoffen der Natur hinzu, die der Mensch als ein Diesseits vorfindet, das aus einer ihm jenseitigen Urzeit hervorgegangen ist – sodaß er diese Vorräte der Natur und mit ihnen sich selber, wie er und sie vorliegen, lediglich ausnützen konnte und kann –, ist jetzt ihr und sein Jenseits erobert, als das Innen im Außen, jedem Außen gegenüber. Was in denselben Jahrzehnten des anhebenden zwanzigsten Jahrhunderts beim Eintritt in das seelische

Innen dank der Psychoanalyse Zweiter Stufe gelingt (die hinter die Geburtsschwelle, bei der Freud stehenblieb, auf die Zeugungsschwelle zurückgeht, auch noch die neun vorgeburtlichen Monate und die Zeugung des Menschen in die eigene Verantwortung einbeziehend), gelingt auch im Hinblick auf das materielle All bei dem von der Atomphysik vollbrachten Eintritt in das Innere des Stoffs. Die Erzeugungsschwelle des Stoffs ist hier erobert, von der aus der Stoff, wie er irdisch vorliegt, und Sonnen und Sterne zu erschaffen sind.

Eine andere gleichzeitige Besiegelung dieses Vorstoßes zur äußersten Freiheit als nun restlos alles umfassender Verantwortung, Tat der Technik auch sie, ist die Raumschiffahrt. Der Mensch hebt sich auch noch von der Erde ab, an die er bisher gefesselt war, sich so die Erde in vertiefter, reiferer Weise und selber menschheitlich erwachsener Mensch endgültig als Heimat erobernd, sei es zum Guten, sei es zum Bösen! „Seit einigen Jahrzehnten steht die Erde ihrer ganzen Ausdehnung nach vor den Augen, restlos und so schon von jedem Kind überschaubar, außerdem Heimat wie niemals zuvor: Hafen der Ausfahrt und der Einfahrt in jede Breite, jede Höhe, jede Tiefe. Die Weltraumschiffahrt auf der einen und der Weg nach innen auf der anderen Seite, den die Erdtiefenforschung" – deren Bewältigung beträchtlich nachhinkt, aber nichts grundsätzlich Neues hinzufügen kann – „und die Tiefenpsychologie und Kernphysik nebeneinander bewältigen, sind ebenso viele Berufungen, deren Verwalter in die volle Verantwortung für den ganzen Umkreis und für jedes äußerste und letzte Ziel dieser Berufungen eingetreten ist, die meistern zu wollen zwar noch unabsehbare Schwierigkeiten auftürmt, aber als Leistung sich nicht überbieten läßt."[8]

3. Technik gegen die Freiheit

Gibt es Freiheit, wirkliche Freiheit, gibt es auch den Mißbrauch der Freiheit; nur wo es sie nicht gibt, steht auch er nicht frei, der umgekehrt, indem er die Freiheit mißbraucht, stets nur nochmals sie, daß es sie wirklich gibt, so besiegelt.

Weil das Welt genannte irdische All die ganze Welt der ganzen Erde fortan wirklich ist, gerade deshalb macht die von der Neuzeit her erschlossene Möglichkeit der Stiftung eines Weltfriedens es nun ebenfalls möglich, dieses Ganze der Welt wirklich zu zerstören. Oder gerade deshalb, weil die Menschen der neuzeitlichen Weltstunde tatsächlich alle Menschen sind, die es gibt, wäre ihr Selbstmord der Menschheitsselbstmord, der er solange niemals sein konnte, als die sogenannten Menschheiten der noch nicht vollständig entdeckten Erde jeweils bloß Bruchteile der Menschheit umfaßten. Gerade und nur deshalb ist der Menschheitsselbstmord in der Zukunft möglich, weil auch das Zusammenleben der Menschheit als Menschheit künftig möglich ist, fruchtbar wie noch nie.

Nicht länger ist, wie Adrien Turel es bahnbrechend erkannt hat, der Reichtum der einen die Armut der anderen. Denn, fügte er hinzu: „Heute (1955) kann man schon sagen: Mein Reichtum ist die Kaufkraft der anderen."[9]

Dank der Technik des Kraftwerks Dritter Stufe ist es auf dieser Höhe der Zweiten Industriellen Revolution erstmals möglich, alle Menschen, die es gibt, und noch mehr Menschen, als es gibt, zusammen satt werden zu lassen. Keiner muß, damit ein anderer seinen Hunger stillen kann, selber hungern. Das Entbehren und Sich-Abquälen der einen zum Weltgenuß und zur Lebensfreude der anderen, diese – weil auf den bisherigen Stufen der Technik niemals genug erzeugt werden konnte – unabänderlich bittere und böse Notwendigkeit sämtlicher irdischer Vergangenheiten ist keine Notwendigkeit mehr. Daß aber alle Menschen zusammen reich sein können, gerade diese Möglichkeit schließt es nicht aus, sondern ein, daß sie die Reichtümer, die künftig für alle genügen, aus Gewinnsucht oder anderen Gründen einander vorenthalten: statt Brüder Mörder, und schlimmere Mörder denn je. Nämlich Mörder überflüssigerweise.

Daneben droht die Verselbständigung der Technik, ebenfalls ein Ausdruck von Freiheit dank der Technik, obgleich oder vielmehr gerade deswegen, weil sich diese Verselbständigung leicht auch gegen die Freiheit richten läßt, sich selber oder anderen zur Gefahr. Gefährlich ist der übermäßige Leerlauf der Technik um ihrer selbst willen und noch gefährlicher die Überwältigung des dank der Technik befreiten Menschen durch diese Technik bis zur Vernichtung jeder Freiheit, jeglicher Fruchtbarkeit und der Menschheit selbst!

Zu bedenken, aber eine dennoch außer acht zu lassende Frage, weil die hier mitzubedenkenden Gefahren auch solche derjenigen Freiheit sind, die der Technik verdankt wird, bleibt die weitgehende Mitverantwortung der Wissenschaft, Wirtschaft und Politik. Ohne ihre Zwecksetzungen, die sich der Technik bemächtigt haben, wäre die Technik als solche sehr viel leichter zu zügeln. Doch auch von der Technik selber her droht es, daß ihre Werkzeuge in der Hand ihrer eigenen Lehrlinge außer Rand und Band geraten, so wie Goethes Gedicht vom *Zauberlehrling* es schon im Jahr 1797 – als die Erste Industrielle Revolution gerade erst einsetzte – klar vorausgesehen hat. Diese

Lehrlinge der Menschheit haben weder den langwierigen Weg der Erfindung noch den schmalen Weg sicherer Erprobung, sondern bloß das vor den Augen, was die Technik – in der Hand des Meisters – verrichtet.

Seine Wort' und Werke
Merkt' ich und den Brauch,
Und mit Geistesstärke
Tu ich Wunder auch.

So droht die Möglichkeit unabsehbaren Mißbrauchs der Technik in der Hand des sich ihrer von außen her bemächtigenden Lehrlings, wobei aber das oft und mit Recht oft angeführte Goethewort von der großen Not dieses Lehrlings, der die Geister, die er gerufen hat, nicht wieder loswerden kann, nicht Goethes letztes Wort bildet. Es gelingt, das gilt es ebenfalls zu beachten, die Geister wieder loszuwerden, die der Lehrling rief.

Denn als Geister
Ruft euch nur, zu diesem Zwecke,
Erst hervor der alte Meister.

Mögen diese „Geister" verselbständigter Technik auch ihrer Lehrlinge spotten und sie vergewaltigen und zuletzt ärger versklaven, als ein Mensch nur jemals Sklave war, solange es Sklaven noch geben mußte, weil es das Kraftwerk Dritter Stufe noch nicht gab! Diese „Geister" sind Schöpfungen des menschlichen Geistes und nichts anderes außerdem. Vielleicht derartige „Geister" auch von der Wissenschaft, Wirtschaft und Politik her: weniger die Auswüchse mißbrauchter Technik als die Folge anderen Mißbrauchs, der bloß mittelbar denjenigen der Technik nach sich zieht. Ihnen liegt ebenfalls kein eigenes Leben, sondern immer nur dasjenige der Menschen zugrunde, von denen sie hervorgerufen worden sind, eine jedoch trotzdem große und sehr große Not. Wer sie undurchschaut zu bändigen versucht, liefert sich – wie Goethes Zauberlehrling – ihr bloß nochmals aus, als ob es um ihre „Geister" ginge, statt um ihn, der sie sich hervorgerufen hat. Erst und nur dann, wenn der Mensch dazu steht, daß er selbst es getan hat und tut, was er als die von ihnen verschuldete Not anklagt und bejammert, das heißt sie als Werkzeuge und sein eigenes Werkzeug durchschaut, kann er sie auch so zurechtweisen, wie es Goethes altem Meister gelingt.

In die Ecke,
Besen! Besen!
Seid's gewesen.

Gefährlicher also, noch viel gefährlicher als jeder Mißbrauch der Technik – der die Schattenseite lichtvoller Möglichkeiten bildet und bleibt – ist das Nichtdurchschauen der Technik: wenn der Mensch, der sie sich erfunden hat, nicht hierzu steht. Daß ein bis zur eigenen Zeugung und zu sämtlichen Erzeugungen vorgedrungenes Weltverständnis auf der Höhe seiner wirklichen Verantwortung für diese Grundschwellen auch zu Anmaßungen der Herrschaft über das seelische und stoffliche All verführt, die sich gegen die Freiheit richten, darf weder als eine Art Bosheit der hierfür eingesetzten Technik noch als eine Unzulänglichkeit der Freiheit aufgebauscht werden. Die Technik stellt eine ebenso unausweichliche wie wesentliche Grundmöglichkeit des Menschen dar, ohne deren vollendeten Ausbau er nicht freier, sondern bloß weniger frei und nicht der ganze Mensch wäre, als der er auch imstande ist, den Mißbrauch der Technik sowohl zu durchschauen als auch zu zügeln.

4. Freiheit gegen die Technik

Einmal mehr ist es fruchtbarer und sinnvoller, einen Widerspruch anzunehmen, statt hinter ihm nach einer Schuld zu suchen und die Schuld auf die Technik abwälzen zu wollen. Mit Einschluß der Verantwortung für die Technik läßt sich keine der wesentlichen Verantwortungen des Menschen rückgängig machen, ohne es mit rückgängig zu machen, daß es den Menschen gibt, einen Erfinder, „sozusagen eine Art Prothesengott". Daran, daß der Mensch nicht bloß ein Naturwesen und nicht bloß der Entdecker dessen ist, was als Natur bereits vorliegt, kann nicht und auch daran nicht gerüttelt werden, daß mit jeder Erfindung ihr Mißbrauch miterfunden wird. Nur ein Gleichnis, aber ein so nun eben doch wegweisendes Bild schenkt hier die biblische Ausmalung des Zustandes, mit dem der Mensch auf der Höhe der Technik die von dieser Technik her drohende Gefahr seiner Selbstvernichtung dank derselben Technik überwindet, die ihm auch seine eigene Vernichtung möglich macht. „Kein Volk wird wider das andere das Schwert erheben, und sie werden den Krieg nicht mehr lernen." Denn: „Sie werden ihre Schwerter zu Pflugscharen schmieden und ihre Spieße zu Rebmessern" (Jesaja 2,4; Micha 4,3).

Technik braucht es bis zuletzt, nämlich auch zur Heilung der von ihr geschlagenen Wunden und zu jedem Heil überhaupt. Der Friede setzt ebenfalls Werkzeuge, und das heißt die Technik voraus, diese Technik und die von ihr mitbesiegelte Freiheit mit den hierbei mitauftretenden Widersprüchen aber ins Fruchtbare wendend.

V. Versuchte Unterdrückung

1. Neuzeitliche Weltvollständigkeit

Daß es beim Widerspruch um etwas Neues, und zwar neuzeitlich Neues geht, erweist nicht zuletzt die auf dem Boden der Neuzeit jeweils anzurechnende Schuld, sobald hier Beseitigungen des Widerspruchs versucht werden. Nicht länger sind dabei bloß Versäumnisse zu beklagen. Die Zeiten der antiken und der mittelalterlichen Unschuld gehören der Vergangenheit an.

Wenn die Tyrannis der Griechen oder die Diktatur der Römer den Widerspruch unterdrückten, heidnisches Sehertum und jüdische Prophetie die Zukunft gegen die Widerspruchsvielfalt ihrer Gegenwart aufboten oder ein christliches oder ein chinesisches „Reich der Mitte" das Gegenüber verteufelten, von dem sie an der Stelle des von ihnen verdrängten Widerspruchs als von etwas Ganz-Anderem dennoch in Frage gestellt wurden, ereigneten sich diese Versuche der Beseitigung des Widerspruchs innerhalb eines Umkreises, der noch nicht der vollständige Umkreis des Alls war. Auf dem Boden der Neuzeit jedoch ist der eigene, und zwar jeder eigene Umkreis das ganze All in seiner Vollständigkeit.

Deshalb erweist sich jede künftige Behauptung der Wahrheit, welche die einzige sein will, als eine im Hinblick auf ihren Erd-Teil zwar nach wie vor zutreffende, aber nicht die ganze Erde vertretende Wahrnehmung, der von der Wahrheit eines anderen Erd-Teils widersprochen wird, als von einer auch ihrerseits zutreffenden Behauptung. Diese sich widersprechenden Inanspruchnahmen der Wahrheit, deren jede dieselbe Freiheit für die Wahrheit ihres Widerspruchs fordert, nicht gelten zu lassen, um statt dessen das All widerspruchslos wahrnehmen und seiner ganzen Vollständigkeit nach weltweit beherrschen zu wollen, ist nurmehr Totalitarismus: „auf deutsch Ganzheits-Anmaßung in dem eine schwere Schuld und ein schreiendes Unrecht anprangernden neuzeitlichen Sinn dieses Wortes."[1]

Als Kolumbus einen neuen Zugang zu dem schon bekannten Indien finden wollte, entdeckte er eine neue Welt: das unbekannte Amerika. Die von ihm auf dem Boden des Mittelalters für die ganze Welt gehaltene eigene

Welt erwies sich als bloß ein Teil der Welt, innerhalb ihres größeren Ganzen. Der Kolumbus dagegen, der auf dem Boden der Neuzeit ein unbekanntes Amerika finden will, über oder auf oder unter der Erde, stößt nur immer wieder auf ein schon bekanntes Indien. Denn auf derselben Erde, auf der es bisher möglich war, Teile des Ganzen für das Ganze selber zu halten, ist es unmöglich geworden, einen Teil für das Ganze zu halten und das Ganze anders wahrzunehmen als in einem seiner Teile, neben einem ihm widersprechenden Anderen.

Doch wie steht es, wird da eingewendet, mit den noch längst nicht restlos durchmessenen Welten und Weltmöglichkeiten der unabsehbar vielen Wissensgebiete und Glaubensbereiche des Menschen, von seinen kaum erst angelaufenen Vorstößen der Weltraumschiffahrt und der Erdtiefenforschung ganz abgesehen? Weisen sie nicht auf ein Jenseits möglicher Vereinheitlichung, dessen Diesseits, wie es jetzt noch vor den Augen steht, dann bloß vorläufige Vielfalt darstellen würde? Könnten, so wie es bisher wiederholt der Fall war, nicht noch immer viele, ja zahllose unbekannte Reiche und Bereiche und vor allem auch ihr Mittelpunkt erst noch zu entdecken sein, der die auf dem Boden der Neuzeit unausweichlich scheinende Widerspruchsvielfalt des Alls dann einst überwindet?

Gerade so wird aber auch der reife vom jungen Menschen in Frage gestellt, sobald jener – ein Erwachsener jetzt – sich in der Welt häuslich einzurichten beginnt, statt noch einmal und immer wieder zu neuen Eroberungen aufzubrechen. Die heranwachsende Jugend hat dabei auf ihre Weise recht; sie selber muß und sie sollte möglichst lange für alle Länder, Berufe und Lebensgefährten offenstehen, sich in noch nicht eroberten Richtungen immer wieder von neuem bewährend. Eines Tages jedoch, und das setzt den Heranwachsenden dem Erwachsenen gegenüber ins Unrecht, muß ein von Grund aus anderer – und zwar grundsätzlich letzter Schritt – gewagt werden. Jetzt gilt es nicht bloß weiterzugehen; dadurch würde sich der Erwachsene der ihn zur Verantwortung ziehenden Bewährung nurmehr entziehen. Sondern jetzt gilt es, so weit gekommen zu sein, daß die Entscheidung für einen Boden als Heimat, einen Beruf als Arbeitsplatz und ein Gegenüber als Lebensgefährten getroffen werden kann, in dem Sinn einer endgültigen Entscheidung.

Mögen andere Länder und Berufe sowie mögliche Lebensgefährten und wie vieles Unbekannte überhaupt nach wie vor locken! Wie bisher schon den einzelnen Menschen, der erwachsen zu werden fähig war, hat das Ganze des bisher nacheinander zu entdeckenden Alls jetzt die Menschheit in das Miteinander seiner vollständigen Entdecktheit einmünden lassen, der mit jedem neugeborenen Menschen von neuem anhebenden persönlichen Unerwachsenheit und dessen ungeachtet, daß die menschheitlich eingetretene Erwachsenheit es dem einzelnen Menschen gerade jetzt sogar scheinbar abnimmt, auch noch selber in die Erwachsenheit eintreten zu müssen.

Sich dem Ganzen des Alls gegenüber einmal und für immer so oder so zu entscheiden, bezeichnet weder den Stillstand, den der Heranwachsende hier anprangert, noch bloß eine Atempause, nach der früher oder später zu doch wieder neuen Welten aufzubrechen wäre, sondern den in jedem „progressiven" Sinn dieses Begriffs gemeisterten Fortschritt der Erwachsenheit. Darauf einzugehen, daß es den Zusammenstoß sich gegenseitig in Frage stellender und zur Verantwortung ziehender Entscheidungen wirklich und endgültig gibt, führt allein noch weiter. Zur Unausweichlichkeit von einander widersprechenden Abgeschlossenheiten stehend, bleibt diese Erwachsenheit so nicht stehen, sondern besiegelt und bewährt gerade so die ihr erschlossene Vollständigkeit des Alls; in von Grund aus neuer Weise schöpfungsfroh.

2. Totalitäre Ganzheitsanmaßung

Wie sehr das All der Neuzeit wenigstens schon grundsätzlich vollständig vorliegt und deshalb Taten zu Untaten macht, die in früheren Zeiten zwar nicht weniger grausam ausfielen, aber ohne die Schuldhaftigkeit verübt wurden, die sie jetzt zu Verbrechen stempelt, erweist mit besonderer Augenscheinlichkeit der Umschlag jeglichen Weltherrschaftsanspruchs in bloß eine Ganzheitsanmaßung. Was eben noch Imperialismus nicht nur war, sondern dieser Weltherrschaftsanspruch auch sein durfte, weil das Ganze der Welt erst noch zu erschließen war, ist nurmehr Totalitarismus: Anspruch auf Weltherrschaft angesichts des bereits erschlossenen Ganzen der Welt. Das heißt ein als solcher überholter Anspruch: eine Anmaßung – „Ganzheitsanmaßung als ein Verbrechen, und nichts, garnichts anderes außerdem".[2]

Auf dem Boden der Neuzeit (hierunter einmal mehr der Idealtypus der Neuzeit verstanden, ohne Rücksicht auf ihren Realtypus und das in seinem Rahmen immer noch vielfach fortdauernde Mittelalter) gibt es und kann es keinen Imperialismus mehr geben, diesen seit Jahrtausenden erhobenen Anspruch auf Weltherrschaft, sei es des Glaubens, des Wissens, der Wirtschaft oder der Politik. Nachdem gerade auch diese Imperialismen die vollständige Entdeckung des ganzen Alls tatsächlich und endgültig mitheraufgeführt haben, stellt jedes hier weiterhin vertretene Weltherrschaftsverlangen Herrschaft bloß noch in dem Sinn einer Anmaßung der Herrschaft über diejenige ganze Welt dar, die nicht länger ein fernes Ziel bildet, sondern bereits Gegenwart ist und sich niemals wieder vereinheitlichen läßt.

Sieben Eigenarten kennzeichnen das Vorgehen des Totalitarismus, die zwar auch schon den Weltherrschaftsansprüchen früherer Zeitalter eigneten, aber jetzt dermaßen unerträglich geworden sind, daß sie wie etwas von Grund aus Neues auffallen und das am Totalitarismus Besondere zu sein scheinen: eine seinen Nutznießern nur allzu willkommene Verwechslung. Denn dann wäre nicht die Anmaßung des Totalitarismus, sondern die Bösartigkeit dieser Eigenarten die hier anzuprangernde Schuld, das Böse aber auch schon aller früheren Ansprüche auf Weltherrschaft. In Tat und Wahrheit sind es jedoch nicht die vom Totalitarismus eingesetzten Mittel, sondern ist es er selber und er ganz allein, der sie – die als solche gewiß ebenfalls Gefahren bezeichnen und Schuld auf sich laden können – in die besondere Gefahr und einmalige Schuld der Unterdrückung des Widerspruchs verwandelt, trotz der von seiner Weltstunde besiegelten Freiheit für den Widerspruch.

Irgendeine Ideologie lehrhafter und rechtfertigender Verherrlichung des eigenen Weltherrschaftsanspruchs bildet hier so etwas wie ein Programm, um die Massen zusammenzufassen, deren Einzelne, die es besser wissen, durch diese Ideologie gerade so erst zu bloß einer Masse gemacht werden, sie dem einzigen Willen eines sogenannten Führers und einem Klüngel von Spießgesellen dieses Führers ausliefernd, mit Hilfe – drittens – einer Geheimpolizei und viertens des Terrors, dieses Schreckens zur Schreckensverbreitung, immer noch unheimlicherer Erregung von Angst. Furcht, die vor etwas Faßbarem zittert, gegen das, weil es faßbar ist, deshalb auch Verteidigung möglich wäre, vereinigt. Angst isoliert. Der um sich greifende Schrecken trennt voneinander, weil keiner mehr nach einem besonderen Grund verlangt – und tausend sucht, abertausend findet –, wenn ein anderer naher oder ferner Mensch oder er selbst von dem Abgrund verschlungen wird, vor dem Angst zu haben und Angst haben zu müssen ihn bereits ausliefert, noch bevor dieser Abgrund sein verängstigtes Opfer sich in seine Folterkammern holt und es nach kurzer oder langsam abtötender Gefangenschaft zuletzt wirklich vernichtet. Fast scheint es weniger unheimlich und viel weniger schrecklich, in dem sprichwörtlichen Sinn eines Endes mit Schrecken endlich unterzugehen, statt den Zustand eines Schreckens ohne Ende aushalten zu müssen, der dem Machthaber und seinen Spießgesellen nicht zuletzt noch das folgende dreifache Monopol sichert.

Ihnen unterstehen die Information in dem Sinn lückenloser Herrschaft über die Vermittlung von Nachrichten im Inland und aus dem Ausland sowie Rüstung und Bewaffnung, das heißt jede mögliche Anwendung von Gewalt.

Die Gewalttätigkeit des Staates wird aus jeder rechtlichen Bindung herausgelöst, während umgekehrt jeder Widerstand gegen sie und ihre Gewalthaber sich als Unrecht abgestempelt findet, außerdem noch der folgenden Willkür ausgesetzt. Das hier dritte Monopol, jeder öffentlichen Aufsicht und Mitbeteiligung und Mitbestimmung entzogen, ist die Lenkung der Wirtschaft, womöglich Planung genannt. In Tat und Wahrheit wird hier aber nur geplündert, bei der Gelegenheit dieses hemmungs- und erbarmungslosen Beutezugs gleich auch sämtliche Berufe und als deren jeweilige Laufbahn jede Bildung und jegliche Ausbildung mit „verstaatlichend".

Spielt dabei nicht aber auch die Technik eine Rolle, diese Technik des Kraftwerks Dritter Stufe auf der Höhe der Zweiten Industriellen Revolution? Ist es nicht erst und recht eigentlich diese Technik, die den Totalitarismus als solchen ermöglicht und aus den Hilfsmitteln seiner Anmaßung, deren jedes schon immer zur Verfügung stand, die neuzeitlich neue Bedrohung der Welt macht, als die das totalitäre Führertum und seine Ideologie und Geheimpolizei im Besitz der Monopole über Nachricht, Gewalt und Wirtschaft maßlos in Schrecken versetzen: anspruchsvoll, weitreichend und unheimlich wie noch nie?

Einzuräumen ist, daß die auf der Höhe dieser Technik möglich gewordene Einsammlung von Nachrichten sowie die nun ebenfalls möglich gewordene Unterschlagung von Nachrichten und umgekehrt die Steuerung dessen, was an ausgewählten schiefen und falschen Nachrichten verbreitet wird, weder nur eine Fortsetzung noch bloß eine Steigerung altbekannter Vorgänge sind, sondern mit dem Ausmaß der Steigerung dessen, was hier außerdem auch fortgesetzt wird, etwas durchaus Neues bezeichnen. Dasselbe gilt von der vernichtenden Gewalt neuzeitlicher Waffentechnik oder von der neuzeitlichen Erfindbarkeit und Erzwingbarkeit der Ideologien dank des seit der Jahrhundertwende mit dem gelungenen Einstieg in das materielle All gleichzeitig gelungenen Einstiegs in das seelische Innen. Und gilt von der neuzeitlichen Möglichkeit vorgespiegelter Planung und tatsächlicher Ausbeutung der Wirtschaft. Daß der arbeitende Mensch sowie jeder zu verarbeitende Rohstoff, diese Umwelt des Menschen, dermaßen und buchstäblich restlos verbraucht werden können, wie es auf der Höhe der Technik der Neuzeit möglich geworden ist, übersteigt jeden nur jemals angerichteten Schaden.

Aber die Berufung auf die Technik als den ausschlaggebenden Grund für das am Totalitarismus Neue führt trotzdem an dem hier Neuen vorbei, weil diese Technik der Neuzeit nicht nur bisher unbekannte Kräfte freigesetzt hat, sondern auch die Freiheit dessen voraussetzt, der sich ihrer bedient. Das am Totalitarismus Neue – wie das durchwegs Neue des Faschismus und das neuzeitlich Neue der Manipulation, Futurologie und Fachidiotie – liegt in keinem äußeren Umstand, auf dessen Grundlage etwas an sich Altbekanntes und längst Gewohntes bloß ein neues Gesicht angenommen hätte, sondern in folgender Tatsache und in ihr ganz allein. Jeder dieser Versuche einer Beseitigung des Widerspruchs verfehlt die Neuzeit, für die, daß widersprochen wird, grundlegend geworden ist und es bleibt.

3. Faschistische Gewaltanmaßung

Totalitarismus ist die Ganzheitsanmaßung des überholten Anspruchs auf *Welt*herrschaft, dem trotz seiner Überholtheit immer noch ein Hauch von Größe anhaftet, sei es auch nur ein Hauch scheinbarer Größe. Denn der Totalitarismus folgt Zeitaltern dieses Anspruchs, die es einmal wirklich gab und damals geben mußte, geben durfte. Damals war es zwar nicht weniger grausam, aber unvermeidlich – und so auch ein Vorgang der Unschuld –, daß die Weltherrschaft angestrebt wurde. Die Welt, die erst durch dieses Streben vollständig entdeckt wurde, war dasjenige ganze All damals noch nicht, als das sie dem Totalitarismus entgegentritt, kraft ihrer Widerspruchvielfalt jeden Versuch ihrer Vereinheitlichung zur Anmaßung stempelnd.

Der Faschismus dagegen ist die Gewaltanmaßung eines überholten Anspruchs auf *Vor*herrschaft, und nichts als Gewalttätigkeit, sowie bloß eine Anmaßung, ohne jeden Hauch von Größe.

Bonapartismus, „die verselbständigte Macht der Exekutivgewalt", als ob ihr Diebstahl, Meineid, Bastardtum und ihre Unordnung das Eigentum, die Religion, die Familie und die Ordnung retten würden, diese früheste Anprangerung des Faschismus, den es dem Namen nach damals noch nicht gab, ist der scharfsinnigen Durchleuchtung des *18. Brumaire des Louis Bonaparte* zu verdanken, von Karl Marx schon im Jahr 1852 vor die Augen gestellt.[3] Daneben tritt diese politische Bewegung als persönliche Einstellung des gewöhnlichsten Alltags auf: autoritär sowohl als auch faschistoid.

Die Privilegierung aber eines Einzelnen, der sich innerhalb seiner Familie, Nachbarschaft oder Schule Vorherrschaft anmaßt, oder diejenige einer sogenannten Elite als die Vorherrschaft von Auserlesenen wären auch dann kein ihnen zukommendes Vorrecht, wenn es diese Vorherrschaft – was außerdem zweifelhaft bleibt – einmal wirklich so gegeben hätte, wie der Rückblick es wahrhaben will.

Im Gegensatz zum Totalitarismus, der Fortsetzung einer früheren Möglichkeit in der Stunde ihrer Unmöglichkeit, ist der Faschismus die Vorstellung einer eigenen früheren Möglichkeit, die niemals möglich war, als wäre sie einmal möglich gewesen. Der Totalitarismus baut auf eine zwar überholte, aber einstmals wegweisende Legalität und Legitimität, während der Faschismus diese und jede Gesetzlichkeit und Rechtmäßigkeit immer nur vortäuschen kann. Der totalitäre Anspruch auf Herrschaft über das Ganze der Welt weist von seiner überholten Vergangenheit aus wenigstens auch in die Zukunft, deren tatsächlich erschlossenes Ganzes sie jedoch anders eröffnet auf dem Boden der hierdurch veränderten Gegenwart. Während der faschistische Anspruch auf Vorherrschaft seiner Gegenwart und Zukunft eine Vergangenheit aufzwingen will, mit der, wenn hier etwas wirklich anfinge, nur Gestriges nochmals anfangen würde und in Tat und Wahrheit gar nichts beginnt.

Das Gestern, in dessen Namen der Faschist das Heute und Morgen angreift, hat es so, wie sein Rückblick es sich vorstellt, niemals gegeben. Außer der Gegenwart und ihrer Zukunft, die er rückgängig zu machen versucht, ist nichts anderes möglich. Um einer Unmöglichkeit willen wird hier das Mögliche verhindert und vernichtet, ohne jede Frucht aus dieser Saat.

In seiner *Erbschaft dieser Zeit* hat Ernst Bloch den trüben Quellgrund des Faschismus als den Widerspruch der Ungleichzeitigkeit genau erfaßt und mit einer für das damalige Jahr 1935 beispielhaften Entschiedenheit angeprangert.[4] „Die Geschichte ist kein einlinig fortschreitendes Wesen, worin der Kapitalismus etwa, als letzte Stufe, alle früheren aufgehoben hätte; sondern sie ist ein vielrhythmisches und vielräumiges, mit genug unbewältigten und noch keineswegs ausgehobenen, aufgehobenen Winkeln." Das heißt: „Nicht alle sind im selben Jetzt da." Die auf den ersten Blick im selben Jetzt Vereinten bilden diese Gleichzeitigkeit „nur äußerlich dadurch, daß sie heute zu sehen sind. Damit aber leben sie noch nicht mit den anderen zugleich. Als bloß dumpfes Nichtwollen des Jetzt ist dies Widersprechende *subjektiv* ungleichzeitig, als bestehender Rest früherer Zeiten in der jetzigen *objektiv* ungleichzeitig."

Das *subjektiv* Ungleichzeitige, „in ruhiger Zeit das Verdrossene oder Besinnliche des deutschen Kleinbürgers, der sich vom Leben, worin er nicht mitkam, schimpfend oder innig zurückzog", verwandelt sich in dem Fall unruhiger Zeit und zunehmender eigener Verelendung in die Rebellion „gestauter Wut", nun auch noch das *objektiv* Ungleichzeitige aktivierend. Das ist der „bestehende Rest früherer Zeiten", alles „zur Gegenwart Ferne und Fremde", die „unerledigte Vergangenheit", die von der Gegenwart zwar schon seit langem überholt, aber von ihr noch längst nicht aufgearbeitet ist. Beide Widersprüche steigern einander: „der rebellisch schiefe der aufgestau-

ten Wut und der objektiv fremde des übergebliebenen Seins und Bewußtseins".

Mögen aber die sich gegenseitig steigernden Widersprüche der subjektiv-
persönlichen und objektiv-geschichtlichen Ungleichzeitigkeit die gestaute
Wut auch in tobendes Wüten verwandeln und aus ihrer rebellischen Schief-
heit, übergebliebenen Fremdheit und unerledigten Gegenwartsferne heraus
in Gewalttaten ausarten, deren Spur fast nach einem Weg aussieht, und
womöglich einem Weg nach einem Ziel. Noch so folgenreiche Quantität, er-
geben sie dennoch keine Qualität. Der wesentliche Gang und Fortgang der
Geschichte vollzieht sich jenseits dessen, was von den Widersprüchen der
Ungleichzeitigkeit an Revolution, Qualität und Geschichtlichkeit zwar lautstark und gewaltsam in Anspruch genommen, aber lediglich vorgetäuscht
wird.

Immerhin, fügt Bloch hinzu, so die andere Tatsache ebenfalls festhaltend,
die angesichts der augenscheinlichen Überholtheit und offensichtlichen
Fruchtlosigkeit eines jeden Faschismus gern unterschätzt wird, *ist seine Wirklichkeit da*: „wie das schreckliche Exempel zeigt". So begreift und durchschaut
Bloch schon im Mai 1932 den an der Stelle damals möglicher Gegenwart und
Zukunft in Deutschland aufbrechenden Abgrund der unmöglichen Verwirklichung dessen, was bloß vorgestellte Vergangenheit oder vielleicht vorausge-
gangen, aber jedenfalls überholt war, noch bevor die – wie es dreißig Jahre
später im Nachwort zur erweiterten Ausgabe heißt – „Nacht von 1933" begann.

Und dieses „schreckliche Exempel" der Gewaltanmaßung eines überholten
Anspruchs auf Vorherrschaft ist seine „subjektive Ungleichzeitigkeit" nun
außerdem nicht nur als Faschismus in dem Sinn einer politischen Bewegung
„objektiver Ungleichzeitigkeiten", sondern auch der Faschismus der persönlichen Einstellung, die sich in jedem Menschen jederzeit bilden und aus ihm
heraus in Gewalttätigkeit umschlagen kann. Während der Totalitarismus, der
eine geschichtliche Möglichkeit fortsetzt, nachdem sie unmöglich geworden
ist, so einem geschichtlichen Maßstab untersteht und sich deshalb – unter
veränderten geschichtlichen Umständen – kaum ewig fortsetzen läßt, ist der
Faschismus seinem Wesen nach ungeschichtlich, das heißt geradezu ewig.

Ein Vater, eine Mutter, ein Lehrer und jeder Erwachsene oder ein Kind,
denen eine Autorität entgleitet, die in ihrem Fall niemals echte Überlegenheit, sondern immer bloß körperliche Stärke oder sonst ein wirksames Mittel
nachhaltiger Erpressung war, wenn nicht bloß ihre eigene Vorstellung, daß
sie überlegen seien, retten sich, sobald mit der ihnen entgleitenden Autorität die eigene Unterlegenheit droht, in die Anmaßung „autoritärer" und

„faschistoider" Gewalt. Sie mögen dem Widerspruch derjenigen, denen gegenüber sie auf ihrer Vorherrschaft bestehen, einmal wirklich überlegen oder es nur in der Vorstellung gewesen sein. In dem Hier und Jetzt der ihnen drohenden Unterlegenheit sind sie lediglich anmaßend, wenn sie auf ihre Vorherrschaft pochen und in deren Namen sich selber jede Gewalttätigkeit erlauben, als würden sie in Notwehr echtes Recht verteidigen. Wobei sie – mit einem weiteren bezeichnenden Zug, der ihren Anspruch und ihr Vorgehen nochmals als bloß eine Anmaßung erweist – jede sich gegen sie erhebende Abwehr, die im Gegensatz zu ihnen Notwehr ist und echtes Recht verteidigt, als ein ihnen angetanes schreiendes Unrecht verketzern.

Oder man mag umgekehrt einer Autorität unterworfen gewesen sein, die – wie diejenige der Eltern, Lehrer und Erwachsenen überhaupt – in nur allzu vielen Fällen ebenfalls keine echte Überlegenheit, sondern bloß eine solche des höheren Alters oder wieder körperlicher Stärke oder sonst einer äußerlichen Machtstellung war und eines Tages kläglich zusammenbricht. Wären sie echter Überlegenheit begegnet, würden sie – jetzt auf die eigenen Füße gestellt – nun auch selbständig weitergehen können. Aber sie waren bloß angemaßter Überlegenheit ausgesetzt, das heißt unterdrückt: ihre eigene Kraft zu verdrängen gezwungen. Wenn eine solche Autorität zusammenbricht, tritt auf die Seite der ihr bis dahin Ausgelieferten – die von ihr doch, und zwar nachhaltig geprägt worden sind – deren eigener Autoritarismus.

Bald diese persönliche Einstellung, bald eine politische Bewegung, unterdrückt der Faschismus den Widerspruch beide Male nicht deshalb, weil ihm nicht – oder noch nicht – klar genug vergegenwärtigt worden wäre, was dieser Widerspruch besagt, sondern deshalb, weil er weder diesem noch sonst einem ihm begegnenden Gegenüber gewachsen ist. In jedem Faschismus steckt Minderwertigkeit, ihn letzten Endes dazu verurteilend, unbelehrbar zu sein. Ihm sein unterdrücktes Gegenüber mit seinem anderen Recht und seiner ihm selbst mindestens ebenbürtigen Würde deutlich machen zu wollen, verstärkt nur das auf seiner Seite zwar lautstark überspielte, aber ständig mitschwingende Gefühl und ebenso stets mitgetragene Wissen von dem Unrecht der eigenen Ansprüche und ihrer sittlichen und geschichtlichen Unterlegenheit. Die einzige Folge jedes versuchten Drucks auf den Faschismus ist an der Stelle des erhofften Abbaus eine zusätzliche Steigerung seiner Anmaßung der Vorherrschaft und des von ihm für sich selbst und sich selber allein in Anspruch genommenen Rechtes auf Gewalt.

Wer dem Faschismus sein Unrecht vor die Augen stellt, weist ihm lediglich nach, was seinen Ausgangspunkt bildet, dessen Wahrheit sich nicht einzugestehen ihn kennzeichnet, der sich – derart treffend zur Rede gestellt – hierdurch nur zu noch frecherer Anmaßung und hemmungsloserer Gewalttätigkeit herausgefordert findet. Gewalt ist die Antwort dessen, der zu einer Antwort auf das, was ihn in Frage stellt, unfähig ist. Deshalb bleibt es sinnlos, den Faschismus an seine Verantwortung erinnern und mit ihm um seine bessere Einsicht ringen zu wollen. Statt dessen sind das Verantwortungsbewußtsein und diese bessere Einsicht überall dort, wo immer sie sich regen, trotz des Faschismus und ihm gegenüber – bei dem sie sich nicht regen und niemals regen werden – wachzuhalten, aufzurütteln, auszubauen.

Nicht vom Faschismus her, der den Widerspruch unterdrückt, sondern von der Berechtigung zum Widerspruch her, den der Faschismus zu Unrecht unterdrückt, ist die Freiheit für den Widerspruch jedem und allen hier Unterdrückten ins Bewußtsein zu heben!

4. Widerspruchs- als Widerstandsrecht

Zu widersprechen ist nicht nur eine schöpferische Kraft neben anderen, gewaltsam zu unterdrücken, aber niemals restlos auslöschbar, sondern und vor allem auch ein Recht: eines von denjenigen Rechten, die – „wenn der Gedrückte nirgends Recht kann finden" – droben hangen „unveräußerlich". Das bleibt, mit Schillers ebenso begeisternden wie großartig wahren Worten gesprochen, die „Grenze der Tyrannenmacht": als Gedrückter, wenn „alle sanften Mittel auch versucht" und vergebens versucht worden sind, getrosten Mutes in den Himmel greifen zu können und zu dürfen, sich die „ewgen Rechte" herunterzuholen, „die droben hangen unveräußerlich und unzerbrechlich wie die Sterne selbst".[5]

Innerhalb dieses „ewgen" Widerstandsrechts, das seinerseits einen Grundbestandteil des ewigen Naturrechts bildet, tritt die Freiheit für den Widerspruch als hier ebenfalls unveräußerliches „Droben" hervor, nachdem die Neuzeit auf das „Drunten" der Widerspruchsvielfalt gestoßen ist, ohne deren Berücksichtigung ihre Geschichtsstunde nicht Frucht tragen kann.

Erziehung, die „eine Erziehung zum Widerspruch und zum Widerstand" sei, forderte eine letzte öffentliche Äußerung Theodor Adornos, keine drei Wochen vor seinem Tod am 6. August 1969. „Eine Erziehung zum Widerspruch und zum Widerstand", heißt es am Schluß seines mit Hellmut Becker geführten Gesprächs über *Erziehung zur Mündigkeit* vom 16. Juli 1969; sie ist oder vielmehr wäre, sagt Adorno – „die ja gar nicht ohne weiteres vorausgesetzt werden kann, weil sie an allen, aber wirklich an allen Stellen unseres Lebens überhaupt erst herzustellen wäre" – „die einzige wirkliche Konkretisierung der Mündigkeit."[6] So verbindet Adorno den Widerspruch mit dem Widerstand und sie beide mit der Mündigkeit, um den Nachweis der Zusammengehörigkeit ihres Wesens und geschichtlichen Notwendigkeit ihres Auftretens allerdings nicht bekümmert. Ihm ging es hier nur um die von ihnen aus vorzunehmende Abrechnung mit der Zeitgenossenschaft.

Erwachsenheit jedoch, diese Mündigkeit Adornos, ist mehr als bloß ein Maßstab zeitgenössischer Abrechnung. Erwachsenheit oder Mündigkeit sind die sowohl unmittelbare als auch unausweichliche Folge der neuzeitlichen Weltvollständigkeit, deren Wahrzeichen die Widerspruchsvielfalt des hier restlos erschlossenen ganzen Alls bildet, die ihrerseits zu der „Grenze der Tyrannenmacht" geworden ist, der gegenüber sich die Ganzheitsanmaßung des Totalitarismus und Gewaltanmaßung des Faschismus als Unterdrückungen erweisen, denen widerstanden sein will und Widerstand geleistet werden kann.

Eine andere Frage bleibt es, ob das Widerstandsrecht als Widerspruchsrecht bereits klar genug und vor allem auch so kraftvoll zum Ausdruck kommt, wie der Widerstand verteidigt sein will. Könnte die Freiheit zum Widerspruch nicht auch zur Verhinderung des Widerstandes dienen, weil das Wort nur Worte macht, deren Protest die Unterdrückung so noch nicht beseitigt, gegen die er sich richtet? Täuscht der Widerspruch, der sich gegen die Unterdrückung erhebt, wenn und weil er es tut, in dem Fall seiner Erlaubtheit und auch unerlaubt nicht viel eher darüber hinweg, daß die Unterdrückung nicht und noch immer nicht wirklich beseitigt und auf diese Weise niemals zu beseitigen ist?

Hier auf die Macht und die weltbewegende Macht des Wortes zu pochen, das von ausnahmslos jeder Unterdrückung – weil das Wort die Welt wirklich umzuwälzen imstande ist[7] – verboten oder jedenfalls niemals restlos freigestellt wurde und wird, könnte genügen, gäbe es nicht außer der neuzeitlichen Unterdrückung des Widerspruchs noch das Neue seiner fachidiotischen Verflüchtigung und futurologischen Hinausschiebung sowie seine Unterwühlung durch die Manipulation. Wenn die Freiheit für den Widerspruch ihrer öffentlichen Entmündigung durch den Totalitarismus und den Faschismus trotzt, ist es deswegen noch längst nicht ausgemacht, daß sie nicht manipuliert wird, das heißt heimlicher Entmündigung unterliegt. Aber auch dieser wie jeder andere Versuch der Beseitigung des Widerspruchs ändert nichts und gar nichts daran, daß seine Vielfalt das Wahrzeichen des restlos erschlossenen ganzen Alls bildet und die Grundlage der auf diesem Boden der Neuzeit in Frage stellenden und zur Verantwortung ziehenden menschheitlichen Erwachsenheit.

VI. Versuchte Beseitigungen

1. Versuchte Unterwühlung

Manipulation, diese heimliche Verführung, in deren Bann – wie Herbert Marcuse es ausdrückt – die verwalteten Individuen ihre Verstümmelung zu ihrer Befriedigung gemacht haben, die sie als ihre Freiheit, die aber ihre Verstümmelung ist, auf erweiterter Stufenleiter immer wieder von neuem reproduzieren:[1] Manipulation ist der Entzug der Freiheit durch deren Vorspiegelung. Die Manipulation täuscht dem Widerspruch Freiheit vor, um ihm zuvorzukommen, seine Freiheit gerade so noch einmal verhindernd.

„Auf ihrer fortgeschrittensten Stufe fungiert Herrschaft", sagt Marcuse, „als Verwaltung, und in den überentwickelten Bereichen des Massenkonsums wird das verwaltete Leben das gute Leben des Ganzen, zu dessen Verteidigung die Gegensätze vereinigt werden."[2] Die hierbei miteinbezogene, aber auch noch über diese Gegensätze – und nicht nur ihre Vereinigung – weit hinausgehende Widerspruchsvielfalt dieses Ganzen hört zwar deswegen nicht auf zu bestehen, wird eher zu immer noch gefährlicherer Explosivität aufgeladen, scheint jetzt aber teils weitgehend harmlos, sowie anderteils bereits zum Ausdruck gebracht. Was an Freiheit geboten, Gegensätzlichkeiten zur Wahl gestellt wird, bleibt seine Widersprüchlichkeit nur als unterwühlte – und das heißt manipulierte – Widerspruchsvielfalt: Freiheit für den Widerspruch ohne wirkliche Wahl dort, wirklichen Zusammenstoß hier.

So überdauert, was nicht fortbestehen sollte, trotz der Überzeugung, daß es nicht dauern sollte und nicht fortbestehen kann. Zur öffentlichen Entmündigung durch den Totalitarismus und den Faschismus hat sich die Möglichkeit heimlicher Entmündigung gesellt, die zu der Gleichschaltung – wie sie von diesen Unterdrückungen des Widerspruchs zu erzwingen versucht wird – nunmehr ohne jeden Zwang wie zu einer Vollendung der Freiheit verführt.

Statt den Menschen in dem Wortsinn der lateinischen *emancipatio* „aus der Hand zu geben", behält die ursprünglich französische *manipulation* den von der Emanzipation auf dem Boden der Neuzeit öffentlich mündig gesprochenen Menschen heimlich weiter in der Hand. Nicht bloß zufälligerweise stammt diese Wortbildung erst aus dem späten achtzehnten Jahrhundert. Zunächst ein vielleicht noch gewissenhafter „Handgriff", entwickelt sich die Manipulation zu der zunehmend gewissenloseren Handhabung des Kunstgriffs und Kniffs bis zur Machenschaft: statt Gutes dort, wo Gutes möglich wäre, Schädliches, unter der Vorspiegelung, es sei gut.

Die Entmündigung durch die Manipulation hält nicht in der Unmündigkeit fest, was unmündig ist, sondern verführt diejenigen zur Unmündigkeit, die mündig sind: auf der Höhe – und unter der fortdauernden Vorspiegelung – dieser Mündigkeit. Heimlichkeit und ihre neuzeitlich mögliche Bewerkstelligung sind das hier Neue; neben der äußerlich faßbaren Verführung, wie es sie immer schon gab und auf dem Feld ihres Vorgehens auch Verteidigung zuläßt, die sehr viel schwerer faßbare Unterwühlung von innen her: jeder Verteidigung, wie es eine solche bisher gab, spottend.

Aber wie die Unterdrückungen des Widerspruchs als Totalitarismus lediglich Ganzheits–Anmaßung und als Faschismus lediglich Gewalt-Anmaßung sind, weil der Neuzeit die Widerspruchsvielfalt maßgebend geworden ist, die von ihnen zu beseitigen versucht wird, sind die Unterwühlungen der Manipulation ihr heimlicher Entmündigungsversuch deshalb und nur deshalb, weil die Stunde der Mündigkeit geschlagen hat. Mit der fortan wegweisenden Emanzipation sind zwar auch Gefährdungen des von ihrer Befreiung zum Widerspruch gewiesenen Weges hervorgetreten, die aber mittelbar nur sein Recht und seine Notwendigkeit nochmals und nochmals besiegeln. Falsch wäre es, sich aus diesem Grund schon sicher zu fühlen: den Versuchen der Beseitigung des Widerspruchs deswegen überlegen, weil die Neuzeit darauf beruht, daß es ihn gibt. Aber noch falscher ist es, die Macht der Versuche seiner Beseitigung zu überschätzen.

Dieselbe Übersichtlichkeit der vollständig entdeckten Erde, die das Ganze jedes menschlichen und des menschheitlichen Alls auf einmal zugänglich macht und jedem Zugriff preiszugeben, Angriff auszuliefern scheint, begründet die Vielfalt – und die Widerspruchsvielfalt – der Menschheit und des Alls, augenscheinlicher und wesentlicher denn je. Oder dieselbe Technik der Beherrschung des stofflichen und seelischen Alls, die der menschlichen Herrschsucht Möglichkeiten einer Einflußnahme zuspielt, die sie noch niemals besaß, erschließt dem Menschen, und zwar weltweit, ein neues Selbstbewußtsein – und das neuzeitliche Bewußtsein seines Rechtes auf Freiheit –, die jedes bisherige Herrschaftsverlangen dermaßen unmöglich machen, wie es noch niemals dermaßen unmöglich war.

Mag daneben die Verführung durch die Werbetechnik – diese Macht und Übermacht der von Vance Packard im Jahr 1957 so genannten „Heimlichen Verführer": *Hidden Persuaders* – die Wirtschaft wie die Politik und die Wissenschaft und jeden Alltag noch so geschäftstüchtig und hinterhältig durchgeistern! Wo zuviel Beachtung abverlangt wird, schaltet sich die Beachtung von selber aus, auch wenn die verführerische Berieselung vom Bild und vom Ton her nicht abgestellt werden kann. Schließlich oder vor allem gibt es doch noch die mit jedem neuen Menschen von neuem mitgeborene oder sich bei ihm trotz jahrzehntelanger Vergewaltigung schon nach jedem tiefen Schlaf von neuem einstellende Möglichkeit der Umkehr, im Hinblick auf deren Erneuerung – und jeder Verfehlung dieser Erneuerung zum Trotz – es das Morgengebet des Judentums von Tag zu Tag wieder auszusprechen wagt: „Die Seele, die du, mein Gott, in mich gegeben, sie ist rein."[3]

Unzerbrechlich-unveräußerlicher Grund täglichen Neubeginns, gibt es die Kraft schöpferischer Abwehr durch unmerkliche Abwendung von innen her, das heißt Unaufmerksamkeit, und diese Kraft der Abwehr als nicht weniger entschiedene Aufmerksamkeit: beides Schwellen zur Umkehr, wozu auch immer sich ein Mensch verführen ließ, und er – und die Menschheit – verführt werden sollen.

Außerdem sind die Information in dem Sinn reiner Nachricht und sachlicher Mitteilung einerseits und ihre Deutung durch die Interpretation anderseits zweierlei, ebenso wie Führung und Verführung zweierlei sind, mag es noch so schwierig und zuletzt beinahe unmöglich sein, das eine zu tun und das andere zu lassen. Dort und hier auf einem Entweder-Oder zu beharren, als ob Information ohne Interpretation und Führung ohne Verführung möglich sein müßten, ist bereits eine Folge sich auswirkender Manipulation, die – weil es dieses Entweder-Oder nicht gibt – Selbstpreisgabe anrät, ohne es auf die Kraftprobe ankommen zu lassen. Deshalb, weil jede Mitteilung immer auch schon eine Deutung ihrer Mitteilung ist und jede Führung eine Überlegenheit zum Ausdruck bringt, die zur Folgsamkeit sozusagen verführt, habe Widerstand keinen Sinn. Man sei ja immer, sei ja überall irgendeiner Manipulation ausgeliefert.

Aber es ist etwas anderes, ob bei einer Mitteilung ihr Vermittler dazu steht, daß er seine Nachricht auf seine eigene Art und Weise weitergibt, die er nur zum Teil ausklammern kann, oder ob er die Nachricht, die er vermittelt, heimlich in eine andere Richtung lenkt, als die Nachricht anpeilt und er selber öffentlich verteidigt. Wo der Vermittler zur mitverbreiteten eigenen Interpretation seiner Information steht, nimmt er so verantwortungsbewußt Partei, wie das eine Begegnung überhaupt erst möglich macht, während er dort, wo er als Information ausgibt, was seine Interpretation dieser Informati-on darstellt, parteiisch ist und seine Parteilichkeit dazu noch verheimlicht: ein eben die Begegnung, die er nach außen hin angeblich eröffnet, unter-wühlender Manipulant.

Ebenso ist es noch einmal etwas anderes und ganz anderes, ob eine Führung – deren „Verführungen" in diesem Fall keinem bloß angemaßten Autoritarismus, sondern echter Autorität dienen – den Geführten zu sich selbst hinführt, das heißt führend befreit, oder seine Befreiung oder gar schon Freiheit ihm bloß vorspiegelt, hinterrücks ihn sich selber entfrem-dend. Wie in dem Fall der Interpretation, die in jede Information unver-meidlicherweise miteingeht, nur diejenige Deutung als Manipulation anzu-prangern ist, die den Sinn ihrer Mitteilung heimlich und absichtlich ver-fälscht, ist nur diese zur Verführung mißbrauchte Führung Manipulation.

Das heißt, daß erst und nur die Verführung eine Manipulation darstellt, gegen die sich zu wehren sinnvoll und möglich ist. Dieselbe Bewußtheit und Planmäßigkeit, die hinter dem „Griff nach dem Menschen" steht, so wie Robert Jungk ihn ausmalt,[4] ist – auf der Seite der von ihm Bedrohten – ihre Möglichkeit, ebenso bewußt und planmäßig diese Verführungsversuche an-zuprangern und mit allen Mitteln gegen die hier Schuldigen vorzugehen, sie womöglich auch vor Gericht ziehend.

Manipulation bleibt zwar „einerseits ein notwendiges Glied aller Entwick-lung", sagt in ganz demselben Sinn Adolf Portmann am Schluß seines Büch-leins über *Manipulation als Schicksal und Bedrohung des Menschen* von 1969, allerdings fast zu weitgehend ein Schicksal am Werk sehend, wo er anderseits doch auch die Bedrohung anprangert und abzuwehren versucht, die kein Schicksal ist oder jedenfalls nicht zum Schicksal werden muß. Gerade die Manipulation, die allein diesen Namen verdient, der – wie auch derjenige der Kollaboration – auf den Mißbrauch beschränkt und zum unzweideutigen Schimpfnamen werden sollte, löst als dieses „Mittel von Herrschaft" in jedem derartigen Fall, sagt der letzte Satz Portmanns, die „Gegenbewegung" aus, das heißt Befreiung zum Widerspruch, um die „Gegenbewegung" auch beim Namen zu nennen. Portmann begnügt sich damit, sie als Bewegung zum „kri-tischen Entscheiden" zu bezeichnen und von aller sozialen Erziehung zu for-dern, daß sie hierzu erzieht.

Kaum aber ist die Manipulation wenigstens einigermaßen durchschaut und auf wenigstens einigen Feldern ihrer Wirkung angeprangert, wenn auch noch längst nicht abgewehrt, taucht sie auf neuen Feldern – undurchschaut – wieder auf, jetzt beispielsweise auf dem der Futurologie.

70

2. Versuchte Hinausschiebung

Futurologie ist seit der Mitte des zwanzigsten Jahrhunderts die sich zunehmend lautstärker durchsetzende Verselbständigung der Beschäftigung mit der Zukunft. Ihrem eigenen Anspruch nach ist sie eine neue Wissenschaft und womöglich sogar Grundwissenschaft, die Gesamtheit alles Wissens zusammenfassend. Denn ein tatsächlich neues Werkzeug – das sogenannte „Elektronengehirn" des Computers – hat der Geistesarbeit neue Bereiche erschlossen, die neue Meisterungen der Verwaltung und jeglicher Steuerung (oder „Kybernetik") eröffnen, als ein außerdem höchst gewinnreiches Geschäft. Gern stimmt die Wirtschaft dieser Wissenschaft zu. Anderseits aber wird mit dieser Futurologie, wenn sie die Vorherrschaft beansprucht, jede in der Gegenwart und von der Vergangenheit her in Frage stellende und zur Verantwortung ziehende Widerspruchsvielfalt lediglich hinausgeschoben. Mit der Zukunft, und zwar sämtlichen Zukünften, die von der Futurologie vorauszusehen und vorauszusagen versucht und planend vorgeschrieben werden, tritt ausnahmslos jeder Widerspruch von neuem auf, der künftig überwunden sein sollte.

Trotzdem geht es, und das kann gar nicht entschieden genug betont werden, als der dennoch richtige Kern dieser neuen Beschäftigung mit der Zukunft: geht es für den Menschen – für den es nichts Neues ist, daß er Zukunft hat und sich dessen bewußt werden kann – angesichts seiner neuzeitlichen Zukunft um eine von Grund aus neue Infragestellung und Verantwortung. Noch niemals war soviel an Zukunft machbar. Und noch niemals war der Griff nach der Zukunft ein dermaßen rücksichtsloser Eingriff, das heißt folgenschwer, statt bloß zusätzlich gewinnreich: Angriff sowohl gegen die Gegenwart als auch Rückgriff auf die Vergangenheit. Dort droht die Zerstörung des Ausgangspunktes und hier diejenige seiner Voraussetzungen, solange sich der Griff nach der Zukunft nicht besser begreift als durch die Futurologie.

Ganz in ihrem Sinn und mit ihr zwar keinesfalls rückgängig zu machen, wohl aber zu vertiefen, huldigt das letzte Kapitel der im Jahr 1952 erschienenen ersten Auflage von Robert Jungks Buch *Die Zukunft hat schon begonnen* diesem „Griff nach der Zukunft", zu weiteren Griffen nach der Allmacht, dem Himmel, dem Atom, der Natur, dem Menschen, dem Weltraum und dem Geist hinzu. Wer aber so bloß zugreifen zu können meint, greift dabei nur die eigene Gegenwart an und bloß auf die Vergangenheit zurück, als ob es nach wie vor Zukunft gäbe, wenn jedes Heute und Gestern ihr geopfert sein würden. Mag es in der Tat – oder vielmehr Untat – möglich geworden sein, ganze Stämme und Arten pflanzlichen und tierischen Lebens weltweit auszurotten und die von Urzeiten hervorgebrachten stofflichen Vorräte geradeso restlos zu verbrauchen, wie die seelischen und die geistigen Schätze aller geschichtlichen Zeitalter sich jetzt ebenfalls verschwenden lassen, kurzfristig und kurzsichtig! Mit dem jeweiligen Nutzen gehen – und selbst dann, wenn dieser Nutzen so verfügbar wäre, wie die Futurologie es ausmalt – auch seine Kosten in die Zukunft mit ein, zu der es nun womöglich gar nicht mehr kommt, gerade weil sie begonnen hat.

Wäre dann wenigstens, was die Futurologie an künftigem Nutzen voraussieht und voraussagt und vorschreibt, ein sicherer Gewinn! Die Wirklichkeit, diese von den Kosten ihres Nutzens unterwühlte künftige Wirklichkeit, sieht jedoch auch in dieser Hinsicht anders aus. Die Gewinne, nach denen die Zukunft greift, und sie selber sind nicht deswegen schon gewiß, weil der Mensch künftig selber macht, was „die Zukunft bringt". Eher ist die Zukunft und ist ihr Nutzen gerade deshalb künftig ungewisser denn je. Die auf dem Boden der Neuzeit zunehmende Beschäftigung mit der Zukunft bildet kein Zeichen ihrer Erfassung, Durchdringung, Beherrschtheit, sondern den Ausdruck ihrer nunmehr in Atem haltenden Unerfaßtheit, Ungeklärtheit und Unbeherrschtheit, dabei auch noch von dem Folgenden verwirrt.

Dasjenige der Zukunft, das allein gewiß bleibt, stört den Stolz der Futurologie auf ihre Macht über die Zukunft dermaßen, daß sie mit seiner Ankunft gerade nicht rechnet: auch noch dessen also, was tatsächlich gewiß ist, ungewiß.

Die Zukunft, einerseits Unabsehbares, das eintreten oder nicht eintreten kann, ein *Futurum* (das heißt „werdendes" Sein: etwas sich erst noch Entwickelndes), ist anderseits Kommendes, dessen Eintritt feststeht, ein *Advent* (das heißt „ankommendes" Sein: etwas als solches schon Absehbares), auch wenn sich der Zeitpunkt der Ankunft dieses Advents nicht im voraus ausmachen läßt. Das sogleich oder später bestimmt oder wahrscheinlich Machbare oder sonst Ungetane und dann womöglich nicht Eintretende – de Jouvenels Futuribles: *futures possibles*, Jungks Modelle für die Zukunft, Flechtheims Futurologie – erfaßt nur die von der Vergangenheit aus durch die Gegenwart, wenn sie sich so oder so entscheidet, hindurchlaufenden Richtungen in die Zukunft. Aber die Zukunft birgt außerdem Kommendes, das auf jeden Fall kommen wird, wie auch immer sich die Gegenwart und ihre Zukunft fortan entscheiden. Sei es ein froher, sei es ein drohender Advent, er wird und muß kommen: Gericht über die Gegenwart und jede ihrer möglichen Zukünftigkeiten von allem her, das nur jemals in Gang gesetzt wurde, Folgen zeitigend.

Nicht weniger entscheidend und womöglich noch bedrohlicher als die bereits große Gefahr eines von seinen nicht mitveranschlagten Kosten aufgewogenen Nutzens der Zukunft – dessen errechnete Zunahme an Fruchtbarkeit sich als die Abrechnung über sehr viel gewichtigere Einbußen seiner Fruchtbarkeit herausstellen könnte – kommt die Abrechnung nach dem Gestern sämtlicher Vergangenheiten und dem Heute der gesamten Gegenwart, zu denen zu stehen bisher hinausgeschoben wurde. Schuld wie Schwäche und Dummheit, Faulheit, Feigheit, Bosheit, Leichtsinn und Gleichgültigkeit mit ihren und den zahllosen anderen Folgen aller anderen Taten, die getan oder unterlassen worden sind, wirken sich unausweichlich aus: ein früher oder später künftig ankommendes Gericht. Und zu allem hinzu außerdem ein Gericht, das nicht nur durch seine immer noch weitgehend absehbare Schrecklichkeit, sondern dadurch jetzt unheimlich erschreckt, daß die Zukunft dieses Advents von der Futurologie verdrängt wird: um des Futurums willen!

Wird mit dem Advent nicht gerechnet, und das ist das Vorgehen der Futurologie – die sonst die Widerspruchsvielfalt ihrer Gegenwart nicht dermaßen leichtfertig hinausschieben könnte –, verfällt die Furcht, eine sozusagen selbstverständliche und recht eigentlich heilsame Furcht vor dem als Zukunft drohenden Gericht, jetzt der Angst vor dieser Zukunft.

Wohl kommt der Advent auch als die Besiegelung des Sinns der Welt, ein Grund so zur Freude: „dein Licht ist gekommen, SEIN Ehrenschein, über dir ist er erstrahlt" (Jesaja 60,1). Noch so bedrohlich auch Gericht – „da kommt man in die Felskluft, man scharrt im Staub sich ein vor SEINEM Schrecken" (2,10) –, bleibt der drohendste Advent gleichzeitig die „Frohe Botschaft", die Jesus in der Synagoge zu Nazareth bei Jesaja gekündet findet (61,1; Lukas 4, 17ff), mindestens zur Umkehr ermutigend. Doch verdrängt, erregt die Zukunft dieses jetzt verborgenen Advents bloß Angst, jeder Ermutigung zur Umkehr gegenüber taub. Und taub, statt die Umkehr zu wagen, die ausnahmslos jedem Schuldigen jeglichem Gericht gegenüber offensteht, droht dieser Angst nun statt dessen ihr Umschlag in die Panik, Alvin Tofflers „Zukunftsschock", seit 1965 seine nur allzu berechtigte Warnung. Adrien Turel hat die Gefahr dieser zuletzt nur mehr selbstmörderischen Angst schon Jahrzehnte zuvor als „Panikitis" vorausgesehen und abzuwenden gesucht.

Eine Menschheit, die sich von dem bis zur Unfaßbarkeit verdrängten Advent nur mehr in Schrecken versetzt findet, weil und während sie sich gleichzeitig am Futurum berauscht, mit dem sie – ohne jeden das Futurum begleitenden Advent – sich die Zukunft aber nur oberflächlich und bloß scheinbar vorspiegelt, schließlich schon bei der harmlosesten der hier wie überall unvermeidlichen Enttäuschungen sogleich außer Rand und Band, stürzt sich in dem Bann dieser Angst in eben den Abgrund, vor dem sie sich ängstigt.

„Sowohl die Hippiden als auch die Wiederkäuer, auch die Rüsseltiere des Tertiärzeitalters", heißt es in Turels *Von Altamira bis Bikini, die Menschheit als System der Allmacht*, „traten gern als einheitlich zusammengefaßte Herden auf, und gerade infolge ihrer hypertrophierten Cerebralintelligenz wurden sie unter den verschiedensten ‚Vorwänden' von Panik erfaßt, so wie ein Heuschober von der Feuersbrunst. Dann stürmten diese Tiere" – in deren „haltloser Panikitis" auch noch die säugetierhafte Panikneigung des Menschen wurzelt, von dem „großen Börsengeschäft und dem Krieg als Geschäft" wieder und wieder schamlos ausgenützt – „blindlings wie *ein* durchgegangenes Pferd gegen eine Mauer, irgendwohin über die Steppe und stürzten sich zu Hunderttausenden, wie das Wasser des Niagara, von den Profilkanten der Hochebenen in den Abgrund ... "[5]

So aber, das ist immer wieder festzuhalten, um dem auch Neuen – und von Grund aus Neuen – der Neuzeit Genüge zu tun, droht der Menschheit, die angesichts ihrer Zukunft – und ihrer Verantwortung für ihre Zukunft – mit der Futurologie bloß auf das Futurum baut, von dem hierbei verdrängten Advent her mit der Angst vor seinem Gericht der Umschlag in die Panik der Selbstzerstörung nicht deshalb, weil diese Menschheit die Zukunft futurologisch ernst nimmt, sondern deswegen, weil sie mit ihrer Futurologie die Zukunft noch nicht ernst genug genommen hat.

Nur auf der Höhe der neuzeitlichen Weltumwälzungen, deren eine die von Grund aus neue Verantwortung für die eigene Zukunft darstellt als die anderseits jedoch ganze Zukunft des Futurums und des Advents, ist die Neuzeit zu meistern. Die Freiheit – auf dem Gipfel ihrer Widersprüche selber eine dieser Weltumwälzungen – läßt sich trotz der hier drohenden alten und neuen Gefahren gerade deshalb bewähren, weil die volle Verantwortung nach innen und nach außen durch die Psychoanalyse Zweiter Stufe und die Technik der Zweiten Industriellen Revolution erschlossen ist. Vorausgesetzt, dieses Eine nur vorausgesetzt, daß der Mensch und die Menschheit hierzu stehen: in dieser Zukunft keine Analphabeten Zweiter Stufe!

Was einmal Bildung war und vom Analphabetismus Erster Stufe als dem Nicht-Lesen- und Nicht-Schreiben-Können befreite, ist auf dem Boden der Neuzeit Unbildung ihr gegenüber. Weil nur lesen und nur schreiben zu können auf dem Gipfel der Weltumwälzungen der Neuzeit nicht länger genügt. Erst diejenige volle Mitverantwortung für das seelische und das geistige All und alles Leben, die – im Sinn der Psychoanalyse Zweiter Stufe – bis auf die Zeugung zurückgeht, indem sie gleichzeitig – kraft der Zweiten Industriellen

Revolution – eine ebenso vollständige Verantwortung für den ganzen Stoff übernimmt, den sie bis auf seine Erzeugung zurückzuführen versteht, künftig selber Sonnen, selber Sterne zu machen imstande, ist dank dieses Anlaufs von diesen ersten Anfängen her Bürgschaft auch für ihre Zukunft, mit der und mit mehr als Futurologie.

„Wie weit zurück muß man den Anlauf nehmen, um weiter zu springen als aus dem Stand?" frug Turel und antwortete: „In jedem Fall muß man auf die ‚Erzeugung', auf die Entstehungs–Schwelle der betreffenden Gestalt oder Gruppe zurückgreifen."[6] Vorwärts geht es, das bleibt richtig und ist außerdem möglich wie noch nie. Gerade deshalb geht es aber auch darum, den eigenen Voraussetzungen treu zu bleiben, von denen aus es vorwärtsgeht, ohne – und drittens – an dem eigenen Hier und Jetzt vorbeizugehen, es womöglich aus den Augen verlierend. Wie die Zukunft die Vergangenheit braucht, die sie nicht bloß verbrauchen darf, sich so nur selbst unterwühlend, braucht es für sie beide die Gegenwart, ohne die, wenn die Gegenwart nicht auch zu sich selbst steht, die Vergangenheit abgebrochen ist und die Zukunft nicht anbrechen kann, sie mag noch so gegenständlich vorgespiegelt werden.

Die Gegenwart jedoch, und zwar jede Gegenwart, ist, wenn sie derart ernst genommen wird, das hier und jetzt Schlechte, oder ein Gutes – und gewiß tausendfach Gutes – als dem Schlechten gegenüber, das es ebenfalls gibt, zunächst zu verteidigendes und erst dann womöglich auch noch zu steigerndes Gut. Geht so aber nicht die Zukunft, und geht so nicht ihr Gutes verloren, wird da sogleich eingewendet, wenn – um zu diesem Guten der Zukunft vorzustoßen – vom Schlechten der Gegenwart ausgegangen wird? Und wie lange dauert es, mühsam ist es, bei dem vielen Schlechten hier und jetzt einzusetzen, um die von einer üblen Vergangenheit her üble Gegenwart in eine bessere Zukunft zu verwandeln! Wieviel schneller, so rühmt sich das Selbstlob der Futurologie, kommt – oder käme – eine Menschheit voran, die rückhalt- und rücksichtslos auf das in der Zukunft Bessere bauen würde: nur und allein nach ihm ausgerichtet!

Dennoch ist es nicht dieser futurologische Griff nach der Zukunft, der weder in der eigenen Gegenwart Fuß faßt, noch auf ihre und seine Vergangenheit zurückgeht (die er vielmehr bloß angreift, ausnützt, plündert und verschwendet), sondern der auf die Vergangenheit zurückgehende Anlauf aus der Gegenwart heraus, der mit dieser allmählichen Erarbeitung der Zukunft über alles das tatsächlich hinausführt, wodurch die Futurologie ihre bessere Zukunft anstrebt, ohne auf die Vergangenheit Rücksicht genommen und berücksichtigt zu haben, was die Gegenwart fordert.

Dort, nur dort, aber dort dann auch wirklich, wo die unverkürzte ganze Widerspruchsvielfalt, die in der Gegenwart zur Verantwortung zieht, von Grund aus miteinbezogen und so neben dem erst noch Werdenden das auch schon Ankommende vorausgesehen wird, dieser ebenfalls auszuhaltende Widerspruch zwischen dem Futurum und dem Advent, führt, was zur Gegenwart hinzukommt, um diese Gegenwart und ihre Vergangenheit womöglich abzulösen, über sie endgültig hinaus: in die Zukunft!

3. Versuchte Verflüchtigung

Fachmänner braucht es, aber keine Fachidioten, diesen Positivismus und Szientismus unaufhörlich zunehmender Auffächerung der Wissenschaft durch immer wieder neue Spezialgebiete. Oder es braucht sogar diese zunehmende Auffächerung der Wissenschaft und ihre Spezialisten, aber nicht den unter ihnen auftretenden Fachidioten, der nur immer mehr über immer weniger und zuletzt, wie man so sagt, alles über nichts weiß: sich nämlich dessen nicht länger bewußt, wie verhältnismäßig nichtig sein Wissen ist, im Vergleich zum Umkreis alles Wissenswerten und des ganzen Alls überhaupt.

Fachmänner sind sich auch dessen bewußt, daß sie nur Spezialisten sind, während der Fachidiot in seinem Wissen, das nur ein Spezialwissen ist, aufgeht: jede ihm begegnende Infragestellung als bloß eine Frage innerhalb der Wissenschaft und womöglich nur seines eigenen Fachs gelten lassend, deren Wissenschaft, meint er, noch immer nicht weitgehend genug aufgefächert sei. Dieser Fachidiot macht den Versuch fortlaufender Verflüchtigung des Widerspruchs, als ob sich der Widerspruch auf dem Boden der Neuzeit nochmals beseitigen ließe. Aufgeschoben ist aber auch hier keineswegs aufgehoben.

So gehen zwar, und im Gegensatz zu den Unterdrückungsversuchen des Widerspruchs vom Totalitarismus bis zum Faschismus, die Fachidiotie – und neben und mit ihr die Futurologie – bereits davon aus, daß es Widersprüche wirklich gibt, von denen sich ihre Vertreter persönlich oder politisch oder fachlich und durch ihre Weltstunde in Frage gestellt finden, auf immer noch mehr Widersprüche geradezu erpicht. Hans Albert etwa sagt unter Berufung auf Karl R. Popper in einem *Die Suche nach Widersprüchen* überschriebenen Abschnitt seines *Traktats über kritische Vernunft* von 1968: „Suche stets nach relevanten Widersprüchen, um bisherige Überzeugungen dem Risiko des Scheiterns auszusetzen, so daß sie Gelegenheit haben, sich zu bewähren."

76

Sogleich fügt Albert jedoch noch das folgende hinzu. „Diese Suche wird also nicht etwa deshalb empfohlen, weil Widersprüche an sich erwünscht wären und aufrechterhalten werden müßten, oder gar deshalb, weil man so dem widerspruchsvollen Charakter der Wirklichkeit besser gerecht werden könnte, sondern gerade deshalb, weil man beim Auftreten relevanter Widersprüche auf Grund des Prinzips der Widerspruchsfreiheit Veranlassung hat, seine Überzeugungen zu revidieren."[7]

Der „widerspruchsvolle Charakter der Wirklichkeit" ist hier also schon eingesehen und „Die Suche nach Widersprüchen" aus diesem Grund hier bereits wegleitend. Die Widersprüche aber, und wären sie noch so „relevante Widersprüche", sind trotzdem nicht erwünscht und sollen trotzdem nicht aufrechterhalten werden. Nicht ihre Freiheit, sondern das „Prinzip der Widerspruchsfreiheit" ist die hier maßgebende Losung. Popper und Albert stehen ein weiteres Mal in der Nachfolge der aristotelischen Logik, die vom Widerspruch zu befreien sucht, statt zu ihm zu befreien. Wenn es bei Albert heißt, man solle auf Grund des Prinzips der Widerspruchsfreiheit Veranlassung zu haben suchen, „seine Überzeugungen zu revidieren", heißt das bloß folgendes: Die eigenen Überzeugungen, die auf Widersprüche gestoßen sind, sollen – dank dieser ihrer Infragestellung durch den Widerspruch – dahin revidiert werden, daß sie sich vom Widerspruch nicht länger in Frage gestellt finden. Denn die Widerspruchslosigkeit, heißt es in Poppers eigener *Logik der Forschung*, nehme unter den Forderungen, die an ein theoretisches System (Axiomensystem) gestellt werden müssen, eine Sonderstellung ein. „Man kann sie als die oberste axiomatische Grundforderung bezeichnen, der *jedes* theoretische System, sei es empirisch oder nichtempirisch, genügen muß."[8]

So aber den Widerspruch restlos beseitigen zu wollen beseitigt ihn nicht, sondern verflüchtigt ihn bloß: selber nun vor ihm auf der Flucht, ohne auf diesem Boden der Neuzeit dem – wie Albert selber ihn so gelten lassen muß[9] – „widerspruchsvollen Charakter" seiner Wirklichkeit entrinnen zu können. Der Fachidiot flüchtet in die Enge unverbindlich widerspruchsfreier Fachwissenschaft, wie der Futurologe in die nicht weniger unverbindliche Weite seiner Wissenschaft von der Zukunft. Doch nicht zu fliehen gilt es, sondern standzuhalten!

Jetzt und künftig nicht zu der Überzeugung zu stehen, daß die jeweils begegnende Infragestellung mit ihrem Widerspruch endgültige Grenzen zieht, um statt dessen diese zur Verantwortung gezogene eigene Überzeugung „revidieren" zu wollen, bis der sie in Frage stellende Widerspruch beseitigt ist, als ob er sich jemals wieder beseitigen ließe, macht vielleicht zu einem trotzdem großen Wissenschaftler. Bestimmt aber und leider auch zum Fachidioten, das heißt verantwortungslos, in dem schlechtesten und schuldhaftesten Sinn dieses Versuchs der Verflüchtigung des Widerspruchs.

4. Versuchte Ver-Nichtsung

Von dem „widerspruchsvollen Charakter" der Neuzeit in Grenzen verwiesen, sehen viele nicht sogleich den hierdurch eröffneten Fortschritt. Daß nämlich die künftig jeweils zu verantwortende eigene Infragestellung mit dieser umwälzend neuen Qualität der Erwachsenheit jedes bloß quantitative Wachstum bei weitem übertrifft. Was sie sehen, zunächst sehen, ist nur alles das, was verabschiedet ist. Das Nein zur bisherigen Ausschließung des Widerspruchs wird an der überholten Vergangenheit dieser Widerspruchsfreiheit gemessen, statt ihre Abgeschlossenheit an der Offenheit der Gegenwart und Zukunft zu messen, die an ihre Stelle getreten ist als ein ebenbürtiges schöpferisches Ja, von noch viel mehr Freiheit beflügelt.

Aber man hört und versteht nur, daß es mit dem nichts sei, was eben noch die Wahrheit war als die, wie eben noch angenommen wurde, einzige Wahrheit. Zwar war, was nur immer als die Wahrheit vertreten wurde, wie man es ebenfalls weiß, diese einzige Wahrheit niemals allein und sie deshalb immer bloß unter tausend Ängsten, während umgekehrt, wie man wohl weiß, jede wesentliche Wahrheit es nach wie vor bleibt, mit jeder anderen wesentlichen Wahrheit zusammen. Dennoch und vor allem heraushörend, daß es mit der Einzigkeit der eigenen Wahrheit nichts sei – und mit jeder anderen derartigen Wahrheit, die es in ihrem jeweiligen „Reich der Mitte" sogar tatsächlich war, ebenfalls nichts ist – gerät der von seinem Gestern und Vor- und Vorvorgestern geprägte Glaubenshunger und Erkenntnisdurst da in die „Sackgasse des Nihilismus".[10]

Noch einmal gilt eine Wahrheit als die Wahrheit schlechthin. Wenn hinter allem nichts steckt, ist, scheint es, dieses Nichts alles: dank der Schlüsselgewalt seiner buchstäblichen Nichts-Würdigkeit eine noch einmal eine, einzige Wahrheit!

Andere haben schon auf die Dialektik gebaut. Sie haben bereits den Schritt von den alten Abgeschlossenheiten fort zu der Widerspruchsvielfalt des neuzeitlichen Ganzen hin gewagt. Aber zu ihrer Bestürzung, bitteren Enttäuschung und schließlich grenzenlosen Verzweiflung erweist sich auf der Höhe ihrer Dialektik deren stolz angezeigte Anerkennung von einer These und von einer Antithese zusammen als durchaus keine Freiheit für den Widerspruch.

Einmal mehr ist es da mit einer Wahrheit nichts. Nichts aber auch mit den Thesen und den Antithesen, welche die Dialektik von ihrer vor die Augen gestellten letzten Synthese aus wenn nicht vernichtet, so doch jedenfalls vernichtigt hat. Hinter dieses Ergebnis der Dialektik wird nicht noch einmal zurückgegangen, so daß alles, was übrigbleibt, ein von seinen Vernichtern wie von seinen Verteidigern dem Nichts entgegengetriebenes All zu sein scheint, überall und immer der Verlogenheit und der Verantwortungslosigkeit ausgeliefert.

Zwar wird das Nichts nicht als solches zugegeben. Die totalitäre und faschistische Unterdrückung und die manipulatorische Unterwühlung der Freiheit für den Widerspruch und die futurologische Hinausschiebung und fachidiotische Verflüchtigung der von ihnen zwar schon anerkannten, aber nicht durchgehaltenen Widerspruchsvielfalt geben – so sieht es der Nihilismus – dem Nichts, in dessen Dienst auch sie letzten Endes stehen, nicht die Ehre, die ihm gebührt. Wie die Dialektik, die sie selber einmal bejahen und ein anderes Mal bloß benutzen, sprechen sie zwar alle von der Mündigkeit und der Freiheit und von einer von Grund aus neuen Zukunft, indem aber hinter diesen Losungen und ihnen selbst nur das Nichts steht, das also – meint der Nihilismus – überall mitregiert, als der eigentliche Beherrscher des Alls.

Dieses Nichts heraufziehender Vernichtung und in alles, was besteht, miteingehender Nichtigkeit und Nichtswürdigkeit mag öfters oder nur einmal begegnen! Schließlich wird es überall vorausgesetzt. So ist dann ein noch einmal einziger und durchaus alleinseligmachender Glaubens- und Erkenntnisinhalt gewonnen. Der Nihilismus bricht auf, ein „europäischer Nihilismus", gemäß dieser hier den Kern treffenden Überschrift des ersten Buchs von Nietzsches *Willen zur Macht*, zwischen 1884 und 1888 niedergeschrieben. Denn der Nihilismus ist seiner Sendung und Ausbreitung nach dem heute weltumspannenden Ganzen entsprungen, das die Antike und das Mittelalter des Abendlandes seit drei und vier Jahrtausenden mit- und gegeneinander aufgebaut haben. Das ist der Nihilismus, von dem Nietzsche voraussagen zu können meinte, daß er die Geschichte der nächsten zwei Jahrhunderte bestimmen werde. „Ich beschreibe, was kommt, was nicht anders kommen kann: die Heraufkunft des Nihilismus. Diese Geschichte kann schon jetzt erzählt werden, denn die Notwendigkeit selbst ist hier am Werk."[11]

Aber noch so redlich und scheinbar sehr tapfer die Verneinung sämtlicher Verlogenheiten, bleibt der Nihilismus in ihrem Sumpf selber stecken, eine nicht weniger wahrheitswidrige Wahrheitsanmaßung: der „Ismus" jetzt des Nichts. Die Grundursache der Nichtswürdigkeit, derentwegen er alle bisherigen Bekenntnisse und Erkenntnisse und Wertungen angreift, bleibt sein eigener Daseinsgrund. Lieber soll alles auf das Nichts zurückgeführt werden, als daß endlich, endgültig und wagemutig darauf verzichtet werden würde, daß von einer für die einzige gehaltenen Wahrheit alles abhängig sei. So bildet der Nihilismus immer nur eine Sackgasse, aber anderseits eine Sackgasse, die es wirklich gibt.

Hier darf an die eigene Zürcher Dissertation des Jahres 1941 erinnert werden: *Der Nihilismus im Licht einer kritischen Philosophie*. Was ist der Nihilismus, frug sie, und antwortete: dank des Glaubens und der Erkenntnis, daß hinter allen Bekenntnissen, Wissenschaften und Werten nichts stecke, der Wille, alle Glaubensinhalte, Erkenntnisinhalte und Werte auf dieses Nichts zurückzuführen. Dabei bilden der Glaube und die Erkenntnis von dem Nichts hinter allem die *nihilistische Voraussetzung*, Grundlage eines neuen letzten Glaubens und Erkennens innerhalb eines nichtswürdigen Alls, denen sich der Wille als die *nihilistische Folgerung* anschließt, ein neues letztes Wollen auf dem Boden der Nichtswürdigkeit. Aus dem „Alles ist nichts" folgern der Glaube und die Erkenntnis, es sei das Nichts alles, und der Wille: „Deshalb sei alles vernichtet!"

Der Betrachtsamkeit über das „Umsonst" und dem Glauben, daß alles wert sei, zugrunde zu gehen, folgt, sagt Nietzsche, daß man Hand anlegt, alles zugrunde zu richten. „Das ist, wenn man will, unlogisch: aber der Nihilist glaubt nicht an die Nötigung, logisch zu sein ... Der Ver-Nichtsung durch das Urteil" – diesem Glauben und der Erkenntnis von dem Nichts hinter allem – „sekundiert die Ver-Nichtsung durch die Hand":[12] der Wille, alles auf dieses Nichts zurückzuführen. Bald ist es die Verzweiflung, bald aber auch Hoffnung, die zur nihilistischen Folgerung verführen, die sich vorspiegelt, daß dann, wenn alles einmal vernichtet sei, Raum geschaffen sein werde für ein neues und von neuem fruchtbares Dasein. Obgleich der Nihilist gerade deshalb alles vernichtet, weil ihm alles nichtig scheint – und er deshalb alles vernichtet –, hofft er auf ein gerade hierdurch aufbrechendes Neues, ganz wie bereits Nietzsche selber sich an diese Hoffnung geklammert hat.

Tatsächlich bringt jedes große Wachstum auch ein ungeheures Abbröckeln und Vergehen mit sich: das Leiden, die Symptome des Niedergangs gehören in die Zeiten ungeheuren Vorwärtsgehens: jede fruchtbare und mächtige Bewegung der Menschheit hat zugleich eine nihilistische Bewegung mitgeschaffen. Es wäre unter Umständen das Anzeichen für ein einschneidendes und allerwesentlichstes Wachstum, für den Übergang in neue Daseinsbedingungen, daß die extremste Form des Pessimismus, der eigentliche Nihilismus, zur Welt käme. Dies habe ich begriffen.[13]

Zu unterscheiden sind also, darin ist Nietzsche recht zu geben, der nur insofern unrecht hat, als er einigen Ausdrucksweisen des Nihilismus eine aufbauende Bedeutung und sogar schöpferische Kraft beimessen wollte, der vorläufige Nihilismus einerseits und die aktive und die passive Ausdrucksweise des endgültigen Nihilismus auf der anderen Seite. Der vorläufige Nihilismus, von dem Nietzsche sagt, „wir leben mitten drin",[14] ist überall dort am Werk, wo die Heraufkunft des Nihilismus an einigen Brennpunkten schon zugegeben, an anderen jedoch noch in Abrede gestellt wird, als ließe sich eine Vollständigkeit teilweise bejahen, teilweise leugnen. Dieser vorläufige Nihilismus hat jedoch keinen anderen Ausgang als den endgültigen Nihllismus, dem er selbst immer schon grundsätzlich ausgeliefert ist, noch bevor der Ausgang seiner Vorläufigkeit ihre Endgültigkeit zur Gewißheit erhebt. Kraft, soweit in bezug auf den Nihilismus von Kraft die Rede sein kann, läßt allenfalls der endgültige Nihilismus verspüren, auf der Höhe seiner aktiven Ausdrucksweise.

Doch noch so tatkräftig und womöglich sogar tatenfroh am Werk der „Ver-Nichtsung", steht hinter und steht vor dem aktiven Nihilismus dennoch nur das Nichts, er handle voller Hoffnung und zutiefst befriedigt oder ohne jede eigene Genugtuung, auch sich selber zur Qual. Da mag er einmal behutsam und ein anderes Mal überschnell vorgehen, einmal in der Grausamkeit wühlen, sie ein anderes Mal peinlichst meiden, fast ein Menschenfreund, oft ein Tierfreund, ein Blumenfreund, ihm folgt und ihn kennzeichnet immer nur die Zerstörung. In keinem Augenblick und in keiner Hinsicht wird das von ihm zu vernichten gesuchte Leben, wenn es trotzdem fortdauert oder gar von neuem erblüht, ihm verdankt, diesem stets Unfruchtbaren, fruchtlos überall.

Daneben geht zwar auch der passive Nihilismus über die nihilistische Voraussetzung hinaus, kann oder mag aber die nihilistische Folgerung des Willens zum Nichts nicht mehr selbst verwirklichen, sondern heißt sie nur noch willkommen. Alles scheint nichts, von der Kunst und der Wissenschaft und der Sittlichkeit bis zur Politik, Wirtschaft, Religion und Philosophie, und deshalb alles wert, zugrunde zu gehen. Dieser passive Nihilist ist jedoch viel zu enttäuscht, müde oder angeekelt, um die als solche ebenfalls bloß nichtswürdige Zerstörung mitvoranzutreiben. Ohne jeden absichtlichen Eingriff in das Dasein lebt er möglichst untätig dahin. Mit Recht oder Unrecht nennt Nietzsche als die berühmteste Ausgestaltung des passiven Nihilismus den Buddhismus, dem „alles, was erquickt, heilt, beruhigt, betäubt, in den Vordergrund tritt, unter verschiedenen Verkleidungen, religiös oder moralisch oder politisch oder ästhetisch",[15] immer nur Verkleidung bleibt und stets nur die Verkleidung von ein und demselben: dem Nichts.

Wenn der Ausgang des vorläufigen Nihilismus der endgültige Nihilismus ist, so derjenige des aktiv oder passiv endgültigen Nihilismus immer noch auswegslose Ver-Nichtsung. Mag der Nihilist dem Gegenüber, dem er an das Leben geht, und den Umständen, unter denen er seinem Gegenüber das Leben nimmt, ihre Stärke und Macht noch so folgenreich entziehen! Lebendige Stärke und fruchtbare Macht, wie sie von seinen Opfern herrührt, kann er bloß vorübergehend widerspiegeln. Kraft, Macht und Stärke oder einen wesentlichen Sinn auch nur zu bewahren, geschweige denn von neuem in das Dasein zu rufen, ist er selbst außerstande.

Wohl kann der mit der nihilistischen Ver-Nichtsung laut werdende Widerspruch von denen, die er in Frage stellt, gar nicht ernst genug genommen werden. Aber der Nihilismus ist, sooft er auch im Recht sein mag, keine eigene Richtung ihnen gegenüber, die er ihrer Nichtigkeit überführt. Deshalb ist er, wie beim Vergleich des Nihilismus mit dem Anarchismus sogleich deutlich werden wird, durchwegs unproduktiv, im Gegensatz zur Kontraproduktivität des Anarchismus. Der Nihilismus ist das in jeder Richtung Nichtige und Nichtswürdige nur noch ein weiteres Mal, sich des jeweils Nichtigen jetzt bloß bewußt. Aber – und im Gegensatz zum Anarchismus, der das Richtige durchaus wahrnimmt, das er nur ebenfalls nicht so fruchtbar verwirklicht, wie es Frucht tragen will – der Nihilismus ist und bleibt, wenn er seine Wahrheit ausgesprochen hat, danach außerstande, die Wahrheiten auch nur wahrzunehmen, deren Richtungen nicht zum Nichts, sondern weiterführen: über das Nichts und jeden Nihilismus hinaus!

VII. Widerspruchs-Herausforderung

1. Freiheit aus Empörung

Empörung über das in der Welt Empörende steht hinter dem vom Anarchismus vertretenen Widerspruch. Und weil es in der Welt tatsächlich empörend zugeht, ist der Anarchismus nicht bloß ein vorübergehendes Widersprechen wie dasjenige des kindlichen Trotzalters oder der Pubertät, hierbei eines vorausgesetzt. Sein Widerspruch muß sich im Namen der Freiheit empören. Erst dann, wenn die Freiheit – und allein sie – den ausschlaggebenden Grund und das maßgebende Ziel einer Empörung bildet, handelt es sich um Anarchismus. So ist dieser, für den außer der Freiheit nichts ins Gewicht fällt, wegen seiner übersteigerten Einseitigkeit zwar stets anzufechten, aber anderseits eine dabei dennoch echte geistige Bewegung. Die Freiheit, um die es ihm geht, ist als solche nicht in Zweifel zu ziehen.

Anzuzweifeln ist jedoch die hier wegweisende Ausschließlichkeit, derzufolge nicht nur alles frei werden, sondern die Freiheit alles sein soll: Freiheit aus Freiheit um der Freiheit willen sowie Freiheit immer, Freiheit überall.

Anders verhält es sich mit dem Nihilismus. „Das Nichts ist alles, und alles soll zu nichts werden!", diese Losung ist nicht diejenige des Anarchismus, daß die Freiheit alles sei und alles frei werden soll! Deshalb bildet der Nihilismus eine Sackgasse auch dort, wo er recht hat, während der Anarchismus auch dort keine ist, wo er sich im Unrecht befindet. Und muß jener überwunden, dieser überholt werden! Wird dem Nihilismus der Grund seiner Berufung auf das Nichts entzogen, führt der Weg, der nicht länger zu nichts führt, hieran und am Nihilismus vorbei. Der Anarchismus dagegen kann nur in seiner eigenen Richtung, deren Ziel – die Freiheit – keineswegs nichts ist, dadurch überholt werden, daß sein Weg ohne das Empörende, was ihn herausfordert, und die herausfordernde Ausschließlichkeit eingeschlagen wird, durch die er empört.

Wie aber steht es mit der Gewalttätigkeit des Anarchismus? Sind Anarchisten nicht Männer, die Bomben werfen, sich geradezu planmäßig dem Verbrechen verschreibend? Diesem Einwand gegenüber ist folgendes auseinanderzuhalten.

Zum Bündnis mit der Gewalt, das weder im Sinn von Godwin und Proudhon noch von Stirner lag, auf die der Anarchismus zurückgeht, sondern erst von Bakunin geschlossen wurde, hat sich – und mit Bakunins Entscheidung für die „direkte Aktion" gleichzeitig – seit Tolstoi der Bund mit der Gewaltlosigkeit hinzugesellt. Sagt euch von der Gewalt los, und zwar von jeder Gewalt, ruft Tolstoi der Arbeiterschaft zu,[1] hierbei auch schon ein Verkünder der „großen Weigerung", viele Jahrzehnte vor Marcuse, der ihr nur neue Sprengkraft verlieh. Nicht für die Arbeiterschaft, sondern für die Randgruppen der Gesellschaft ist die Gewaltlosigkeit der durchschlagende Ausdruck ihrer Empörung, lehrt Marcuse. Bei Tolstoi heißt es noch, den Arbeitern die ihnen vom Marxismus gewiesene Waffe der Gewaltanwendung auszureden versuchend: „Wenn ihr mit Gewalt gegen die Gewalt ankämpft, tut ihr Arbeiter das, was ein gefesselter Mensch täte, wenn er, um sich zu befreien, an den Stricken risse, die ihn fesseln; er würde die Knoten, die ihn halten, nur stärker zusammenziehen. Ganz so steht es mit euren Versuchen, mit Gewalt zu nehmen, was euch durch Gewalt vorenthalten wird."[2]

Trotzdem ist auch der Anarchismus der Versuchung zur Gewaltanwendung erlegen, die allerdings noch jede große Bewegung der Menschheit entehrt hat, einmal der Liebesbotschaft wie ein anderes Mal der Botschaft des Friedens spottend und so hier derjenigen der Freiheit. Daß aber der Anarchismus der Gewalt mehr verfallen sei als jede andere Bewegung, ist nichts als ein Mythos in dem unguten Sinn dieses Begriffs, dem Anarchismus von seinen Gegnern zugeschoben.

Gerade deshalb, weil sich letzten Endes jeder Anarchismus gegen die Gewalt empört, gleichviel, ob sein Freiheitsverlangen im Anschluß an Bakunin mit ihr oder im Anschluß an Tolstoi ohne sie vorgeht, wurde und wird die Gewalt, mit der es seine Empörung stets zu tun bekommt, so auf diese Empörung bezogen, als ob nicht sie es wäre, die gegen die Gewalt Anklage erhebt, sondern sie wegen ihrer Gewalttätigkeit anzuklagen sei. Verräterisch rasch ist der Anarchismus zum Sündenbock der von ihm in Frage gestellten großen Mehrheit derjenigen geworden, die nicht nur wirklich Gewalt anwenden, sondern auch deren Macht auszunützen verstehen, um die Verantwortung für sie auf ihre Opfer zu übertragen. Schließlich wird die hier zunächst bewußt ausgedachte „Projektion" dermaßen unbewußt fortgesponnen, daß noch die Opfer selber es mitglauben, daß sie sich die Gewalt schuldig seien, deren Schuld man auf sie abgewälzt hat, die an ihr am wenigsten Schuldigen.

Am wenigsten Schuldigen! Denn es war der Anarchismus und ist seine Freiheit aus der Empörung heraus – und so beispielsweise nicht erst Gandhi, sondern schon der für Gandhi wegweisende Tolstoi –, denen die Schöpfung und stets wieder neu aufbrechende Mahnung der Lehre von der Gewaltlosigkeit zu verdanken ist.

Den Anarchisten mit der Bombe hat es zwar auch gegeben, zumal die Sprengkraft der Bombe nach der Erfindung des Dynamits im Jahr 1867 als diese neueste Revolutionierung der Technik Wellen der Begeisterung auslöste: eine jetzt – dank ihrer „Progressivität" – ganz besonders verlockende Versuchung. Anderseits aber hat es die Anwendung der Bombe und die Benutzung noch viel mörderischerer Waffen bei der politischen Rechten wie bei der politischen Linken ebenfalls gegeben, so wie es sie – nach Tolstoi – überall dort gibt und stets geben wird, wo es Staaten gibt. Mögen sie die Gewalt ihrer Machtausübung rechtlich verankern oder, was als ihr sozusagen „gutes Recht" ebenfalls in ihrer Macht liegt, die Gewalt dem Recht voransetzen, auf das sie gleichzeitig und mit unbarmherziger Strenge ihre Bürger verpflichten. Hier wie dort gehe es der Freiheit und mit ihr dem Staatsbürger nicht zuletzt auch buchstäblich ans Leben. So war es eine rechtlich durchaus einwandfreie Hinrichtung, die sich der lebenshungrige und wissensdurstige Graf Tolstoi am frühen Morgen des 6. April 1857 in Paris nicht entgehen ließ, durch die er endgültig zum Empörer wurde: Gegner künftig ausnahmslos jeder Anwendung von Gewalt.

Ein stämmiger Nacken, eine weiße Brust; er küßte die Evangelien und dann – Tod. Gleichsam gefühllos! ... Die Guillotine hielt mich lange wach und zwang mich nachzudenken. Was sicher ist, künftighin werde ich niemals irgendeiner Regierung dienen. Alle Regierungen in dieser Welt sind in bezug auf das Gute und das Böse, das sie tun, gleich. Das einzige Ideal ist Anarchie.

2. Freiheit gegen den Staat

Gab es schon immer diesen Anarchismus, da es in der Welt seit jeher empörend zugegangen ist? Bildet Tolstois „Ideal der Anarchie" den Ausdruck jeder hiervon herausgeforderten Empörung? War also die „Ikonoklasie" des Bildersturms beim „Exodus" des jüdischen Auszugs aus Ägypten bereits Anarchismus? Und die „Hedschra" der Loslösung Mohammeds aus Mekka und der „Protestantismus" Luthers, waren auch schon sie es, gerade so wie – für Proudhon und für Tolstoi – das Urchristentum bereits Anarchismus war: zur „Freiheit der Herrlichkeit der Kinder Gottes" (Römerbrief 8,21) bahnbrechend unterwegs?

Unzweideutig ist hier nein zu sagen. Der Blick für das Wesentliche darf nicht verwirrt werden, damit nicht die klare Einsicht dessen verlorengeht, was der Anarchismus im Hinblick auf die Neuzeit bedeutet: von ihr und gerade nur ihr herausgefordert, die sie und gerade nur sie herausfordernde Empörung.

Wo es in der Vergangenheit zur Bilderstürmerei gekommen ist, deren eine nicht zuletzt auch das byzantinische Ostrom fast zerstört hat, von der überraschend siegreichen Bildfreiheit der arabischen Welt herausgefordert, ging es – und das bezeichnet schon den entscheidenden Unterschied – um eine fest umrissene Zielsetzung, die in den genannten Fällen einem bestimmten Götzendienst entgehen wollte, gegen den sie sich empörte, nach dem Maßstab des biblischen Abbildungsverbots: „Du sollst dir kein Gottesbild machen, in keinerlei Gestalt" (2. Mose 20,4; 5. Mose 5,8). Auch wo es einmal beim Zustand der Empörung blieb oder gar nur bei der Geste einer solchen, richtete sich der Widerspruch gegen eine andere Zielsetzung, um die eigene heraufzuführen, mit deren neuer Grundlage – wenn sie erreicht worden war oder jedenfalls endgültig angebahnt zu sein schien – man sich dann auch sogleich zufriedengab, selber nun an der Macht.

Aber der Anarchismus ist keine derartige Umwälzung, die gegen eine sie empörende Macht selber an die Macht zu kommen trachtet, sondern Empörung schlechthin, und das heißt – an der Stelle einer Revolution – eine Revolte. *Le Révolté* war – und zwar zutreffenderweise – die von Kropotkin seit 1876, in diesem Todesjahr Bakunins begründete Zeitschrift überschrieben, ein Grundwerk des Anarchismus: bewußt Empörung in dem Sinn der Revolte, die der große Vorgänger und auch Proudhon noch nicht dermaßen klar von den Revolutionen unterschieden hatten, die nur immer wieder einen Machtwechsel anstreben, statt ausnahmslos jeder Macht – und so auch der eigenen gegenüber – auf die Freiheit zu bauen.

Nichts ist da sinnloser, als die an den Anarchismus wieder und wieder gestellte Frage nach seinem Ziel. Und nichts lächerlicher, als die sich ihrer scheinbaren Nachgiebigkeit womöglich noch rühmende Bereitschaft, auf den Anarchismus einzugehen, wenn er nur sein Ziel nennen wollte. Gerade das nähme ihm seinen Beweggrund, der sich gegen jede Bewegung, die sich einer Zielsetzung unterstellt hat, richtet, weil deren jede nur zu neuer Empörung herausfordern würde. Der Anarchismus hat wirklich kein Ziel. Diese zunächst einmal anzuerkennende eigene Auslegung der Freiheit begründet ihm seine Wirklichkeit. Hier wurzelt der ihn beschwingende Wagemut, gerade so wie hier – und erst hier – diesem derart beschwingten Anarchismus nun auch nachzuweisen ist, was bei seiner Auslegung der Freiheit an Gefahren und dadurch droht, daß sich seine Auslegung der Freiheit kontraproduktiv auswirken kann.

Anderseits steht der Anarchismus nicht allein. Gleichzeitig mit ihm kam es zur Malerei des Impressionismus und zur Fotografie und zur Soziologie, die ihn einmal mehr als einen für die Neuzeit bezeichnenden Aufstand erhärten: von ihr und nur ihr so herausgefordert, das Besondere einer sie und nur sie so herausfordernden Empörung. Mit den anderen „Zeitgenossen" derselben Revolte gegen das „Establishment" aus Staat und Kirche oder den „Status", wie es bei Stirner heißt, als das herrschende „Gewebe und Geflecht von Abhängigkeit und Anhänglichkeit",[4] vertraut der Anarchismus der „Spontaneität" seiner eigenen Unmittelbarkeit, der – wie es eines seiner Lieblingsworte zum Ausdruck bringt – bisher nur die „Chance" gefehlt habe, um die wahre Welt aufzubauen.

So verläßt Proudhons Landsmann, Freund und Bundesgenosse Courbet und verlassen nach ihm als die dann erst eigentlichen Impressionisten ganze Scharen von Malern das Atelier und jede Abhängigkeit von Auftraggebern, einen bewußten Anarchisten wie Pissarro an ihrer Spitze. Vor jedem nächsten und beliebigen Ausschnitt der Natur öffnen sie sich seinem „Eindruck", als dessen *impression* die Welt hier und jetzt zu bewahrheiten sei: kraft der Herrlichkeit ihrer Kunst unwiderlegliche Zeugen dafür, daß es tatsächlich genügen kann, bloß offen zu sein.

Daneben sucht der Fotograf von dem jeweiligen und buchstäblichen Augen-Blick her, der sich vor seinem 19. Jahrhundert noch niemals dermaßen „unvoreingenommen" hatte verewigen lassen, die Wahrheit der Welt zu vergegenwärtigen. Die „Chance" des neu erfundenen Lichtbilds der Fotografie wird nun ebenfalls zum Zeugen für das tausendfache Recht und die unabdingbare Richtigkeit ausnahmslos jeder und auch noch der „flüchtigsten" Regung, wie und wo immer sie sich regt.

Und der Soziologe wagt es, von den vorgeschriebenen Ordnungen der Staatenwelt abzusehen, um sich statt dessen der Menschenwelt anzuvertrauen, woher und wohin sie auch flutet. Mag die Bedeutung des Staatsgesetzes und mag nicht zuletzt die Gewalt der Ausübung seiner Herrschaft noch so nachhaltig fortbestehen! Diese Ordnung – Anordnung immer nur von oben her – läßt in den Augen der Soziologie das Eigentliche unberücksichtigt, das allein wirkliches Leben verkörpert: die Gesellschaft. Noch bevor es die Staaten gab und solange, als es sie gibt, quer dann durch ihre Ausgestaltungen hindurch, und auch dann, wenn es einst wieder keine Staaten geben werde, gab es, gibt es und wird es die Gesellschaft geben: Zusammenleben als solches, wie es auch sei.

„Damit die Freiheit existiere, muß die Freiheit frei sein", erklärt Proudhon nach dem Zusammenbruch der Revolution von 1848, als er im Gefängnis Sainte-Pélagie seine Erfahrungen zusammenfaßt, die zeitweise auch solche der Mitbeteiligung an der politischen Gewalt gewesen waren.

Erfindet, spekuliert, kombiniert, soviel ihr wollt; nur drängt dem Volke nicht eure Vorstellungen auf. Die Freiheit und immer die Freiheit, nur Freiheit und keinerlei Bevormundung! Das ist der ganze revolutionäre Katechismus ... Statt begierig die Staatsgewalt anzustreben, bittet sie nur darum, sich in nichts mehr einzumischen. Und lehrt das Volk, sich Wohlstand und Ordnung ohne Staatsbeihilfe zu sichern. Niemals mehr Beherrschung des Menschen durch den Menschen kraft der Anhäufung von Gewalt! Niemals mehr Ausbeutung des Menschen durch den Menschen kraft der Anhäufung von Geldmacht! Freiheit! Dies ist das erste und das letzte Wort jeder sozialen Philosophie.[5]

Vom Anarchismus zu sprechen heißt deshalb, ihn im Zusammenhang mit seinem Gegenüber zu würdigen, diesem herrschenden „Gewebe und Geflecht von Abhängigkeit und Anhänglichkeit". Zunächst noch unmittelbare Machtausübung, die vom König „bis zum Büttel herunter Autorität verleiht",[6] und sehr bald die zunehmend mittelbare Herrschaft bürokratischer Verwaltung, ist es beide Male dieser Staat der Neuzeit, der die Empörung des Anarchismus herausgefordert hat und immer wieder neuen Anarchismus herausfordert, neuer und noch einmal neuer Empörung Anlaß auf Anlaß bescherend. „Geht über dem Ordnungssinn nicht der Eigensinn verloren?"[7] fragt Stirner, dabei nicht zuletzt die künftige Macht der „Partei" voraussehend und im voraus anprangernd, diesen „Staat im Staat".[8] Auch die Partei vertritt den „Ordnungssinn", der den „Eigensinn" des eigenen Sinns jedes Individuums übergeht. So wird das Individuum – dieser jeweils „Einzige" – um sich selbst gebracht, und das heißt wortwörtlich des „Eigentums" beraubt, auf Grund dessen jeder Mensch und jeweils Einzige er selber sein will und sein soll und sein kann, nämlich frei!

Unsere Gesellschaften und Staaten *sind*, ohne daß Wir sie *machen*. So begründet das selbständige Bestehen des Staates meine Unselbständigkeit. Seine ‚Naturwüchsigkeit', sein Organismus, fordert, daß meine Natur nicht frei wachse, sondern für ihn zugeschnitten werde ... (Und) im Staate gilt die Partei ... Nichts hört man jetzt häufiger als die Ermahnung, seiner Partei treu zu bleiben ... (Denn) die Partei verträgt nicht die Unparteilichkeit ... (Aber) was schiert Mich die Partei ... Ich werde doch genug finden, die sich mit Mir *vereinigen*, ohne zu meiner Fahne zu schwören.[9]

Abgesehen von Godwin, dem zu seiner Zeit in seinem England noch nicht durchgedrungenen Vorläufer des Anarchismus – dessen *Enquiry concerning Political Justice and its Influence on Morals and Happiness* im Jahr 1793 noch nicht Geschichte gemacht hat – liegen die Schlüsseljahre des anhebenden Anarchismus zwischen 1840 und 1882. Proudhons *Was ist das Eigentum?* und Stirners *Der Einzige und sein Eigentum* setzen 1840 und 1844 die Schwelle, und Bakunins, Kropotkins und Tolstois Entscheidungen für den Anarchismus bilden in den Jahren 1862, 1876 und 1882 den Beschluß.

Der Staat war es damals, ein „Machtstaat", wie es ihn so niemals zuvor gegeben hatte, der die in demselben Jahrzehnt in Deutschland, Frankreich und Rußland heranwachsenden Stirner, Proudhon und Bakunin empörte, 1806, 1809 und 1814 geboren. Dieser Staat war als die europäische Reaktion auf die Französische Revolution und die napoleonische Gegenrevolution jetzt der Staat der allgemeinen Wehrpflicht, Schulpflicht und Steuerpflicht sowie – um nach außen wie nach innen besser Krieg führen zu können – der Staat einer sowohl geförderten als auch beaufsichtigten Wissenschaft und zunehmend rücksichtsloser herangezogenen und angewandten Technik bis zur Übernahme schließlich jeder Ausbildung, Vorsorge und Pflege, die bis dahin die von jeder einzelnen Lebensführung selber zu verantwortende eigene Bewährungsprobe gewesen waren und die Freiheit und die Würde dieser eigenen Lebensgestaltung ausgemacht hatten.

„Immer der Staat! der Herr Papa! Wie die Kirche für die ‚Mutter' der Gläubigen ausgegeben und angesehen wurde, so hat der Staat ganz das Gewicht des vorsorglichen Vaters",[10] klagt, zürnt und höhnt Stirner. Aber anderseits ist dieser Staat deshalb auch nur „eine geschichtliche, vorübergehende Erscheinung", lehrt Bakunins nachgelassene Schrift *Gott und der Staat* aus dem Jahr 1871. Damals war die Pariser Kommune zwar schon wieder niedergeschlagen, aber eben doch auch verwirklicht worden. „Eine verschwindende Form der Gesellschaft", das ist der Staat:

wie die Kirche, deren jüngerer Bruder er ist ... Der Mensch entsteht in der Gesellschaft ... Die Gesellschaft ist vor jedem Individuum da und überlebt es zugleich, wie die Natur ... Man kann deshalb auch nicht fragen, ob die Gesellschaft ein Glück oder ein Übel sei ... Mit dem Staat ist es nicht so; ich zögere nicht zu sagen, daß der Staat das Übel ist, wenn auch ein geschichtlich notwendiges: in der Vergangenheit ebenso notwendig, wie es früher oder später seine vollständige Vernichtung sein wird ... Der Staat ist die Autorität, die Macht, das Prahlen und die Verdummung mit der Gewalt ... Sogar dann, wenn er das Gute befiehlt, verdirbt und beschmutzt er es, weil er es befiehlt ... Die Freiheit, die Sittlichkeit und die Würde des Menschen bestehen gerade darin, daß der Mensch selber das Gute tut: nicht, weil es ihm befohlen wird, sondern deswegen, weil er es begreift und will und liebt.[11]

So stoßen hier zwei sich gegenseitig ausschließende letzte Wahrheiten zusammen, jede mit dem Gewicht einer ganzen Wirklichkeit die unversöhnliche Infragestellung ihres mitgegenwärtigen Gegenübers. Der Staat und die Freiheit des Staatsbürgers widersprechen einander bis zum Konflikt, dessen Zusammenstoß sie als solche nur immer noch krasser steigern. Mag dabei der Staat, weil seine Macht auch das Recht setzt, die Macht der Freiheit ins Unrecht versetzen, bis sie und Empörung, Zerstörung und Gewalttätigkeit ein und dasselbe zu sein scheinen! Hier kämpft trotzdem nicht bloß die Ordnung gegen die Unordnung, sondern zweierlei „Eigensinn" um zweierlei Recht.

Wenn die Anarchisten ihre schwarze Fahne entrollen, stehen sie in der Nachfolge der Bauernaufstände und Hungerrevolten des späten Mittelalters und der frühen Neuzeit, einer in ihnen übermächtig fortwirkenden Empörung und Kraft. Und wenn der Ruf nach der Kommune, dieser „Gemeinde", erschallt, verlangt er nichts anderes als die uralte Gemeindefreiheit, die es gab, bevor es den Staat gab, der sie nahm, ohne Besseres zu bieten. Mit den Räten, diesen „Sowjets", wird an die gemeisterte Selbstverwaltung der einst blühenden Gemeinden erinnert, deren Freiheit erst der Staat der Neuzeit als einen Herd ihn empörender Unordnung aufgehoben hat, indem er seinerseits aber nicht weniger Unordnung heraufführte, als die Räte nur jemals verschuldet haben, nun wieder ihr Freiheitsverlangen empörend. Und so widerspricht die föderalistische Machtausübung „von unten nach oben", mit der Proudhon einmal mehr auf etwas zwar Altes, aber nicht Veraltetes zurückgriff: widerspricht diese gegenseitige Freiheitswahrung sich verbündender Bundesgenossenschaften jeder hierarchischen Ausübung der Macht „von oben nach unten": trotzdem oder gerade deswegen nicht bloß die Stimme der Unordnung, einem die Ordnung – und ausschließlich Ordnung – vertretenden Anspruch gegenüber.

Würde das eine nicht das andere Gegenüber empören, gäbe es auch nicht die Empörung der hierdurch herausgeforderten anderen Wahrheit, die um ihres anderen Zeugnisses willen nun auch ihrerseits zur Herausforderung übergeht: als Anarchismus – zur Provokation.

3. Freiheit durch Herausforderung

Viermal ist es bisher zur Herausforderung des Anarchismus gekommen, weil sein Freiheitsverlangen sich herausgefordert fand, dessen „Eigensinn" inzwischen auch schon zweimal totgesagt worden ist, vor allem nach 1938.

90

Von Proudhon und Stirner bis zu Tolstoi durchmißt der Anarchismus seine klassischen Jahrzehnte: wie von Frankreich her Sozial-Anarchismus, von Deutschland her Individual-Anarchismus und durch die beiden Russen Bakunin und Tolstoi sowohl mit der Gewalt verbündet als auch im Bund mit der Gewaltlosigkeit. Aber zwischen 1882 und 1905 kommt es nach dem Scheitern der Pariser Kommune und infolge der Eröffnung parlamentarischer Mitarbeit (oder jedenfalls der Vorspiegelung einer solchen) durch den dort blutigen und hier unblutigen Verlust der tatkräftigsten Anarchisten zu einer Art Stillstand, der den Anarchismus einerseits totsagen läßt und anderseits zum Schreckgespenst macht. Denn der Anarchismus geht nun trotzdem um, dem Staat – der ihn einerseits frohlockend totsagt – eine anderseits durchaus nicht unwillkommene Rechtfertigung fortdauernder Aufrüstung. Sodaß dieser Staat, wenn seine vom Anarchismus vertretene Herausforderung einmal ausbleibt, sie womöglich sogar selbst provoziert. Jetzt gelingt der Ausbau der Theorie des Anarchismus, das Werk vor allem von Kropotkin, Tolstoi und Landauer sowie Mackay, dem Wiederentdecker Stirners, während es daneben auch zur „Praxis" einzelner Taten und Gewalttaten der Ungeduld kommt, deren Folge aber keine eigene Stärkung ist, sondern immer wieder nur Verstärkung des Staates. Dennoch triumphiert dieser zu früh.

Von 1905 bis 1938 eröffnet die von Rußland bis Spanien wiederholt siegreiche Revolution auch dem Anarchismus Bewährungsproben, deren jede zwar vorzeitig abbricht, aber durchwegs nur an feindlicher List und Übermacht scheitert, nachdem sie den Anarchismus als eine doch auch fruchtbare Möglichkeit des Zusammenlebens bewahrheitet hatte. Wenn die Staatsgewalt gestürzt und die Revolution noch nicht selber Staatsgewalt geworden ist, muß von unten nach oben regiert und so freiheitlich vorgegangen werden, wie kein Staat es seinem Wesen nach hinzunehmen fähig ist und die Revolution es nur ungern duldet. Wäre es möglich, daß die Menschen auch in Freiheit und aus ihr heraus zusammen fruchtbar sein können, brauchte die Revolution, der der Umsturz gelungen ist, nicht auch noch an die Macht zu kommen, um die es ihr jedoch letzten Endes stets geht, im Gegensatz zum Anarchismus. Der russische Frühling des Jahres 1905 und der russische Winter von 1917/18 mußten ihn sich so bewähren lassen, wie er sich danach in der Ukraine Machnos und zuletzt – und hier jahrelang – im republikanischen Spanien bewährte, dessen Anarchismus auf Bakunin selber und die Überlebenden der Pariser Kommune zurückging: nochmals und noch einmal dasselbe in die Tat umzusetzen versuchend, von dem Kropotkin unvergeßlich Zeugnis abgelegt hat.

Ich werde mich stets jener schönen Augenblicke der Befreiung erinnern. Ich war aus meiner Dachstube im Quartier Latin heruntergestiegen, um mich in jenen ungeheuren Klub unter freiem Himmel zu begeben, der die Boulevards von Paris von einem Ende bis zum anderen erfüllte ... Selbst die Bürger, von der allgemeinen Begeisterung hingerissen, sahen beglückt, wie eine neue Welt sich erschloß. ‚Muß die soziale Revolution gemacht werden, nun gut, machen wir sie: es sei alles gemeinsam, wir sind bereit!' Die Elemente der Revolution waren vorhanden: es handelte sich bloß darum, sich ihrer zu bedienen. Abends in mein Zimmer zurückgekehrt, sagte ich mir: ‚Wie schön ist doch die Menschheit! Man kennt sie nicht; man hat sie stets verleumdet' ...[12]

Anderseits aber sind die Pariser Kommune, wie zuletzt auch der besonders tief verwurzelte und lange blühende Anarchismus Spaniens, eben doch gescheitert. „Die Niederlage dieser Bewegung im Jahr 1937 bezeichnet das Ende des Anarchismus als einer ernst zu nehmenden politischen Macht, selbst wenn er noch als eine Geistesmacht weiterlebt", heißt es siebenundzwanzig Jahre später in *The Anarchists* von James Joll.[13] Aber gegen Ende desselben Jahres 1964 war der Anarchismus plötzlich wieder da, und zwar auch als politische Macht. Zwei voneinander unabhängige Vorgänge, deren einer die Studenten von Berkeley und Berlin mit ihrer Empörung Ernst machen ließ und der andere ihnen ihre Losung zuspielte, Marcuses Buch über den *Eindimensionalen Menschen*, eröffnen die vierte Epoche des Anarchismus, deren Ende sich noch nicht absehen läßt, sooft es auch angesagt wird.

Mochten beide Durchbrüche zunächst den Versuch machen, sich als Erneuerer des Marxismus und also „Neue Linke" zu verstehen statt als Anarchisten in dem von Marx bis Lenin bekämpften Sinn dieses Begriffs! Marx und Lenin sind hier nur am Rand, aber Proudhon, Stirner, Bakunin, Tolstoi, Kropotkin ihrem Wesen nach auferstanden.

Eine Frage für sich ist dabei der letzte Anlaß dieser neuen Empörung. Jedenfalls hatte die notwendig gewordene Verteidigung der Welt gegen diejenigen, die im Jahr 1939 den Zweiten Weltkrieg entfesselten, alles in den Hintergrund treten lassen, was an dieser Welt bisher empört hatte, auch wenn es fortdauernd weiter so empörend blieb, wie es war. Die Rettung der Welt als solcher hatte den Vorrang, geradeso wie nach dem siegreich abgeschlossenen Krieg ihr Wiederaufbau alles andere noch einmal verdrängte. Dann jedoch trat es an den Tag und war es von Tag zu Tag weniger zu übersehen. Die Welt dieses Wiederaufbaus war so empörend oder noch viel empörender ausgefallen, als sie nur jemals zur Empörung herausgefordert hatte. Keine neue Welt, sondern die alte Welt war von neuem erstanden: noch mehr und viel mehr Staat, Macht, Gewalt und Verwaltung von oben her, als jemals zuvor die Freiheit eingeschränkt hatten. Und außerdem mußten, so schien es empörenderweise, mit dem guten Papst Johannes, der am 3. Juni 1963 starb, und dem Präsidenten Kennedy, der am 22. November 1963 ermordet wurde, jede Hoffnung begraben werden, daß sich an dem, was an der Welt empörte, jemals etwas ändern würde: von oben her.

Aber von unten her kann und wird die Welt von Grund aus verändert werden, lehrt Marcuse, indem er zwei Fragen neu aufwirft und besser beantwortet, als sie von Marx und dessen Fortsetzern beantwortet worden waren. Sich selber empfiehlt er dabei allerdings als ebenfalls einen Fortsetzer von Marx, der nun außerdem auch zur Psychoanalyse steht. Marxens Vermächtnis sei mit demjenigen Freuds zu verbinden!

Wer in der Welt kann, und wie kann er die Empörung über die Welt in eine hier eingreifende geschichtliche Tat umsetzen?, lauten Marcuses Fragen, und seine Antworten wie folgt: Die in und von der Welt geächteten Außenseiter, diese noch in der blühendsten „Wohlstands"-Gesellschaft schnöde übergangenen Alten, Jungen, Kranken und Arbeitslosen oder wie „Arbeitslose" angesehenen und von jeder wesentlichen Mitbestimmung ausgeschlossenen Studenten sowie zahllosen Minderheiten und die weltweit vernachlässigten Volksmassen der Entwicklungsländer sind es, die ihre sie empörende Welt von Grund aus ändern können und werden. Denn das Proletariat des Marxismus, einst die besonders hart ausgebeutete vierte Klasse einer der Kirche, dem Adel und dem Bürgertum dienenden Gesellschaft – das aber im Verlauf des späten 19. und frühen 20. Jahrhunderts zur „konservativen Volksbasis"[14] dieses *Establishments* geworden ist – findet sich entweder nicht mehr imstande, wenn es überhaupt jemals hierzu imstande war, oder jetzt jedenfalls nicht länger willens, die Welt, als deren „Volksbasis" es sein Auskommen gefunden hat, von Grund aus zu ändern.

Nicht diesem Proletariat, wohl aber den auch von ihm mitgeächteten Außenseitern steht – und zwar unverlegbar – der letzte Weg zur Herbeiführung grundlegender Weltveränderungen offen, sobald die Empörer nur dazu übergehen, die Kraft ihrer Ohnmacht einzusetzen. Auf die Herausforderung, diese „Provokation", Marcuses „Große Weigerung", sollten sie bauen! Das ist nach der Antwort auf die Frage nach dem Träger der Weltveränderung die Antwort auf die zweite Frage nach dem Wie ihrer Verwirklichung. „Wenn sie sich zusammenrotten und auf die Straße gehen, ohne Waffen, ohne Schutz, um die primitivsten Bürgerrechte zu fordern, wissen sie, daß sie Hunden, Steinen und Bomben, den Gefängnissen, Konzentrationslagern, selbst dem Tod gegenüber stehen ... (Aber) die Tatsache, daß sie anfangen, sich zu weigern, das Spiel mitzuspielen, kann die Tatsache sein, die den Beginn des Endes einer Periode markiert."[15]

Das Kommunistische Manifest des Jahres 1848 hatte diese Geächteten und Außenseiter der Welt noch als „Lumpenproletariat" verhöhnt, das bloß der Ausdruck einer „passiven Verfaulung der untersten Schichten der alten Gesellschaft"[16] sei, während nach weiteren 25 Jahren Bakunin die weltumwälzende Bedeutung dieser untersten Schichten bereits klar erfaßt. Sie, der Bodensatz auch jeder von der Arbeiterschaft angestrebten „neuen Gesellschaft", sind der wahre Kern aller künftigen Aktivität. Nicht mit ihnen steht es faul, wohl aber mit der auf ihre „Verfaulung" herabsehenden Gesellschaft, die Arbeiterschaft dieser Gesellschaft miteingeschlossen. „In Italien überwiegt dieses Lumpenproletariat, von welchem die Herren Marx und Engels sprechen und über welches sich gleich ihnen die ganze Schule der Sozialdemokraten Deutschlands mit der größten Verachtung äußert, und dies mit Unrecht. Denn nur dieses Lumpenproletariat, keinesfalls aber die Bourgeoisschicht der Arbeitermassen, birgt den ganzen Geist und die ganze Kraft der künftigen sozialen Revolution ..."[17]

Und dieser Geist und diese Kraft waren jedenfalls da und wiederholt geschichtsmächtig, sobald ihr von Marx und Engels verhöhntes und von Bakunin gerühmtes „Lumpenproletariat", die „Geächteten und Außenseiter" Marcuses, in der zunächst zwar nicht als solcher eingestandenen, aber trotzdem wegleitenden Nachfolge Tolstois die Herausforderung als den Hebel begriffen, mit dem sich die sie empörende Welt aus den Angeln heben läßt. Wie hier Bakunin über Marx, so führt hier außerdem Tolstoi über Bakunin hinaus. Was keinem anderen Mittel der Weltveränderung gelingt, weil es – als noch so starke Waffe – entweder einer noch stärkeren Waffe unterliegt oder im Siegesfall demselben Mißbrauch der Macht verfällt, gegen den sich die Empörer empört haben, führt die Herausforderung dadurch herbei, daß sie sich damit begnügt, jede Macht und jegliche Waffe als die Feinde der Freiheit bloßzustellen. Wehren sich die Machthaber gegen die Provokation, dann sind sie diese Feinde ganz gewiß. Wehren sie sich aber nicht, sind sie es erst recht. Dort verlegen sie, und zur allgemeinen Empörung gewaltsam, und hier – wenn und weil sie sich nicht wehren – auf nun augenscheinlich bloß angemaßte Weise den Weg, mit dem Ergebnis fast noch größerer Empörung.

Begnügt sich das Freiheitsverlangen damit, die Welt herauszufordern, in der es empörend zugeht, ihr Empörendes zu nur immer noch empörenderem Auftreten herausfordernd, kann oder könnte jedenfalls die Ohnmacht dieses Verlangens nach Freiheit – wenn sich die Menschen dieses Verlangens trotz dieser Ohnmacht zusammenrotten und auf die Straße gehen, ohne Waffen und ohne Schutz – die Welt hierdurch wirklich verändern, käme nicht noch folgendes hinzu. Auch die Freiheit selber, in deren Namen sich der Freiheitsdurst empört, ist ein Feind der Freiheit oder kann jedenfalls zum Feind der Freiheit werden. Was der Anarchismus und bahnbrechend an Freiheit erobert, geht ihm nur zu oft dadurch wieder verloren, daß dieselbe Freiheit, die er durchsetzt, sich gegen die Freiheit richtet, die er mit ihr durchzusetzen versucht.

4. Freiheit gegen die Freiheit

Die Freiheit, die alles sein soll, nach der Losung des Anarchismus, Freiheit aus Freiheit um der Freiheit willen, sowie Freiheit immer, Freiheit überall, ist zwar niemals bloß unproduktiv, aber abschreckend – und das heißt kontra-produktiv –, wenn der Anarchismus ihr und sich mehr zutraut, als sie zu be-wahrheiten und er zu bewähren vermag. Nicht bloß Freiheit braucht es, son-dern Freiheit auch für den Widerspruch. Jeder und alles andere müssen ebenfalls zum Wort kommen, nicht bloß man selber.

Aber nur wer es mit der Freiheit – als der Freiheit auch für den Wider-spruch – noch ernster nimmt als der Anarchismus, darf und kann es ihm vor-halten, daß die Freiheit von ihm nicht – noch nicht – so ernst genommen wird, wie sie es fordert. Eine Stimme des Gewissens, so mahnt der Anarchis-mus an das Empörende der Verfehlung der Freiheit. Nur ihre bessere Be-währung, sie allein, die ihn – statt ihm seinen Weg zu verwehren – auf dem von ihm eingeschlagenen Weg überholt, kann – und mit gutem Gewissen – ihn daran erinnern, daß auch er noch die Freiheit verfehlt, deren Be-währung sein zu wollen trotzdem seine Größe ausmacht und seinen Ruhm bildet.

VIII. Widersprüche der Freiheit

1. Freiheit statt Knechtschaft

Dreifach ereignet sich der Aufbruch zur Freiheit. Zwei Schritte der griechisch-römischen Antike und ein Schritt des jüdischen Altertums führen sie herauf.

Von der Freiheit im äußerlichen Sinn, die der Einzelne oder sein Staat fremder Knechtschaft gegenüber besitzen, an der als solcher nicht gerüttelt wird, führt der Weg zur Freiheit als einem Gut des eigenen Wesens, dem keine äußere Einwirkung etwas anhaben kann. Diese Verinnerlichung befreit sich von jeder äußeren Einflußnahme, von der sie nach außen hin sogar wieder zur Knechtschaft verurteilt werden kann, ohne deswegen ihre innere Freiheit einzubüßen. Wie die Freiheit im äußerlichen Sinn nimmt diejenige des inneren Sinns die Knechtschaft hin, von der sie sich selber frei weiß: in ihrer eigenen Welt von der Außenwelt unabhängig.

Aber Freiheit, so erfährt und lehrt es das Judentum, ist nach außen und innen hin Maßstab der geschichtlichen Entwicklung ausnahmslos jedes Menschen und aller Völker mit dem Ziel ihrer vollständigen Verwirklichung. Zu den beiden Schritten der erst einmal äußerlichen Freiheit in beschränkt örtlichem und persönlichem Rahmen und geistig-allgemeinen Freiheit der Innerlichkeit gesellt sich der Schritt zur messianischen Freiheit als der Freiheit schlechthin. Das „Rufet Freiheit aus im Lande für alle, die darin wohnen!" (3. Mose 25,10) wird zur weltweiten Kündung, die so die Knechtschaft, und zwar ausnahmslos jede Knechtschaft, von Grund aus in Frage stellt. Diese Knechtschaft, die es teils noch immer gab und sich andernteils immer wieder einstellte, sollte es nicht und würde es einst nicht länger geben!

Großartig und begeisternd, ein niemals wieder zu vergessender erster und zweiter Schritt auf dem Weg zur eigenen Würde, eigenen Mündigkeit war aber auch schon die griechisch-römische Entfaltung der Freiheit.

Daß es – erstens – einen wesentlichen Unterschied macht, frei oder nicht frei zu sein, hat das klassische Griechenland während seines fünften vorchristlichen Jahrhunderts der Menschheit ins Bewußtsein gehoben. Aber die andere Seite dieser Freiheit ist die fremde Unfreiheit als keinerlei eigene Verlegenheit, sondern geradezu nur Anlaß zum Stolz. Damit einige zehntausend Einzelne und einige wenige Stadtstaaten frei sein konnten, sollte Knechtschaft das Los aller anderen Menschen und Staaten sein und es immer bleiben. Die Freiheit dieses Schritts zur Freiheit ist örtlich beschränkt und durchwegs selbstbezogen mit einem zwar denkwürdigen Vorstoß zur Politik, dem es aber genügte, selber der Knechtschaft enthoben zu sein.

Trotzdem wurzelt hier der bis auf den heutigen Tag immer wieder irreführende „Mythus von Ost und West",[1] der die eigene Freiheit zur Abwertung des Gegenübers benutzt, statt sich von dem Wert der Freiheit zu der Gemeinsamkeit dieser Berufung begeistern zu lassen. Die Griechen des fünften Jahrhunderts und als ihr Wortführer Herodot waren zwar im Recht, als sie ihren Kampf gegen die Perser als eine Verteidigung der Freiheit rühmten, aber im Unrecht, sobald sie hieraus eine Ideologie des Kampfes der Freiheit gegen die Knechtschaft machten, als ob ihr Westen seinem Wesen nach unerschütterlich frei und der Osten seinem Wesen nach ausschließlich unfrei sei und sich hieran nichts jemals ändern würde. Bald ging dem Westen seine Freiheit wieder verloren, die davon hatte absehen wollen, in welchem Ausmaß es auch in ihrer eigenen Welt Knechtschaft gab. Daß von Mazedonien und von Rom her politische Knechtschaft ebenfalls drohte, nahm man allzulange nicht ernst, bis die Freiheit und noch als sie eingebüßt war; von dem bei Marathon und bei Salamis glorreich verteidigten eigenen Vorsprung vor der Knechtschaft des Ostens verblendet.

Aber ist, wer wie die Griechen auf der Höhe ihres klassischen Zeitalters im Vergleich zu fremder Knechtschaft selber frei ist, deswegen schon wirklich frei? Sollte man nicht vielmehr innerlich frei zu sein versuchen, von allem Äußerlichen unabhängig? Kann dann nicht schließlich, auch wer äußerlich der Knechtschaft unterliegt, frei und sogar freier sein, wenn er es innerlich ist, als die bloß äußerlich Freien? Das fragen sich bald die Griechen und fragen sich später auch die Römer, der von ihnen an ihrer westlichen Welt gefeierten Freiheit teils wieder verlustig oder ihrer jedenfalls nicht länger gewiß.

Wenn allerdings, sagt Aristoteles,[2] indem er mit der Scharfsicht eines nur allzu kurzen Augenblicks die für den Fortbestand seiner Welt unerläßliche Sklaverei als bloß eine Folge der technischen Rückständigkeit dieser Welt durchschaut, „jedes Werkzeug auf erhaltene Weisung oder gar die Befehle im voraus erratend seine Verrichtungen wahrnehmen könnte, ... und so auch das Weberschiff von selber webte und der Zitherschlägel von selber spielte, dann brauchten allerdings die Meister keine Gesellen und die Herren keine

Knechte." Aber das Weberschiff webt nicht – noch nicht – von selbst, und der Zitherschlägel spielt nicht – noch nicht – von selber. Deshalb braucht es Meister und Herren einerseits wie Gesellen und Knechte anderseits, das heißt Werkzeuge als zwar „Werkzeuge vor allen anderen", nämlich „beseelte Werkzeuge", aber – nur und lediglich – Werkzeuge doch.

Und doch und dennoch, so bahnt Aristoteles auch dem zweiten Schritt des Aufbruchs zur Freiheit den Weg, sind die äußerliche Freiheit des Meisters und Herrn und ist der Verlust ihrer Freiheit, diese Herabwürdigung des Menschen zu einem zwar „beseelten Werkzeug", das wie die unbeseelten Werkzeuge jedoch ebenfalls bloß Hausrat darstellt, des jeweiligen Besitzers willenloses Eigentum, keinerlei Gewähr dafür, dort als Meister und als Herr wirklich frei zu sein oder hier als Geselle und als Knecht die Freiheit wirklich verloren zu haben.

Denn zu dem, was die Gesetze der Welt und des Menschen äußerlich verfügen, tritt noch das hinzu, was die Menschen von Natur aus sind. Kinder von Freien können knechtisch sein, in der Knechtschaft geborene und für die Knechtschaft bestimmte Kinder dagegen „die Seele freier Männer haben". Immer aber, hiermit begnügt sich Aristoteles, wie nach ihm alle folgenden Jahrhunderte des griechisch-römischen Altertums und noch Paulus, gibt es und muß es Knechtschaft geben als jetzt allerdings nurmehr Knechtschaft äußerlich. Ein Sklave, schreibt Paulus an die Korinther, mache sich deswegen keine Sorge und bleibe sogar dann, wenn er frei werden könnte, lieber dieser Sklave, der in Tat und Wahrheit dabei und trotzdem Gottes „Freigelassener" sei (1,7,20–22). Dort, wo die Freiheit den Ausschlag gäbe, würde kein Sklave deswegen schon sklavisch sein, weil er Sklave wäre: nur das, was ein Mensch seelisch und vom Geist her sei, falle ins Gewicht.

Da ist die Freiheit zwar bereits besser verstanden: nicht länger ein bloß äußerliches Gut, von äußeren Bedingungen abhängig. Und – als die Freiheit jeder Seele jedes Menschen – ein allgemeines Gut! Jetzt tritt auch die Berufung ausnahmslos aller Menschen zur Freiheit vor die Augen, quer zu allen äußeren Unterschieden zwischen ihnen. Aber diese Befreiung zur weltweit verbrüdernden Innerlichkeit geriet ihrerseits in die Sackgasse eines anderen, weiteren Mißverständnisses der Freiheit. Jeder Abhängigkeit die Stirne bietend, verführte und verführt die Verinnerlichung der Freiheit immer wieder zur Gleichgültigkeit im Hinblick auf die eigenen äußeren Bedingungen, seien sie auch solche der Abhängigkeit.

So braucht es noch den Schritt, den das biblische Zeitalter des Judentums gemeistert hat, zum Fortschritt der auch von ihm sich erschlossenen Verinnerlichung hinzu. Aus dem Land Ägypten, dem immer wieder so angeprangerten „Sklavenhaus", war dieses Volk herausgeführt und erst hierdurch dieses Volk wirklich geworden: Volk des Bundes dank dieser geschichtlichen Befreiungstat (2. Mose 20,2; 5 Mose 5,6). Freiheit, das kündet deshalb Jeremia, als die führende Schicht seiner Zeitgenossen die Freilassung ihrer Knechte und Mägde, die nach spätestens sieben Jahren vorgeschrieben war, nicht ernst nehmen wollte, verlangt die so wirkliche und so vollständige Aufhebung jeder Sklaverei, wie die Befreiung aus dem Sklavenhaus Ägyptens die Freiheit Israels wirklich und vollständig begründet hatte (34,8 ff.), diese Freilassung – oder den Freilauf, sagt Buber – auch noch mit dem Verbot einer Freilassung „mit leeren Händen" verbindend. Ob Knecht oder Magd, „du sollst", heißt es, „sie ausstatten aus deinen Schafen, von deiner Tenne und von deiner Kelter" (5. Mose 15,14), sobald das siebente Jahr beginnt.

Gegen Ablauf von sieben Jahren sollt wegschicken ihr
jedermann seinen Bruder, den Ebräer, der dir verkauft
worden ist,
sechs Jahre soll er dir dienen, dann schicke ihn geledigt
von dir weg!
(2. Mose 21,2; 5. Mose 15,12; Jeremia 34,14).

Über diejenigen, die sich nicht scheuen, diese in der äußersten Kriegsnot endlich wieder gewährte Freilassung ihrer unfreien Volksgenossen rückgängig zu machen, nachdem die Not abgewendet zu sein schien, ruft Jeremia deshalb in so schrecklich wirklichem und mit seiner Bezugnahme auf „alle Königreiche der Erde" so wirklich weltweitem Sinn Freiheit aus, wie diese Freiheit umgekehrt wirklich und weltweit Frucht tragen sollte.

Ihr, ihr habt auf mich nicht gehört,
Freilauf auszurufen, jedermann für seinen Bruder,
jedermann für seinen Genossen,
wohlan, ich rufe für euch Freilauf aus,
ist SEIN Erlauten,
dem Schwert, der Seuche, dem Hunger,
ich gebe euch zum Popanz allen Königreichen der Erde.
(34,17)

2. Freiheit trotz Befreiung

Was Freiheit ist, diese erst bloß äußerlich verstandene und dann verinnerlichte und zuletzt – von innen her – jedem Außen abverlangte ganze Freiheit, geht nicht aus dem alten Streit um die sogenannte Willensfreiheit hervor. Von dem, was Freiheit wirklich ist und mit ihr verwirklicht sein will, wird so bloß abgelenkt.

Mag nämlich ein Wille seine Entscheidungen selber bestimmen oder er sie vorherbestimmterweise so fällen, wie sie ausfallen: an seiner Verantwortung für seine Handlungen und ihre Folgen ändert sich nichts. Deterministen und Indeterministen waren sich hierin immer einig, die von ihnen dort fanatisch verfochtene Willensbestimmtheit und die hier nicht weniger fanatisch vertretene Willensunbestimmtheit hin oder her. Und ebenso muß nach der Ansicht der Prädestination und des Fatalismus der Mensch für seine Taten, die dort seine unaufhebbare Vorherbestimmung und hier sein unausweichliches Schicksal sein sollen, so verantwortlich einstehen, als ob er es selbst gewesen sei, der sich selber bewährt hat, oder er derjenige wäre, der verfehlt hat, was von ihm verfehlt worden ist.

Aber zwei andere Spannungen und noch einige mehr stellen in die Wirklichkeit der Freiheit mitten hinein, die sich nicht durch die Ausschaltung jedes hier denkbaren Widerspruchs in der hindernisfreien Weite dieser „Widerspruchsfreiheit", sondern auf dem schmalen Grat des Gipfels ihrer Widersprüche vollendet. Ist Freiheit die Ungebundenheit der Narrenfreiheit? Diese Frage setzt die erste Spannung, und deren zweite stellt vor die folgende Überlegung. Muß Befreiung zur Ungebundenheit befreien, auch wenn es der Freiheit letzten Endes um Bindungen geht, und die Ungebundenheit nicht nur diesen Weg, sondern auch seine Abwege eröffnet: zahllose Verführungen, unzählige Versuchungen?

Ist Freiheit die Narrenfreiheit der Willkür? Das will zunächst gefragt sein. Ist die Willkür, die zu allem frei sein will, was sich ein Wille nur immer wünscht, es sei sinnvoll oder sinnlos und durchführbar oder undurchführbar, Freiheit? Oder ist Freiheit dann und erst dann Freiheit, wenn ein Wille sich gegen die Beliebigkeit seiner Wünsche für diejenigen Möglichkeiten unter ihnen entscheidet, die ihn menschlich und menschheitlich Frucht tragen lassen? Hier geht es um das klare Entweder-Oder der Entscheidung zwischen der Ungebundenheit auf der einen, Bindung auf der anderen Seite. Ist Freiheit die Ungebundenheit der Ablehnung jeder verbindlichen Pflicht? Oder ist Freiheit die Entscheidung für Bindungen: willentliche Annahme fortan bindender Verpflichtung?

Die Antwort, unzweideutige Antwort kann nur dahin gehen, daß Freiheit nicht bloß Willkür ist, diese grenzenlose Beliebigkeit des Wollens wie des Nichtwollens, einmal so und ein anderes Mal so. Etwas ganz anderes bleibt es daneben, daß es trotzdem einen guten Sinn hat, von den Saturnalien bis zur

Fasnacht und zu Purim dieser Narrenfreiheit wenigstens einmal im Jahr freie Bahn einzuräumen. Vergebens aber, sagt Goethe, und mit Recht:

Vergebens werden ungebundne Geister
Nach der Vollendung reiner Höhe streben.
Wer Großes will, muß sich zusammenraffen,
In der Beschränkung zeigt sich erst der Meister,
Und das Gesetz nur kann uns Freiheit geben.[3]

Eine andere Ungebundenheit ist dagegen zwar ebenfalls nicht die Freiheit, als die sich diese Ungebundenheit – wie diejenige der Willkür auch – nur zu gern bereits ausgibt; muß aber um der Freiheit willen trotzdem in Kauf genommen werden. Ohne wirkliche und buchstäblich restlose Ungebundenheit kann sich die Freiheit nicht für das Gesetz entscheiden, in dessen Beschränkung sich, wie Goethe sagt, der Meister als solcher erweist. Wer Großes will, muß sich zusammenraffen! Aber sich zusammenraffen zu können setzt, um eine Tat der Freiheit zu sein, deren Gegenteil ebenfalls voraus als die Möglichkeit, diese Tat nicht zu tun, der Zusammenraffung spottend. Hier gilt, wenn auch nur im Nacheinander und also bloß teilweise, ein Entweder-Und-Oder. Die Ungebundenheit ist um der Bindung willen, für die sich die Freiheit zu entscheiden hat, sowohl zu bejahen als auch durch diese Bindungen zu verneinen, für die sich die Freiheit entscheidet.

Damit der Wille sich binden kann, muß er ungebunden sein: die Befreiung muß der Freiheit vorausgehen! Und die Befreiung muß der Freiheit so vorausgehen, als wäre sie schon selber die Freiheit, die sie jedoch erst eröffnet, und obgleich sie mit dem fortan möglichen Gebrauch der Freiheit auch jeden Mißbrauch der Freiheit möglich macht! Dem Entweder-Oder gegenüber der Willkür folgt das Entweder-Und-Oder gegenüber der Befreiung. Wo die Ungebundenheit der Willkür vorherrscht, gibt es keine wirkliche Freiheit, die ihrerseits jedoch dort nicht herrschen kann, wo es nicht zunächst die Befreiung zur Ungebundenheit gibt mit deren neuerlicher Willkür und jedem möglichen Willen jeglicher Abwegigkeit.

Als die „Freiheit Wozu?" hat Nietzsches Zarathustra die eigentliche und schöpferische Freiheit, in deren Beschränkung sich der Meister zeigt, von der „Freiheit Wovon?" unterschieden, die der Freiheit bloß die Bahn bricht, das heißt nur erst befreit. Die Freiheit-Von-Etwas ist, was allerdings nichts Geringes und außerdem unerläßlich bleibt, Befreiung: das Zerbrechen alles dessen, was in Ketten schlägt; zunächst diese und nur diese Befreiung verwirklichend. Denn der fruchtbare Gebrauch, den die vollendete Freiheit-Zu-Etwas von der Freiheit macht, indem sie sich von sich aus auch wieder bindet, ist und kann nur die Tat dieser Freiheit selber und sie erst dann sein, wenn die Befreiung auch zu jedem Gegenteil der Fruchtbarkeit mitbefreit.

Nietzsche jedoch, er hier einer von denen, die der Freiheit mißtrauen, weil sie auch Freiheit zum Mißbrauch sein muß, um Freiheit zu sein, und der Mensch seine Freiheit immer wieder schrecklich mißbraucht hat und mißbraucht, verfällt auf dem Weg seiner richtigen Unterscheidung zwischen der Befreiung als zunächst bloß einer „Freiheit Wovon?" und der eigentlichen Freiheit als der „Freiheit Wozu?" dabei auch dem Abweg der Unterscheidung von Menschen.

„Es gibt manchen", sagt Zarathustra, „der seinen letzten Wert wegwarf, als er seine Dienstbarkeit wegwarf".[4] Tiefer und richtiger hat Schiller angesichts desselben möglichen Mißbrauchs der Freiheit die Überzeugung vertreten, daß die Freiheit das Wesen und Recht ausnahmslos jedes Menschen ausmacht: jeglicher Dienstbarkeit gegenüber ein ihr unter allen Umständen vorzuziehender Wert!

„Laßt euch nicht irren des Pöbels Geschrei, nicht den Mißbrauch rasender Toren!" rufen im Jahr 1798 nach bald einem Jahrzehnt des sowohl begeisternden als auch bestürzend schrecklichen Beispiels der Französischen Revolution Schillers *Worte des Glaubens* denjenigen zu, denen es vor den Folgen der Befreiung graut. Die Bewährung, die, was sich nicht leugnen läßt, von den Befreiten erst noch gelernt sein will, werden sie, glaubt Schiller, wenn sie nur erst einmal befreit sind, lernen. Denn es gibt zwar, in die Unfreiheit hineingezwungen, hierdurch „Sklaven", jedoch keine Sklaven als solche! „Der Mensch ist frei geschaffen, ist frei, und würd' er in Ketten geboren." Dieser Mensch, und das heißt jeder Mensch, wird den Sinn dem Unsinn und die Fruchtbarkeit der Unfruchtbarkeit vorziehen, sobald sie erst einmal eröffnet sind, mit denen allerdings – weil es anders Freiheit nicht gibt – ihm sich auch ihr Gegenteil stets miterschließt.

So führt die Freiheitsbotschaft von Schillers erstem Zweizeiler trotz der Schreckensherrschaft der Befreiten, deren Mißbrauch der Freiheit sein zweiter Zweizeiler sich austoben sieht, die Freiheitsgewißheit des dritten Zweizeilers herauf, der die Freiheit trotz der Befreiung und sie mitbejaht, wer und was auch immer mit der Befreiung mit freigestellt werde!

Der Mensch ist frei geschaffen, ist frei,
Und würd' er in Ketten geboren.
Laßt euch nicht irren des Pöbels Geschrei,
Nicht den Mißbrauch rasender Toren.
Vor dem Sklaven, wenn er die Ketten bricht,
Vor dem freien Menschen erzittert nicht.

Einen Widerspruch setzt aber nicht nur der mit jeder Befreiung mitbefreite mögliche Mißbrauch der Freiheit. Auch wenn die Befreiung, die trotzdem in Kauf genommen sein will, einmal überholt sein würde, weil, sobald alle frei wären, niemand noch einmal befreit werden müßte, blieben auf dieser Höhe der bewährten Freiheit-Zu-Etwas zwei weitere Widersprüche ein dermaßen unaufhebbar auszuhaltendes Entweder-Und-Oder, wie die Freiheit selber und endgültig auszuhalten bleibt. Ihr eigenes Wesen ist es, ebenso wie ihre Vollendung, die sich in dieser zweifachen Widersprüchlichkeit spiegeln.

Denn und erstens stellt die Gabe der Freiheit vor eine Aufgabe, bei der sich mit der Freude an ihr auch Furcht einstellt, die sogenannte „Furcht vor der Freiheit", die ihrem Kern nach jedoch etwas anderes ist als bloß Furcht, nämlich Angst: durch nichts Faßbares, das sich wenigstens noch fürchten läßt, auch nur zu begründen. Freiheit ist, was vor der eigenen Befreiung niemand glaubt, bis es nach seiner Befreiung jeder erfährt, nicht bloß begeisternd, sondern auch eine Last: mit der Erhebung des Selbstes zu sich selbst die drückend bedrückende Last seiner Selbstverantwortung. Sogleich und bevor die Gewöhnung, die sich hier wie überall einstellt, mildernd zur Auswirkung kommt, belastet die vollendete Freiheit mit der ganzen Schwere der Einsamkeit ihrer Selbstwerdung oder „Individuation". Jeder Mensch ist, wird und bleibt, damit er ganz er selbst sei, von jedem anderen geschieden, der ein anderes Selbst verkörpert oder es zu werden trachten muß, seinerseits ebenfalls auf sich gestellt, sich selbst ganz allein.

Wohl läßt sich darauf hinweisen, daß dieser Widerspruch zwischen der Genugtuung eigener Entscheidungsmacht und der Belastung durch ihre von dem eigenen Selbst und ihm allein zu verantwortenden Entscheidung mit einem anderen Widerspruch zusammenhängt, der den Menschen erst zum Menschen macht. Der Stolz und gewiß berechtigte Stolz, ein Mensch zu sein, bleibt auf jeder Stufe menschlicher Selbstwerdung von der nicht weniger gewiß widersprechenden Demütigung begleitet, daß jeder Mensch derjenige Mensch, der er ist, noch nicht ist: mit dem allen, was er ist, von dem Menschen zur Verantwortung gezogen, der er sein sollte.

Aber daß so die Freiheit des Menschen mit dem Menschen, dessen Freiheit sie ist, sein Leiden am Widerspruch teilt, macht aus diesem Leiden deswegen kein halbes Leid. Der mit der Freiheit auftretende Zusammenstoß zwischen der Freude an der Freiheit und der sie begleitenden Angst einerseits und der mit dem Menschen anderseits auftretende innere Widerspruch seines Wesens, das niemals schon zureicht, aber doch und dennoch erreicht zu werden verlangt, bestätigen sich bloß gegenseitig und einander gerade das, was dort und hier ihr Leid ausmacht, allem auch begeisternd Großartigen der Freiheit und des Menschen zum Trotz.

Jeder Mensch hat seine ganze Freiheit selber zu verantworten: sonst kein ganzer Mensch. Und diese Freiheit setzt ihm erst wieder Ziele, während der zu ihr Befreite von ihr als von einem schon erreichten Ziel ausgehen muß, daneben noch von Folgendem beschwert. Statt dieselbe Freiheit eines jeden Menschen und sie ebenso für die Menschheit zu sein, ist die Freiheit – und auch diejenige der Menschheit – Freiheit nur als die Freiheit jedes einzelnen Menschen, kraft seiner Selbständigkeit. Angst, der Schatten dieser Selbständigkeit, ist da unvermeidlich. Ohne sie wäre der Mensch aber so wenig besser dran, wie er ohne die Freiheit besser dran wäre, ohne die er – nach dem Maßstab des in ihm Wesentlichen und für ihn Fruchtbaren geurteilt – immer nur schlechter dran sein würde, was auch immer ihm seine Freiheit beschert, zwei letzte Widersprüche miteingeschlossen.

4. Grenzen aus Freiheit – in Freiheit!

Seitdem sich der abschließende Schritt der griechisch-römischen Antike auf der Höhe seiner Verinnerlichung der Freiheit mit dem jüdischen Fortschritt zur messianischen Freiheit vereinigt hat, gibt es nicht länger Beruhigung dabei, daß es Knechtschaft gibt. Was alle sein können, nämlich frei, sollen sie alle wirklich sein! Das heißt, daß sie nicht nur innerlich frei sein sollten, einer dabei womöglich fortdauernden äußeren Knechtschaft überlegen, sondern außerdem geschichtlich frei werden sollen und zusammen frei werden müssen! Nur selber frei zu sein, macht bloß teilweise frei. Erst wenn alle Menschen zusammen frei sind, ist es auch jeder Mensch selber.

Wie aber können alle Menschen zusammen frei sein, nachdem die Menschheit jeden, damit er ganz er selbst sein kann, von jedem anderen scheidet? Steht so nicht jede Freiheit, sobald sie die ganze Freiheit eines ganzen Menschen wirklich ist, der Freiheit jedes anderen Menschen im Weg? Wird also nicht und muß nicht Freiheit stets auch zurückgedrängt werden, wo sich Freiheit und Freiheit miteinander ausbreiten wollen?

Kein Mensch, das ist einerseits augenscheinlich, ist wirklich frei, solange andere es noch nicht sind. Ob seine Freiheit ihm nur dann fruchtet, wenn andere ihm dienen, oder er seine Freiheit genießen kann, ohne fremde Knechtschaft unmittelbar wahrnehmen zu müssen, sie bloß mittelbar nutzend: er ist nicht und niemand ist frei, solange nicht jeder es ist.

Auf der anderen Seite aber stehen die Zusammenstöße zwischen jeder einen und anderen Freiheit vor den Augen. Wäre es nicht doch besser, es gar nicht so weit kommen zu lassen? Wäre es, fragt man sich da, die mit jeder fremden Knechtschaft wieder einsetzende Infragestellung der eigenen Freiheit wie ein vergleichsweise geringeres Übel in den Wind schlagend, nicht wirklich besser, anderen die Freiheit nicht einzuräumen? Käme dann nicht wenigstens die eigene Freiheit oder die Freiheit nicht wenigstens bei einigen zur Vollendung, soweit solche Vollendung immerhin doch möglich ist? Den anderen würde die Freiheit später doch wieder, oder sie würde sonst einem selber genommen werden, von ihnen!

Oder, und das bleibt hier die Gegenfrage: Können die eine und andere Freiheit sich nicht selber Grenzen ziehen – aus und in Freiheit? Weist die als Freiheit für den Widerspruch begriffene Freiheit auf dieser Höhe ihrer Vollendung nicht auch hier den nun erst recht gemeinsamen und weiterhin freiheitlichen Weg? Warum soll, was die Freiheit anderen verkündet, für sie selber nicht ebenfalls gelten: Widerspruchsvielfalt?!

Zwar kann niemand, der noch nicht befreit ist, diese letzte Folgerung der Freiheit so ernst nehmen, wie sie ernst genommen sein will. Und niemand, der noch nicht befreit ist, kann womöglich schon vor seiner Befreiung diese Folgerung gelten lassen. Noch nicht befreit, gilt und kann nur eines gelten: sich zu befreien! Umgekehrt aber kann auch niemand, der nach seiner Befreiung seine Freiheit zu verwirklichen sucht, es nicht ernst nehmen, daß die Freiheit ihn an Grenzen heranführt und sich nur um den Preis eigener Grenzziehung vollendet. Was dem noch nicht Befreiten weder klarzumachen noch abzuverlangen ist, leuchtet ihm plötzlich ein und fällt ihm nicht länger schwer. Die auf der Höhe der vollendeten Freiheit gezogenen Grenzen sind keine Ketten in dem Sinn von Hindernissen auf dem Weg zur Freiheit, sondern ein Opfer in dem Sinn froher Hingabe und gern bezeugter Dankbarkeit für die eigene Freiheit, die sich gerade so selber bestätigt und bestärkt. Grenzen aus Freiheit sind – in Freiheit – die Bewährung des Weges der Freiheit durch Verbundenheit.

Wie sehr klingt diese „Verbundenheit" nach nichts sich Abschließendem, das nach außen abwehrt, innen verkürzt, sondern nach einem Sich-Öffnen, das vorankommt und Freude bereitet, obgleich sich diese Verbundenheit bindet: gerade deshalb, weil sie es tut! Der Mensch der Verbundenheit ist auf der Höhe seiner Freiheit kraft seiner Bindung auf sein Gegenüber eingegangen: mit ihm zusammen nicht weniger frei, als er es allein war, wenn nicht jetzt sogar freier.

Und ebenso ist diejenige Vollendung der Freiheit, die sich selber Grenzen zieht, Freude aus der Freiheit heraus ohne jede Beschwernis. Wie die Verbundenheit nicht bedrückt, weil ihre Verbindung als die Grenzziehung, die sie ganz gewiß ebenfalls ist, gerade so nur bereichert, und das heißt mehr gibt, als sie nimmt, und nichts nimmt, das nicht von sich aus hingegeben werden würde, aus freien Stücken, wird oder vielmehr kann und darf hier von der Freiheit ein Opfer gebracht werden, das – wie dasjenige der Liebe – um so reicher macht, je reichlicher es sich verschenkt.

„Ihr seid zur Freiheit berufen", schreibt Paulus den Galatern (5,13,14), noch im selben Satz auch die Folgerung aus der Freiheit, wenn sie vollendete Freiheit ist, einhämmernd: „Dienet einander durch die Liebe!" Weil ihr zur Freiheit berufen seid, deswegen dienet einander: um der Freiheit willen, sie gerade so verwirklichend. Denn, so fährt Paulus fort, an das wegleitende Gebot der jüdischen Bibel erinnernd, das denselben Vorgang einer Grenzziehung um der Freiheit willen und der Freiheit dank dieser Grenzziehung unvergeßlich und unübertrefflich zum Ausdruck gebracht hat, alle Lehre sei die Erfüllung eines einzigen Wortes, und dieses lautet: „Du sollst deinen Nächsten lieben wie dich selbst" (3. Mose 19,18).

Wie die Nächstenliebe ihr Ja zum anderen Menschen erst auf der Höhe der Erwahrung ihrer eigenen Selbständigkeit bewahrheiten kann, weil Selbstliebe ebenfalls geboten ist und wegen der Nächstenliebe nicht vernachlässigt werden darf, durch deren Bewährung sie sich anderseits nur immer noch fruchtbarer vollendet, ist die vollendete eigene Freiheit ihre eigene Grenzziehung als keine Einbuße dieser eigenen Vollendung, sondern deren Bewährung. Jede Freiheit, die sich auf den Wegen ihrer Ausbreitung Grenzen zieht, bestätigt und bestärkt hierdurch, wenn es Grenzen aus der Freiheit heraus sind, diejenige Vollendung, die mit der Freiheit aller anderen Menschen zusammen frei ist und sein kann und es bleibt.

IX. Der unausweichliche Widerspruch

1. Der alte Sinn

„Kam nicht das Fieber, stieß dich an, rüttelte dich und warf dich nieder?"
fragt in Grimms Märchen der Tod seinen Günstling, dem er versprochen
hatte, ihn wenigstens nicht unversehens zu überfallen. Verschonen könne er
niemanden und auch mit ihm keine Ausnahme machen. Wohl aber könne
er, bevor er ihn hole, seine Boten senden, und diese Boten habe er ihm ge-
sandt, der jetzt zu Unrecht vorgebe, überrascht worden zu sein. „Zwickte
dich nicht die Gicht in allen Gliedern? Brauste dir's nicht in den Ohren?
Nagte nicht der Zahnschmerz in deinen Backen? Ward dir's nicht dunkel vor
den Augen? Und hat nicht mein Bruder, der Schlaf, dich jeden Abend an
mich erinnert? Lagst du nicht in der Nacht, als wärest du bereits gestorben?"
Da wußte, heißt es in diesem Märchen von den *Boten des Todes*, der Mensch
nichts zu erwidern. Er ergab sich in sein Geschick.

So blieb es zwar stets möglich, sich entweder auf den Tod vorzubereiten
oder es zu unterlassen; mit ihm zu rechnen oder ihn zu verdrängen; ihm bewußt entgegenzugehen oder vor ihm zu fliehen. Doch jeder starb. Unausweichlich begegnete der Mensch dem Tod, der seinem Leben von Grund aus
widersprach, als dem Leben ebenbürtiges Gegenüber. Das erste geschichtliche Zeitalter der Gesundheit und Krankheit, eine Epoche ungezählter Jahrtausende, verstand deshalb die Gesundheit als den Zustand entweder fehlen-
der oder vorübergehender Krankheit, die ihrerseits dem Tod zugewiesen
wurde als der bittere Anfang von seinem bösen Ende. Krankheit galt, wenn
sie ernsthaft ausbrach, rasch als unheilbar, so daß es die vordringlichste Aufgabe des Arztes war, die heilbaren von den endgültig Kranken abzuheben,
mit denen er besser keine Zeit verlor.

Asklepios, der Gott der Heilkunst, sollte es selber so gewollt haben, Platon
zufolge. Nur die ihrer Natur nach und durch ihre Lebensweise Gesunden,
die eine absehbare Krankheit bekämen, seien zu behandeln, und zwar nur so
lange, als sie – wiederhergestellt – weiterleben könnten wie zuvor. Dagegen
habe der Arzt es abzuweisen, einen bereits durchseuchten Körper durch Diät

und Behandlung schrittweise auszuschöpfen und wieder zu füllen, weil so bloß ein langes und elendes Dasein herbeigeführt werde mit – womöglich – Nachkommen von derselben Lebensunfähigkeit. Wahre Heilkunst stehe zu der Überzeugung, den nicht betreuen zu müssen, „der die Kraft nicht hat für ein Leben von natürlicher Länge". Weder für den Kranken selber noch den Staat sei es von Nutzen, am Leben zu erhalten, was dem Tod verfallen sei.[1]

Krankenpflege gab es allerdings trotzdem, wenn auch nicht im Sinn jasagender Zuwendung zum Kranken, weil dieser – heilbar oder unheilbar erkrankt – ein ganzer Mensch weiterhin sei oder es noch immer werden könne: seelisch-geistig weiterzuwachsen imstande. Nur solange dem Erkrankten ein wirtschaftlicher, politischer oder – ausnahmsweise einmal – „innerer" Wert zukam, blieben die wenigen, die sich einen Arzt leisten konnten, auch als Herren an ihren Sklaven, Generälen an ihren Soldaten und Kalifen an ihrem Harem interessiert genug, für deren „Wiederherstellung" besorgt zu sein. Sonst war das Krankenhaus, soweit es ein solches gab, ausschließlich „hospitalium", an den Fremden als Gast und Feind, einen „hospes" wie „hostis" erinnernd. Mochte er, wenn er schon nicht abzuweisen war, seinen Tod dort abwarten, wo auch die Hungernden, Dürstenden und Nackten sowie Kranken und Gefangenen versammelt wurden, zwangsweise die einen, notgedrungen die anderen.

Erst die Liebe, Liebe biblischer Botschaft, wies einen besseren Weg und führte so das zweite geschichtliche Zeitalter der Gesundheit und Krankheit herauf. An die Stelle der Ausstoßung des Kranken angesichts ärztlicher Hilflosigkeit trat seine Einbeziehung trotz dieser ärztlichen Ohnmacht.

Gab es keine helfende Behandlung und keinerlei rettende Pflege des Kranken, sobald seine Rückkehr in den Alltag ausgeschlossen schien, gab es noch immer oder vielmehr jetzt erst recht den Besuch. Die Liebestat des Krankenbesuchs entdeckte den Nächsten auch im Menschen, der litt, zumal jeder und man selber ebenfalls jederzeit so heimgesucht werden konnte. „Wohl dem, der sich des Schwachen annimmt!" kündet ein Psalm Davids. Er werde auf seinem Siechbett ebenfalls Stützung erfahren wie auf seinem Krankenlager heilvolle Wendung (41,1,2,4). Der Kranke leide sogar nicht bloß, was auch einen selber treffen könne, sondern für einen selbst, den von seiner Krankheit Verschonten, der sich ihm deshalb zu Unrecht entzieht. Jesaja ist es, den diese tiefste Einsicht überwältigt. „Verachtet war er und verlassen von Menschen, ein Mann der Schmerzen und vertraut mit Krankheit ... Doch wahrlich unsere Krankheiten hat er getragen." (53,3,4).

Schon im Zeitalter Davids war der Krankenbesuch ein dermaßen selbstverständliches Gebot, daß der Königssohn Amnon zu der List greifen konnte, sich krank zu stellen, des Besuches seines Vaters dann gewiß (2. Samuel 13,3 ff). Und so setzt, wie im Anschluß an ihn und Jahrhunderte später Jesus auf der Höhe der eigenen Ineinssetzung mit dem leidenden „Gottesknecht", schon Jesaja alle „Schwachen" einander und demjenigen gleich, um dessentwillen jeder seinem Nächsten – und dem Fremdling – Liebe zu erweisen habe, und ihn so lieben solle wie sich selbst.

„Ist das ein Fasten, das mir gefällt: ein Tag, da der Mensch sich kasteit? ... Ist nicht das ein Fasten, wie ich es liebe: daß du ungerechte Fesseln öffnest, die Stricke des Jochs lösest, Mißhandelte ledig lässest? Und jedes Joch zertrümmerst? Daß du dem Hungrigen dein Brot brichst und Arme, Obdachlose in dein Haus führst? Wenn du einen Nackten siehst, daß du ihn bekleidest und dich den Brüdern nicht entziehst?" (58,5–7). Und gesegnet würden – sagt ebenso Jesus, dieselbe Liebestat auch noch von sich aus bekräftigend – diejenigen, die einem dieser seiner geringsten Brüder getan hätten, was dann auch für ihn getan sei. „Ich war hungrig, und ihr habt mir zu essen gegeben; ich war durstig, und ihr habt mich getränkt; ich war fremd, und ihr habt mich beherbergt; ich war nackt, und ihr habt mich bekleidet; *ich war krank, und ihr habt mich besucht;* ich war im Gefängnis, und ihr seid zu mir gekommen" (Matthäus 25,34–40).

Die Voraussetzung, bittere und bedrückend wirkliche Voraussetzung der biblischen Entdeckung dieser Liebestat des Krankenbesuchs und jeder späteren Bewährung ihres Gebots war jedoch die staatliche und gesellschaftliche Vernachlässigung des Kranken in einer Weltstunde fortdauernder ärztlicher Hilflosigkeit. Der Kranke, und zwar jeder Kranke, arm oder reich und einflußlos oder mächtig, rückte, sobald es mit seiner Krankheit ernst wurde, an den Rand des Weiterlebens der Gesunden, denen dann und wortwörtlich nur die Liebe blieb, um dem Kranken, der ein Sterbender war, Gutes zu tun. Erst die Neuzeit bringt ein neues, das hier dritte geschichtliche Zeitalter, als die Epoche rettender Behandlung ausnahmslos jeder Krankheit, deren jede ihrem Wesen nach heilbar sein soll, bis sich heute ein noch einmal neues viertes Zeitalter abzuheben beginnt. Diese Epoche wird den Widerspruch zwischen Gesundheit und Krankheit als auf beiden Seiten fruchtbares Dasein ebenso aushalten wie das auf ihren beiden Seiten mögliche Leben und wirkliche Sterben.

Noch aber wird nur mit der Rückkehr ins Leben gerechnet, und zwar möglichst bald! Wie im eigenen Bett wird im Krankenhaus nicht länger qualvoll gelitten, der Krankheit hilflos ausgeliefert. Die Schmerzen werden gestillt oder könnten jedenfalls gestillt werden, geradeso wie die Krankheit bekämpft wird und jede Krankheit bekämpft werden kann. Weil der Kranke auf Grund dieser Umwälzungen der Medizin jetzt damit rechnet, wieder gesund zu werden, wird es ihm sogar unangenehm, wie einst die Kranken als ein solcher Kranker – der er aber nurmehr vorübergehend ist – Besuch zu empfangen. Und ähnliches spüren seine Besucher. Plötzlich fürchten sie, daß der Liebestat ihres Besuchs nicht diese reine Zuwendung zum Nächsten, sondern das Gegenteil dessen entnommen würde, wessen sie den Kranken – und sich selber – versichern wollen: rasche und volle Genesung! Der alte Sinn der Krankheit, die einst – und eben noch, keine zwei Jahrhunderte ist es her – an den Tod mahnte, ist verlorengegangen, wie jede dem Tod geltende Sinngebung überhaupt.

2. Der verlorene Sinn

Großartig ist die Wissenschaft dennoch, und ein echter Segen bleibt sie, die den Anlaß von Schmerzen wie denjenigen der Krankheit und die Ursachen des Todes ergründet hat! Denn großartig – und segensreich – war und bleibt sie, der es so gelang, bei den Anlässen von Schmerzen wie den Gründen der Krankheit und den Ursachen des Todes hilfreich einzugreifen. In die Irre führte und führt diese Wissenschaft aber, sobald sie – und das mit ihr weltweit betriebene Riesengeschäft – einreden wollen, Schmerz wie Krankheit und Tod seien als solche zu beseitigen. Bleibt es auch wahr, daß es gegen jeden Schmerz ein Mittel und für jede Krankheit einen Grund und keinen Tod ohne Ursache gibt, deren Beseitigung also nicht bloß denkbar wäre, sondern tatsächlich immer wieder gelingt, ist und bleibt es daneben ebenso wahr, daß der Tod nicht und niemals aufhört, unausweichlich zu sein, von den Schmerzen und der Krankheit eben doch angekündigt, wie vom Leben – ausnahmslos jedem Menschenleben – ebenfalls, es sei noch so gesund. Werden die Boten des Todes beseitigt, geht ihre Botschaft, die dem Menschen seine Sterblichkeit anzeigt, verloren und mit ihr er sich selbst.

Etwas eines ist es, mit der ganzen Kraft, Freude und Liebe des Lebens die Boten des Todes warten zu lassen und für sich selber und andere dem Tod hartnäckig Widerstand zu leisten, der mitten im Leben diesem Leben ein Ende macht, ohne Erbarmen. Etwas anderes aber ist es, dem Tod auszuweichen. Wohl wird – und mit Recht – heute überall und sogleich gefragt, was und wer schuld sei, wenn Schmerzen nicht gestillt werden, Krankheiten ausgebrochen sind und der Tod eingetreten ist. Und Schuld sollte nicht oder sollte wenigstens dort nicht sein, wo das Böse – ein unannehmbarer, kein unausweichlicher Widerspruch – das Gute, das von ihm verfehlt wird, buchstäblich schuldet. Aber weder der Tod noch die Krankheit noch der Schmerz sind, was nur Menschen sein können: böse statt gut. Außer der Schuldfrage, die sich auf das menschliche und allein dieses menschliche Tun oder Unterlassen bezieht, insofern es Schmerz, Krankheit und Tod mitverursacht, stellt sich – und nicht weniger gewichtig – die Sinnfrage des Todes als nun außerdem eine Frage nach dem hier heute verlorenen Sinn.

Dabei ist es dieselbe ärztliche Wissenschaft, die dank ihrer neuzeitlichen Umwälzungen der Heilkunst auf der Höhe ihrer wie noch niemals möglichen und durchaus segensreichen Hilfe nicht nur den Tod jedes Sinns beraubt, sondern auch dem Schmerz und der Krankheit ihren Sinn genommen hat, wie nicht zuletzt dem Kranken den seinen. Neuer, schlimmer Schaden wurde so gestiftet, während gleichzeitig die Behebung alter Schäden gelang.

Weil vom Kranken – und im Krankenhaus – nicht länger bloß der Tod erwartet wird, sondern es für ihn und hier tatsächlich möglich wurde, in das Leben zurückzukehren, allen Boten des Todes zum Trotz, gibt es zwar den Kranken früherer Zeiten nicht mehr, den die Gesunden, falls sie sich überhaupt dazu aufrafften, an den Rändern ihres Weiterlebens ansiedelten, daß er dort sterbe; bestenfalls – solange er noch nicht gestorben war – liebevoll besucht. Aber deswegen herrscht jetzt nicht etwa besseres Verständnis für den Kranken, sondern ist auch noch das letzte Verständnis seiner in Frage gestellt. Bei den Gesunden lebt er jetzt, das ist wahr: mitten unter ihnen! Aber er lebt hier nicht als Kranker, weil krank zu sein eine eigene und wesentliche Daseinsmöglichkeit bildet: seelisch-geistig weiterzuwachsen und beruflich, gesellschaftlich und staatlich mitzuarbeiten imstande, jedem anderen Wachstum, wie jeder anderen Mitarbeit ebenbürtig. Der Kranke lebt jetzt mit, obgleich er krank ist, weil er nämlich nur vorübergehend krank sei, ein eigentlich ebenfalls Gesunder. Wie die anderen Mitlebenden und jeder Mensch überhaupt solle und werde er der Krankheit niemals endgültig verfallen, das heißt ihr restlos erliegen, es sei denn, er stirbt, die Frage seines Daseinsrechts als Kranker hierdurch erledigend.

An dem Recht vollen Mitlebens wird dem Kranken gegenüber nicht gerüttelt, so daß auch dieser Daseinsmöglichkeit die Stunde ihrer Gleichberechtigung angebrochen ist, die aber trotzdem noch nicht begann, weil die neuzeitliche Stunde der Heilkunst ebenfalls schlug. Bei der Einräumung des Rechtes auf die Krankheit, deren Zustand demjenigen der Gesundheit nicht nachsteht, hat sich die Wiederherstellbarkeit der Gesundheit – die von der ärztlichen Wissenschaft ausnahmslos jedem Zeitgenossen versprochen wird – dazwischen geschoben. Der Kranke findet deshalb nicht als dieser Kranke die Hilfe, Achtung und Liebe, die ihn so gelten, leben und leiden lassen, wie er mit und kraft seiner Krankheit Frucht tragen kann. Sondern er findet sich nur als ein Mensch, der das, was jedermann sein sollte, nämlich gesund, nicht sei, beurlaubt, um „behandelt" zu werden, bis er „wiederhergestellt" ist. Zwar bleiben ihm seine Rechte eingeräumt, und das bildet gewiß schon eine umwälzende Errungenschaft, an die beim Weitergehen künftig anzuknüpfen sein wird. Aber diese Rechte sind ihm so doch nur als Gesundem eingeräumt, nicht als Krankem. Besteht er auf ihnen, dann unter der Voraussetzung, entweder durchaus gesund oder es von neuem zu sein oder es wieder zu werden, sobald er seine Krankheit „überwunden" hat. Als Kranker lebt er, und sei er noch so unangefochten „beurlaubt", nicht mit: nicht einmal am Rande des Mitlebens.

Nachdem es der ärztlichen Wissenschaft gelungen ist, bei ausnahmslos jedem Anlaß von Schmerzen wie bei jedem Grund zur Krankheit und jeder Ursache des Todes hilfreich einzugreifen, spielen in dieser Weltstunde der Neuzeit zwar das Krankenhaus und die Ärzte mit ihrer Krankheitserforschung und Krankenbehandlung Rollen wie noch nie, der Kranke aber keine Rolle mehr. Alles – und er selber – dreht sich um die Gesundheit. Ihr „dient", wer und was ihm dient, und er. Richtendes Gericht ist nur noch sie, der sich der Mensch, um von ihr Zeugnis ablegen zu können, geradezu opfert, als ob sein Leben, wenn es dasjenige eines Kranken ist, kein Leben, und das Leben des Gesunden es ohne Schmerzen wäre, wie ihrer beider Dasein ein solches ohne das ihnen bevorstehende Sterben. Von einer zwar durchaus erklärlichen Vorgeschichte her wird in dennoch unbegreiflichem Ausmaß das menschliche Leiden – das so einsam, elend, bitter und qualvoll weiter gelitten wird, wie bisher – entweder überhaupt nicht zur Kenntnis genommen oder sonst als keine eigenständige und sowohl dauernde als auch schöpferische Daseinsmöglichkeit anerkannt, vom Kult des gesunden Sich-Auslebens und der angeblich dauernd möglichen Wiederherstellbarkeit derart blühender Gesundheit berauscht.

Für eine Menschheit, die der Botschaft ausgewichen ist, die von den Schmerzen und der Krankheit ausgestrahlt wird, haben auch die Boten ihren Sinn verloren, mit dem sie erst wieder Bedeutung erlangen, wenn der von ihnen doch und dennoch angekündigte Widerspruch das Leben auf der Höhe der Wissenschaft von neuem eingeholt hat, tödlicher denn je.

Noch vor jeder Verleugnung oder Beantwortung der vom Tod und den Boten des Todes aufgeworfenen Sinnfrage gibt es dieses unausweichliche Lebensende, vierfach notwendig.

Im biologisch-ontologischen Zusammenhang bildet der Tod den Preis für die kostbare Gabe des „höheren Lebens" aller sich vereinzelnden Pflanzen und Tiere und des Menschen als kein Scheitern ihres Lebens, wie es dem vom Tod jeweils Betroffenen vorkommen mag, sondern ihres Lebens größter Sieg. Um über die einzelne Zelle, die der grundlegende Baustein jeglichen Lebens bleibt, hinauszukommen und zu den weitgespannt umfassenden und verwickelten Gliederungen vorzustoßen, deren zugespitzteste Ausgestaltung einen Menschen ergab, war zunächst einmal die Selbstfortpflanzung zu überwinden, die bloß Verdopplungen, aber den Tod nicht kennt. Anders ließ sich den Sackgassen nicht entrinnen, in denen sich diese Selbstfortpflanzung auf der Stufe höherer Gliederungen wegen der von ihr aus nicht zu zügelnden Vervielfachung auftretender Erbfehler früher oder später verrennt. So aber war der Tod mit in Kauf genommen. Die Gliederungen mußten wieder abgebaut werden, die ihr Erbgut jetzt teilten und mischten, um sich – einander ergänzend – so auch gegenseitig zu zügeln, nachdem sie sich auf diese Weise fortgepflanzt hatten. Das von ihnen gezeugte Leben trat zu ihnen hinzu, die neben ihm überflüssig wurden und sich außerdem auch selber buchstäblich „überlebten", insofern sie länger am Leben zu bleiben wagten, als es für die Weitergabe der Kraft und des Erbguts ihres Lebens notwendig war. Gleichzeitig jedoch trug gerade dieses Wagnis fortgesetzten Weiterlebens ohne biologischen Nutzen eigene, besondere Frucht.

Jetzt nämlich schenkte sich noch etwas Zweites, das den Tod zwar erst jetzt so bitter schmecken ließ, wie er dem Lebewesen, das ein Mensch geworden war, vorkommt, indem aber dieses Zweite auch den Sieg des „höheren Lebens", der hier nochmals errungen ist, noch einmal und beseligender offenbart, als der Tod sich mitteilt: durch die Liebe! Auf der Stufe der Fortpflanzung wird die vorausgegangene Selbstfortpflanzung von dem einen und anderen Gegenüber abgelöst, die sich gegenseitig zu suchen und zu finden haben und einander festhalten müssen, sobald ihr Nachwuchs sie auch nach seiner Geburt weiterhin braucht. Da ist der Mensch sich als Mann und Weib und beiden eine Verbundenheit eröffnet, die sie beide über das Leben, mit dem sie sich fortpflanzen, und den Tod hinausträgt, der ihrem Leben ein Ende bereitet. In der hohen Stunde, in der das aufsteigende Leben im Vorstoß zur Seele und zum Geist den Tod in Kauf nahm, um den Menschen hervorzubringen, schenkte sich seinem Menschen auch die Liebe, die ihrerseits – wie der Tod ihre Übermacht – die andere Übermacht des Todes gelten lassen muß, um sich – „stark wie der Tod" – ihm zum Trotz zu entfalten. „Ihre Gluten sind Feuergluten, ihre Flammen wie Flammen Gottes. Große Wasser können die Liebe nicht löschen, Ströme sie nicht überfluten" (Hoheslied 8,6,7).

Mit Recht hat Giambattista Vicos bahnbrechende *Neue Wissenschaft von der gemeinschaftlichen Natur der Völker* es deshalb vor die Augen gestellt, wie ausnahmslos alle Völker überall und ungeachtet der zwischen ihnen klaffenden Abstände von Raum und Zeit und trennenden Unterschiede ihrer Gründung dreierlei teilen: einen Glauben, Vermählungsfeiern und die Bestattung. „Sie begraben alle ihre Toten."[2] Und sie verlieren, wie bald zweieinhalb Jahrhunderte nach Vico hinzugefügt werden muß, ihre Menschlichkeit und Menschenwürde, sobald sie der Liebe gegenüber die Kraft zur Bindung und dem Tod gegenüber die Achtung vor den Verstorbenen eingebüßt haben. Die einschneidende Bedeutung des Todes und der Liebe kommt nicht zuletzt darin zum Ausdruck, daß strenge Formen einer letzten Aufbahrung und Verabschiedung dort und die Strenge endgültiger Bindungen bis zum Gelöbnis unverbrüchlicher Treue ohne Scheidung hier von den Menschen aller Zeiten allem anderen vorangestellt worden sind. Nicht ihnen, sondern sich selber sprechen sie ihr Urteil, sollten sie dem wortwörtlich tödlichen Ernst des einen Vorgangs und dem Ernst des anderen, der den Tod überwindet, einmal nicht länger gewachsen sein.

Daneben bildet der Tod im psychologisch-anthropologischen Zusammenhang die Schattenseite des Durchbruchs zum Ich, das sich dem Kreislauf der Natur, aus dem seine Individualität eigenwillig heraustrat, nur vorübergehend zu entziehen vermag. „Woraus das mannigfaltig Seiende im Ganzen seine Entstehung hat, dahin geht auch sein Vergehen, nach der Notwendigkeit", lehrt schon mit dem „ältesten Spruch des Abendlandes" Anaximander. „So leisten sie einander Sühne und Buße für ihren ‚Un-fug' (wie Heidegger hier wohl zutreffend übersetzt, statt von Ungerechtigkeit zu sprechen wie Nietzsche, Ruchlosigkeit wie Diels), gemäß der Ordnung der Zeit."[3] Dem Menschen jedoch gelingt es und buchstäblich gleichzeitig, diese harte Notwendigkeit – die für die Gabe seines Lebens ihm die Gegengabe seines Todes abverlangt – dadurch in sein Leben einzubeziehen, daß er seine Individualität zu einer seelischen Einmaligkeit verdichtet, die sterbend nicht bloß wieder einbüßt, was sie war, sondern, was sie war, gerade so – und unverlierbar – vollendet, stirbt sie nach einem sinnvollen Leben einen seiner würdigen sinnvollen Tod.

Das Sterben, ein zunächst vorwiegend biologisches Ereignis, ist dermaßen weitgehend ein auch persönlicher Vorgang geworden, daß der Mensch um seiner Seelenruhe willen hier auf Sinn stoßen muß, sowie darüber entscheiden kann, ob und wann er – nach dem Maßstab dieses Sinns – sein Leben nicht länger hinnehmen will, in das er sich hineingeboren findet. Wobei er hier und auch hier es anderseits hinnehmen muß, daß der Tod diese Entscheidung über sein Leben ihm abnimmt: gegen seinen Willen! Seelisch droht der Tod ebenfalls, der Mensch dieser Seele und sein Körper mögen weder schon sterbensmüde sein, noch sterbensbereit.

Auf der einen Seite hat der Mensch sich den Tod dermaßen angeeignet, daß er diesem unausweichlichen Mitspieler, der ihn früher oder später aus dem Weg räumen wird, die Stunde seiner eigenen Beseitigung selber anzugeben frei ist, sich so allerdings auch auf neue Weise „tödlich" gefährdend. Die durchaus schöpferische Möglichkeit echten Freitods aus politischen, wirtschaftlichen, körperlichen oder anderen Gründen, die frühere Gesellschaften und einige antike Staaten deshalb dem Einzelnen, der ihn derart begründet zum Antrag stellte, amtlich zugestanden, verführt nun außerdem zum Selbstmord, mit dessen Flucht, Sucht, Wirrnis und Haltlosigkeit eine seelische – und ansteckende – Krankheit sowie schreckliche Seuche jederzeit ausbrechen kann, die verhindert und geheilt werden muß, mit allen Mitteln. Daneben jedoch hat und behält der Freitod das Recht seiner freien Verfügung über sein Leben und mehr als einen guten Sinn zur Sinnfülle des Märtyrertums hinzu, dessen Opfer des eigenen Lebens dieses Lebens gerade so erst recht bewährt.

Auf der anderen Seite stirbt, wer nicht vom Körper her aus sozusagen „äußeren" Gründen, die ihn überwältigen oder die er herbeiruft, stirbt, dann aus seelischen Gründen von „innen" her, auch wenn die Heilkunst alle körperlichen Gründe seines Sterbens beseitigt. Nicht zu sterben, wenn es an der Zeit ist, bereitet nicht weniger Schmerzen, als im Leben von der Aussicht herrührt, sterben zu müssen. So ist der Tod in der Gestalt nun auch ihres eigenen und wirklichen Verscheidens – wie das Lebensende ihres Körpers, sobald dieser sich „überlebt" hat – der Seele und ihr um so willkommener, je vollständiger sie sich unmittelbar „auszuleben" vermocht oder mittelbar verarbeitet hat, was ihr den „Genuß" des Lebens erschwerte, verhinderte oder erübrigte, eine sich vollauf auslebende Seele so auch sie. Wenn es von Abraham, Isaak, David und nicht zuletzt Hiob heißt, sie seien erst und dann wirklich gestorben, als sie „lebenssatt" waren (1. Mose 25,8; 35,29; 1. Chr. 29,28; Hiob 42,17), wird ihr Hinschied als ein Tod auf der Höhe dieser seelischen Vollendung gefeiert, deren äußerste und buchstäblich endgültige Erfüllung nicht das Überleben, als ob dies möglich wäre, sondern der Tod ist: an dem Ende jedes sinnvollen Weiterlebens als Leben – und als Seelenleben – ihr höchst sinnvolles Ende.

Drittens besteht eine tiefe und wesentliche Verankerung des Todes im Zusammenhang der Boten des Todes und des Todes selber mit dem Geist. Hier geht es und von vornherein weder um das einzelne Leben, das zum Geist vorgestoßen ist, noch um seine Einmaligkeit, die Seele dieses Lebens. Der Geist, der in allen Menschen und dem All ihre Gesetzmäßigkeit ist, wird zwar nur in seiner einen oder anderen Vergegenwärtigung begriffen, deren persönliche Geisteskraft aber gerade so auch zu verstehen gibt und selber begreift, daß es nicht um sie selber geht, wenn und insoweit ihr Individuum Geist verkörpert. Das überindividuelle Wesen der Wahrheit und die Tatsache dieser Erkennbarkeit der Welt weisen über den Träger der Vernunft, der sie spiegelt, und den Tod hinaus, der jedem Träger der Vernunft seinen Spiegel unbarmherzig zerbricht, früher oder später. Wie sonst nur der *ewige Wandel* des Stoffs, spottet der Geist auf der Höhe – und in der Tiefe – seiner *unwandelbaren Ewigkeit* des Todes, der zwischen der „Materie" als dem Roh-Stoff des Daseins dort und der „Reflexion" geistiger Erhebung zum Nach-Denken hier nur das Leben töten und die Seele auslöschen kann. Nicht mit seinem Leben und auch nicht mit seiner Seele, aber von dem Stoff und dem Geist her, an denen jeder Mensch teilhat und immer noch viel inniger teilnehmen kann, ist er imstande, ebenfalls des Todes zu spotten: frei, heiter und getrost.

Verkörperung lebendigen Stoffs, findet sich der Mensch nur als das Leben des Stoffs dem Tod ausgesetzt, als der Stoff dieses Lebens jedoch hiervon abgehoben, wie mit seiner lebendigen Seele, die ihr Leben aushauchen muß, geistesmächtig, das heißt unsterblich, sooft sein Geist den Gipfel der Bewußtheit meistert, auf dieser Höhe auch des Wissens um die eigene Sterblichkeit. „Der Tod ist verschlungen in Sieg", schreibt und mit Recht Paulus den Korinthern, unter ausdrücklicher Bezugnahme auf das „Herbei mit deinen Seuchen, Tod! Herbei mit deinem Pesthauch, Gruft!" des Hosea (13,14): „Tod, wo ist dein Sieg? Tod, wo ist dein Stachel?" (1. Kor. 15,54,55).

Nicht das Leben, wie es blüht, sondern der Tod, wie er droht, verbindet – und verbündet – mit dem Geist. Ein Leben ist geistlos, es mag sich noch so „geistreich" gebärden, wenn es auf den Wellenkämmen seiner Vollkraft und Genußfreude auf die Boten des Todes nicht hört, sie verdrängt und womöglich darauf pocht, wegen des an und in ihm selber Ewigen von der Botschaft nicht betroffen zu sein, an welche nicht nur die Schmerzen, das Leiden und die Krankheit erinnern, sondern auch die Gesundheit und das Leben selber mahnen, mit denen es jederzeit ein Ende nehmen kann, aus heiterem Him-

118

mel. Wer dagegen – und nicht erst in den Wellentälern seines Daseins – Schmerzen zu ertragen bereit ist, weil das Leben und vor allem das „höhere Leben" nur von seiner Sterblichkeit her auch zur Liebe und nur um den Preis seines Leidens auch zum Seelenleben durchbrach und durchbricht, hat Geist. Schon deshalb, wie aus tausend anderen Gründen, brauchen die Gesunden die Kranken.

Denn die Kranken sind es und erst dann die neben ihnen Gesunden, falls diese nicht bloß mitleidig zu den Leidenden stehen und sich hier nicht nur wehleidig ebenfalls betroffen finden, die es den Kraftmeiern und Lebensprotzen gegenüber machtvoll bezeugen, was der Geist ist und vermag, der für alle leidet und liebt. „Um der Mühsal seiner Seele willen wird er sich satt sehen; durch seine Erkenntnis wird er vielen Gerechtigkeit schaffen", sagt deshalb Jesaja (53,11) bei seiner Entdeckung stellvertretenden Leidens des- und derjenigen, die mit der Krankheit vertraut sind. Oder, mit einem Wort aus der Gegenwart gesprochen, angesichts der „Grenzen der Medizin": *„Kranke leben auch!"*

Falsch, grundfalsch wäre es jedoch, nun den Geist mit der Krankheit oder dem Leiden oder den Schmerzen ineinssetzen zu wollen, als ob es sie brauche, damit es ihn gibt, den es – meint man dann – nicht gäbe, wären nicht sie die Boten des Todes. Geist ist nicht weniger erhebend und sinnvoll ein Ausdruck des gesunden Daseins, dem es nur schwerfällt, von sich selber Abstand zu gewinnen, solange seine Gesundheit sich nicht in Frage gestellt findet. Mag der Mensch sich aber so des Geistes nur zu oft erst von dem Abschied her bewußt werden, an den – als seine Zukunft – ihn die Boten des Todes im Leben und als Seele gemahnen! Der Geist, diese Gesetzmäßigkeit in allem und jedem und des Alls, schwingt hier bloß ebenfalls mit, wenn ihre Botschaft ihn hervorruft, als den auch ihr Überlegenen. Stets und allem gegenüber lernfähig, sowie einer, der weiß, daß er weiß, sein Wissen sich ins Bewußtsein zu heben imstande, verkörpert der Mensch, und gesund wie krank, Geist als die Bewußtheit seiner Vernunft jenseits aller Erfahrungen, die auch in das Wissen des Tieres eingehen, und der sämtlichen Erkenntnisse, die der Verstand erfaßt: „das Lebewesen" – sagt Max Scheler[5] – „das sich zu seinem Leben, das heftig es durchschauert, *prinzipiell asketisch* verhalten *kann.*"

So ist und viertens, jetzt grundsätzlich geurteilt, im eigenen Namen der Philosophie, mit dem unausweichlichen Widerspruch des Todes – dem der Mensch als Stoff wie als Geist enthoben, aber im Leben und als Seele verfallen ist – der Widerspruch nun auch hier vergegenwärtigt, dessen Sprengung der Einheit durch Vielfalt das All nicht von seiner Ganzheit abschneidet, sondern sie ihm vielmehr jetzt vollständig erschließt. Wie auch den Menschen sich selber: vollständig! Nicht bloß vorübergehend oder nur beiläufig und in keiner Weise abschätzig, sondern „prinzipiell" und zum Guten kann der Mensch sich, wie Scheler sagt, asketisch verhalten, fruchtbar gerade so als „Neinsagenkönner".[6]

Kraft seines Geistes und also keineswegs „negativistisch", sondern durchwegs schöpferisch, erhebt sich der Mensch mit guten und sehr guten Gründen über sein Dasein vom Leben bis zum Seelenleben, an die gebunden er am Tod nur ein weiteres Nein zur Kenntnis nehmen muß, das in diesem Fall ihn selber verneint, aus nicht weniger guten und sehr guten Gründen. Was allein das Böse und bloß das Böse vertritt, unannehmbaren Widerspruch, ist der Tod durchaus nicht, dessen Unausweichlichkeit vielmehr sowohl hingenommen werden muß, „gemäß der Ordnung der Zeit",[7] als auch beinahe oder aufrichtig dankbar hingenommen werden kann, bei aller noch so entschiedenen Ablehnung seiner. Mit Unrecht hat Paulus ihn, dem er in der Nachfolge Hoseas seinen Stachel entwand, in der anderen Nachfolge, zu der er sich bekannte, gegen das „Gesetz" ausgespielt und mit dem Bösen verquickt: „Der Stachel des Todes aber ist die Sünde" (1. Kor. 15,56).

Das Böse und allein das Böse – oder die Sünde, theologisch gesprochen – sind, was der Tod nicht ist: Widerspruch ohne jeden guten Grund. Biologisch und psychologisch noch so erklärlich und vielleicht einmal sogar erwünscht, bleibt das Böse buchstäblich unentschuldbar, so daß sich eine zuletzt nurmehr gute Welt ohne Schuld und Schuldige sowohl denken als auch aufbauen läßt, im Kampf gegen das Böse. Eine nurmehr gesunde Welt ohne die Boten des Todes und den Tod ist dagegen weder denkbar noch des Aufbaus wert, und dasselbe gilt für eine Welt, in der nurmehr Krankheit herrschen würde, mit dem Tod als einzigem Herrn. Eine gute und die – einst – nurmehr gute Welt des Kampfes gegen das Böse ist eine noch immer menschliche Welt. Eine Welt von nurmehr Gesunden jedoch, die sich jedes Leidens und aller Schmerzen entledigt hätte, wäre unmenschlich; mit den Krankheiten und den Kranken hätte sie so auch den Menschen selber abgeschafft. Daß das Leben und sein Ich und Selbst, die Seele, sterben müssen, ist nur die eine Hälfte ihrer Wahrheit. Sie sterben, weil sie leben, und beides ist wahr, im Widerspruch zueinander.

4. Der zurückgewonnene Sinn

Am eigenen Leib, diesem dank der ärztlichen Wissenschaft wie noch niemals durchsichtigen Körper, oder in der so noch niemals „tiefenpsychologisch" durchschauten Seele und auf den weitweit ausgedehnten Kriegsschauplätzen des zwanzigsten Jahrhunderts von den Boten des Todes wieder eingeholt, die daneben im Straßenverkehr – als auch einem Kriegsschauplatz oder noch viel mörderischerem Ersatz eines solchen – reiche Ernte einheimsen und nicht weniger unübersehbar vor den Augen stehen, wo sich trotz der durchdachten Wirtschaft Hungersnöte und der herrschenden Wissenschaft zum Trotz Elend sondergleichen mehren und mehren, oder ungezügelte Technik mit der Natur die Kultur mitzerstört, bietet sich dieser Unausweichlichkeit neuer und buchstäblicher Be-Sinnung auf den Tod plötzlich doch wieder ein Ausweg, noch ein weiteres Mal.

Wohl ist es immer nur der einzelne Mensch, der stirbt, auch wenn Hunderttausende und Millionen zusammen sterben. Krank aber ist deswegen doch nicht bloß er, der dann jeweils Ausgesonderte, sondern auch die Gesellschaft. An der Intimgruppe, den Kleingruppen, größeren Zusammenballungen und dem Staat und der Staatengemeinschaft geht der Mensch in demselben Ausmaß oder noch häufiger zugrunde wie an sich selbst. So wurde und als eine kaum zu überschätzende echte, große und umwälzende Entdeckung das gesellschaftliche Dasein als solches in das Ringen um die Gesundheit einbezogen, aber auch eine Erwartung der Heilbarkeit und dermaßen vollständiger Heilung der Gesellschaft miterweckt, wie die Neuzeit sie zunächst den Individuen in Aussicht gestellt hatte. Als wären diese Individuen in dieser Erwartung nicht schon einmal schmählich betrogen worden, scheint es ihnen auf der stolzen Höhe ihrer neuzeitlichen Weltgestaltung – wo sie doch noch immer krank werden, Schmerzen haben, leiden müssen und dem Tod ausgeliefert sind –, daß es nicht von ihnen selber, sondern von der Gesellschaft abhängig zu machen sei, wie krank oder gesund sie und die anderen Menschen sind, und ob diese und sie selber sterben müssen.

Und gewiß sind nicht bloß die von den bisherigen Zeitaltern behandelten Krankheiten, soweit sie heilbar sind, zu heilen und – soweit sie sich nicht heilen lassen – mit diesen Kranken in das Leben der von ihrer Krankheit Verschonten einzubeziehen, hier vollauf mitbejaht. Auch die verwundeten Soldaten, diese Kriegsopfer im „klassischen" Sinn der bisherigen Kriegführung, verdienen dieselbe Zuwendung und mit ihnen die höchst unklassischer Weise auf dem Boden der Neuzeit fast noch schwerer betroffene Heimat, kein „Hinterland" mehr, und die Kriegsgefangenen sowie alle Gefangenen überhaupt. Mit ihnen ist jedoch noch einmal erst ein Bruchteil derjenigen erfaßt, die von Schmerzen, Leiden und Krankheiten geschlagen sind, hinter denen der Tod lauert. „Es gibt heute die Opfer der Umweltkrise – durch Gestank, Schmutz, Lärm, Gift, den Straßenverkehr und andere Gefährdungen unabsehbar schwer ‚verwundet' – oder, um wenigstens noch zwei Beispiele anzuführen, zunächst die Opfer der auf sie abgewälzten ‚Sozialkosten' (und ferner die) Opfer des großen und kleinen Geschäfts, denen der Konsumentenschutz entweder weitgehend fehlt oder kaum helfen kann, aus Mangel an Mitteln."[8]

Gerade so, wie es gelang, alle im bisherigen Sinn Kranken ärztlich zu betreuen und den Kriegsopfern im engen und weiteren Sinn dieses Begriffs ebenfalls beizustehen, die hier miteinbezogen zu haben eine neuzeitliche Großtat bleibt, die keineswegs selbstverständlich war und ist, sollte es ebenso selbstverständlich sein oder werden, sich auch der gesellschaftlich Verwundeten anzunehmen: von einer Heilung der sie verstümmelnden Gesellschaft her! Neben den Kriegsopfern und allen Kranken im bisherigen Sinn als *Verwundeten Erster Stufe* ist deshalb, hieß es zum Abschluß einer Vorlesung über die *Philosophie der Gesellschaft* im Januar 1974, „der *Verwundete Zweiter Stufe* ausnahmslos jeder körperlich, seelisch oder geistig verletzte Mensch. Ihm hilft es wenig, bloß am Leben zu bleiben. Hilfe bringt hier nur eine Gesellschaft, die künftig weder den Menschen noch die Menschenwürde verletzt."[9]

Doch auch dann ändert die Ergründung – und höchst segensreiche Ergründung – zahlloser Anlässe von Schmerzen und Leiden und der Ursachen des Todes ungezählter Opfer der gesellschaftlichen Verhältnisse, die nach einer Heilung der Gesellschaft schreien, nichts und gar nichts daran, daß es ohne den Tod nicht das Leben, wie das Seelenleben ohne ihn ebenfalls nicht gäbe, die beide nicht wären, was sie sind, fänden sie sich nicht gleichzeitig dazu verurteilt, es einmal nicht länger zu sein. Gewiß nicht nur dieser Zustand, aber auch dieser Zustand *ist* Gesundheit: mitten unter den Boten des Todes dem Leben die Treue zu halten! Schmerzbefreit dazusein und sich freuen, aber nicht leiden zu wollen, geschweige denn zu sterben, ist dagegen nicht mehr Gesundheit, selbst wo diese noch überwiegt, von außen her geurteilt, sondern Dummheit, ein jetzt seelisch-geistiger Krankheitszustand: ansteckender, gefährlicher und ernster als ein Großteil aller „wirklichen" Krankheiten insgesamt.

Aber gerade dieser durchwegs krankhafte Zustand, der gesund und nur gesund sein will, weil ausnahmslos jede Krankheit heilbar sei, droht, nachdem die Frohe Botschaft des dritten geschichtlichen Zeitalters der Gesundheit und Krankheit – das ausnahmslos jeder Krankheit rettende Behandlung versprach – die Entwicklungsländer einerseits und die Volksmassen der Industrieländer andererseits eben erst erreicht hat. Verhängnisvolle Überschneidung! Während die führenden Schichten der Industrieländer und ihre weitverzweigte Medizin mitsamt den Vertretern der Technik und Wissenschaft und – sogar – des Geschäfts, das hier Gewinn eintrug und einträgt, die Grenzen ernst zu nehmen beginnen, an denen zwar nicht das Wachstum als von jetzt an qualitatives Wachstum, aber seine quantitative Ausbreitung abgebrochen sein will, wird eben diese Ausbreitung weltweit gefordert. Dennoch führt nur der Weg weiter, den das vierte geschichtliche Zeitalter der Gesundheit und Krankheit eröffnet, dessen Freiheit für ihre eine und andere Daseinsweise – die einander und obgleich sie einander widersprechen – eine allerdings auch sehr viel gerechtere Verteilung des Zugangs zur Heilkunst voraussetzt, als bisher vorliegt: in dieser Hinsicht dem quantitativen Wachstum ebenfalls treu. Was heilbar ist, sollte seinen Arzt finden können, so wie jeder, der heilen kann, beim Kranken, der ihn braucht, eingelassen werden sollte: auf mehr als nur einer – höchsten – Ausbildungsstufe der Heilkunst!

Der Mensch wie die Menschheit, die sich aus Menschen zusammensetzt, die von der Gesellschaft überlebt werden, bis auch deren „ewige" Gliederungen sich entweder aus sich selber heraus abbauen oder von „Nachkommen" oder Nachbarn abgebaut werden, gewinnen dort und dort allein ihren Sinn zurück, wo der Tod ihn unausweichlich in Frage stellt. Sinn läßt sich bezeichnenderweise auch geben, nicht bloß finden. Das Leben, das sein Dasein und es als nicht bloß sein persönliches Dasein annimmt, ihm hingegeben, hat Sinn, wenn und weil es seinen Anfang mit seinem Ende bezahlt. Keine der Heilungen, die den Boten des Todes und dem Tod selber ihren Weg verlegen, sollte unterschätzt, aber daneben ebensowenig überschätzt werden, was sie ausrichten können. Die Liebe ist stark wie der Tod.

Das vierte geschichtliche Zeitalter der Gesundheit und Krankheit, auch in diesem Bereich eine Epoche der Freiheit für den Widerspruch, vereinigt die Gesunden, die niemals nur gesund sind, mit den Kranken, die niemals nur krank zu sein brauchen, zu derselben Bewährung ihres Lebens, Leidens und Sterbens, die bis in den Tod hinein Sinn hat, wie gesund oder krank sie auch sein mögen: fruchtbar mit der Gesundheit, wie mit der Krankheit fruchtbar und hier wie dort wesentlich.

X. Der unannehmbare Widerspruch

1. Schuld und Entschuldigung

Was ist das Böse?

Ist das Böse das Gegenteil, bloß das Gegenteil des Guten, das von ihm gerade so ergänzt wie ausgeschlossen wird, das heißt die Alternative zum Guten? Oder ist das Böse im Konflikt mit dem Guten dessen Widerspruch, sodaß Gut und Böse einander unversöhnlich in Frage stellen, so und gerade so aber auch angenommen sein wollen? Oder ist das Böse das Ereignis der Schuld zu den Alternativen und Konflikten hinzu, in die es außerdem eingeht? Dann wäre das Böse und nur das Böse, was kein anderer Widerspruch sonst ist, unannehmbar: ein unannehmbarer Widerspruch!

Wegweisend ist hier noch immer diejenige biblische Aussage, die das Wort Sünde erstmals verwendet. Dort heißt es, Kain gegenüber, vor Kains Brudermord: „Warum ergrimmst du und warum blickst du finster? Ist's nicht also: meinst du Gutes, darfst du frei aufschauen; meinst du jedoch nicht Gutes, lauert die Sünde vor der Tür und nach dir steht ihre Begierde. Du aber sollst Herr werden über sie" (1. Mose 4,7).

Beispielhaft sachlich, bemerkenswert untheologisch und vor allem genau zutreffend sind hier das Böse und seine Folgen aufgezeigt. Das Böse stellt mit dem Guten, demgegenüber es sich als böse erweist, nicht an eine Wegscheide, sondern – mit dem Guten zusammen – auf einen und denselben Weg, den das Gute bewältigt und es selber verfehlt, buchstäblich der Fehltritt, wortwörtlich die Verirrung eines Abweges: ab vom Weg! Deshalb droht hier, was Kain angedroht wird und in der Tat denjenigen, der dem Bösen nachgibt, von dem unterscheidet, der ihm widersteht. Auf dem Weg des Guten ist der Mensch des geraden Weges im wörtlichen und übertragenen Sinn „aufrichtig" sowie vergleichsweise ruhig, heiter und frei, der vom geraden Weg Fortgeratene jedoch grimmig und finster: unruhevoll gedrückt, beschwert, verdüstert.

Die Schuld ist es, dieses vom Bösen jeweils geschuldete Gute, die derart belastet. Aber, so wird hier heute eingewendet, das neuzeitlich neue Ausmaß des Bösen mitsamt seiner bisher undenkbaren Kaltblütigkeit und unvorstellbaren Hemmungslosigkeit dabei keineswegs leugnend: gibt es wirklich Schuld? Und selbst wenn es sie gäbe! Wäre die Schuld dann nicht noch immer zu entschuldigen, das heißt auch annehmbar? So sprechen die Psychologie und die Biologie, weitgehend überzeugende, unaufhaltsam weiterführende Wissenschaften. Weder das Böse als solches noch sein neuzeitliches Übermaß werden geleugnet. Seine Schuld jedoch wird buchstäblich ent-schuldigt.

Ohne Böses gibt es kein Gutes, lehrt die Psychologie. Fehlt der Trieb, dieser Inbegriff jeder seelischen Energie, fällt mit dem bösen auch das ihm widerstehende gute Handeln dahin. Die Aggression, sie außerdem eine Folge der gesellschaftlichen Verhältnisse, von denen sie sich fast unausweichlich herausgefordert findet, ist nichts einfach Schlechtes, ohne das ein besseres Leben möglich wäre, sondern Leben schlechthin: die Voraussetzung nicht nur des Bösen – oder sogenannten Bösen –, sondern auch des Guten, es sei wirklich oder bloß sogenannt gut. Das menschliche Bewußtsein und sein Widerstand gegen das Böse vertreten nur einen Bruchteil dessen, was der ganze Mensch wirklich ist: unbewußtes und unterbewußtes Dasein, zum Bewußtsein hinzu. Das Unbewußte bleibt dem Bewußtsein wenigstens noch teilweise zugänglich, das Unterbewußte ist und bleibt ihm verschlossen.

Das also ist erst unsere ganze Wirklichkeit, bestätigt die sich hier ebenfalls einstellende Biologie: ein in alles menschliche Tun miteingehendes unbewußtes und unterbewußtes Verhalten. Ohne Natur gibt es keine Kultur. Die Entwicklung zum Menschen bleibt ein Teil – und ist bloß ein Bruchteil – des pflanzlichen und tierischen Daseins, das der Mensch nur erst und nicht einmal äußerlich hinter sich gelassen hat, ihm als seinem Instinkt weiter ausgeliefert.

Und in zweierlei Hinsicht haben die Psychologie und die Biologie durchaus recht, wobei schon ein Pauluswort sie vorwegnimmt, das von dem übersteigerten Selbstbewußtsein und voreiligen Optimismus der jüngsten Jahrhunderte leichtfertig vernachlässigt worden ist. „Nicht, was ich will, das führe ich aus, sondern was ich hasse, das tue ich ... Denn nicht das Gute, das ich will, tue ich, sondern das Böse, das ich nicht will, das führe ich aus" (Römerbrief 7,15,19). Es genügt nicht, das Gute bloß zu wollen, geschweige denn, es bloß zu befehlen. Die Herrschaft und die Aufforderung zur Herrschaft von oben her, deren Autoritarismus noch immer verhängnisvoll nachwirkt, verkennen mit dem Wesen des Menschen – das sie vorschnell mit dem Guten oder jedenfalls der möglichen Verwirklichung des Guten ineinssetzen – das Wesen der Anstrengung, mit welcher der Mensch zum Bösen stehen muß, um ihm widerstehen zu können.

So gegenüber allem im Recht, was von oben her in die Irre führt, entfesseln die Psychologie und die Biologie jedoch auch einen Aufstand von unten her, als dessen Vorkämpfer sie zwar noch einmal im Recht sind, ohne aber deswegen davor geschützt zu sein, nun auch ihrerseits in die Irre zu führen. Männer wie Freud und Darwin oder Marx, Nietzsche und nicht zuletzt Einstein, dieser Bahnbrecher der physikalischen Entfesselung der stofflichen „Unterwelt", vertreten eine Umwälzung aller bisherigen Herrschaft, die das von dieser Herrschaft bisher Verdrängte, Unterdrückte und Ausgebeutete in das Licht des Tages aufnimmt, als einem erst jetzt vollständigen All. Auch hier gilt, was Paulus an einer weiteren Stelle seines Briefs an die Römer zur Kennzeichnung des christlichen Verhältnisses zum Judentum festhält: „Nicht du trägst die Wurzel, sondern die Wurzel dich" (11,18).

Aber ist das alles?

Sogar diejenigen, die das bisher vernachlässigte Böse durch seine Hervorhebung mit neuem Tiefgang verständlich gemacht haben und es nun außerdem teilweise oder restlos entschuldigen, beharren auf Besonderheiten des Menschen, der bei aller Triebgetriebenheit und Instinktgebundenheit etwas wesentlich anderes ist als ein Tier. Der Mensch ist auch Bewußtsein, das heißt verantwortlich. Die Psychologie und die Biologie mögen es annehmen oder bezweifeln, daß der Mensch seiner Verantwortung gewachsen sei. Daß der Mensch in besonderer Weise Verantwortung trägt, dazu stehen auch sie.

Denn die Schuld des Menschen ist weder bloß Böses im Gegensatz zum Guten innerhalb eines ewigen Gleichgewichts zwischen dem Guten und dem Bösen noch der unter allen Umständen unausweichliche Anlaß eines „naturgegebenen" Konflikts. Sondern diese Schuld ist das vom jeweils verübten Bösen hierdurch jeweils „geschuldete" Gute, dessen Untat und buchstäbliche Un-Tat nicht hätte verübt werden sollen und keineswegs verübt werden muß. Schuld schuldet, was sie einbüßt, auf dem Boden der Kultur, auf dem sie schwer ins Gewicht fällt: sehr viel schwerer, als das von der Natur oder sonstwoher angeblich herrschende Gleichgewicht des Guten und des Bösen es wahrhaben will.

Böses quält sich, wie es seine Opfer quält, zu einer dabei um sich fressenden Qual, immer weiterem Bösen, was allerdings nicht ausschließt, daß es dem Bösen dabei so gut geht, wie Hiob und der 73. Psalm es ihm einräumen müssen.

Da sind nun diese: Frevler,
zufrieden hin in die Zeit
haben sie Macht erlangt! ...

Solch eines Stier bespringt und versagt nie,
seine Kuh kalbt und wirft nicht fehl.
Wie Schafe schicken sie ihre Büblein aus,
und ihre Kinder tanzen.
Sie heben an mit Pauke und Leier,
erfreun sich am Klang der Schalmei.
Sie verbrauchen ihre Tage, sich gütlich zu tun,
und in einem Rasten sinken sie in das Gruftreich.
(Psalm 73,12; Hiob 21,10–13)

Aber weder dieser sehr wirkliche Lebensgenuß der Bösen bis zum rastvoll
friedlichen Ende von Schuldigen auf der einen, noch die nicht weniger wirklichen Daseinsnöte und Entbehrungen der Guten auf der anderen Seite bis
zum Leiden der Unschuldigen, das es wirklich gibt, und auch nicht die viel
größere Häufigkeit des Bösen, mit dem Guten verglichen, ändern das Ge-
ringste daran, daß Schuld geschuldetes und Böses verfehltes Gutes ist, das
Gute dagegen ein Wert. Was das Böse nicht ist und niemals sein kann, mit soviel Macht, Glanz, Ruhm und sogenanntem Erfolg es sich auch brüstet, ist
das Gute immer: wertvoll; dieses Gute mag noch so ohnmächtig sein und
glanzlos dastehen, jedes Ruhmes, allen Erfolges ermangelnd.

Gegen das Gute kommt das Böse nicht auf und kann es nicht aufkommen,
wie seine Schuld immer wieder selber bezeugt: sich selber niemals genug.
Das Gute ist es: sich selber genug. Hier ist und hier wird nichts verfehlt, mag
es dem Guten noch so schlecht ergehen; schlimmstenfalls ist sein Gutes nur
noch immer nicht genügend gut. Denn die Glückseligkeit ist, wie der unver-
gängliche letzte Lehrsatz der *Ethik* Spinozas es bündig und richtig festhält,
„nicht der Lohn der Tugend, sondern die Tugend selbst".

2. Schuld und Umkehr

Das Verfehlte des aus dem seelischen Haushalt und Gleichgewicht der Psychologie und dem leiblichen Haushalt und Gleichgewicht der Biologie her-
vortretenden Bösen, das – weil es das Gute schuldet – als Schuld beschwert,
bildet so auch die Grundlage von zwei ebenso beschämend niederdrückenden wie beseligend erhebenden Eigentümlichkeiten des Menschen und von
etwas Drittem, einer dem Menschen und nur ihm offenstehend befreienden
Möglichkeit sondergleichen.

Es gibt das Gewissen, gibt die Reue, die – weil es sie gibt, die zwar weitgehend anerzogen werden können, aber niemals nur anerzogen sind – auch ihrerseits es beweisen, daß Böses zum Gegenteil des Guten hinzu etwas außer-

dem Eigenes und anderes ist, nämlich Schuld. Mag diese Schuld noch so entschuldbar sein, im Sinn der Psychologie und der Biologie, oder, wie man so sagt, von Herzen verziehen werden! Ihr Böses bleibt dem eigenen Gewissen dennoch weiter gegenwärtig, ein dennoch weiter bohrender Anlaß bitterer, bitterster Reue. So erweist sich das Böse mit der Zeit, die diese Wunde nicht heilt, als eine in dem Ausmaß der Vergegenwärtigung seines Abwegs eher sogar zunehmende als abnehmende Last. Gleichzeitig aber bietet sich auch und trotzdem hier und hierbei die Möglichkeit der Befreiung von dieser Last: Grund, standfester Grund echter Freude.

Denn mit dem Gewissen und dank der Reue kommt es zu dem weiteren, und zwar einerseits nur noch ärger niederdrückenden, andererseits aber auch noch beseligender erhebenden Ereignis der Umkehr. Diese Umkehr steht ausnahmslos jedem Schuldigen offen von ausnahmslos jeglicher Schuld.

Dabei ist christlicherseits der biblische Begriff der Umkehr – der wie derjenige der Sünde den Vor-Gang, den er anzeigt, buchstäblich so meint und hier also zur Umkehr vom Abweg der Verfehlung des Guten auffordert und zu nichts anderem außerdem – durch seine Übersetzungen erst auf griechisch zur vorwiegend innerlichen Umkehr der Sinneswandlung geworden und danach auf deutsch zur Buße.[1] Aber als Buße erinnert das, was biblisch Umkehr heißt und die mögliche und jedem mögliche Abkehr von der Schuld frohlockend verkündet, vor allem an das Strafrecht: kaum noch erhebend, sehr viel eher bedrückend, und, scheint es, eine Schande. Und doch ist die Umkehr durchwegs frohe Botschaft, keinem zur Schmach. „Tut Buße!" (Matthäus 3,2; 4,17), das heißt „Kehret um!", so wird das Evangelium eröffnet, wortwörtlich „Frohe Botschaft" (Jesaja 61,1). Von ihrem Ursprung in der biblischen Prophetie her war sie sechs Jahrhunderte zuvor auch zur Botschaft des Judentums geworden, diese seitdem beschwingende Gewißheit, ungeschmälert verheißungsvoll.

Kehret um! kehret euch ab
von all euren Abtrünnigkeiten!
Bereitet euch
ein neues Herz und einen neuen Geist!
warum wollt ihr sterben,
Haus Jißsrael?!
Denn ich habe nicht Gefallen
am Sterben dessen, der sterben muß,
ist meines Herrn, SEIN Erlauten:
kehret um und lebet!
(Ezechiel 18,30–32)

In der neuen Lage des Babylonischen Exils nach dem Untergang des eigenen Staates und der Zerstörung des eigenen Tempels, deren Verlust kein anderes Volk der Antike mit erneuerter Geschichtsmächtigkeit zu beantworten gewußt hat, wird Ezechiel zum Wortführer seines sich von neuem erhebenden und bewährenden jüdischen Volkes mit der folgenden Lehre. Niemals und nirgends schließt die Schuld der Väter die Umkehr der Söhne aus, so wie umgekehrt die Schuld der Söhne niemals und nirgends die Umkehr der Väter verhindert.

Ezechiel unterscheidet sich aber auch noch dadurch von den sozialen Propheten der Vorexilszeit des Judentums, sagt Hermann Cohen in seinem herrlichen Kapitel von der *Versöhnung*, daß er die Schuld „als die des Individuums begründet und daß er in ihr das Individuum entdeckt hat."[2] Die Umkehr, sei es diejenige der Söhne, sei es diejenige der Väter: ihre und jede Umkehr ist persönlich zu meistern! Jeder kann, ja er muß die Umkehr selber vollziehen, für sich selbst. Die schon von Jesaja entwickelte Lehre vom Rest, der bleibt, wenn er umkehrt, und der – weil er umkehren wird – bleiben wird (10,20–22; 11,11,16), steigert sich so aus einer Botschaft an das Kollektivum des Volkes zur Erneuerungsbotschaft an die Individuen erst dieses Volkes und dann aller Völker überhaupt.

Der Sohn trägt nicht an der Verfehlung des Vaters,
der Vater trägt nicht an der Verfehlung des Sohns,
die Bewährung des Bewährten, auf ihm ist sie,
und der Frevel des Frevlers, auf ihm ist er.
Der Frevler aber, wenn er umkehrt
von all seinen Sünden, die er getan hat,
und hütet all meine Satzungen
und tut Recht und Wahrhaftigkeit,
leben soll er, leben,
er muß nicht sterben:
all seine Abtrünnigkeiten, die er getan hat,
werden ihm nicht zugedacht,
durch seine Wahrhaftigkeit, die er getan hat,
wird er leben.
(Ezechiel 18,20–22)

Hier ist der ganze wesentliche Kern der Sittlichkeit vollständig erfaßt, Zukunft erschließend, Zukunft verbürgend. Der Mensch erwacht zwischen Gut und Böse, von ihnen aus und durch sie verantwortliches Individuum. Gleichzeitig aber teilen alle Individuen dasselbe Gute und Böse. Ebenso falsch wie die Monismen der Deutung des Alls als einer entweder nur guten oder nur bösen Welt ist der Dualismus der Aufteilung des Alls in die Welten böser und nur böser Menschen auf der einen Seite, guter und nur guter Menschen auf der anderen.

Quer zum „Ethos" der persönlichen und zur „Moral" der gesellschaftlich abverlangten Sittlichkeit gibt es die „Ethik" der gemeinsamen einen und einzigen Sittlichkeit aller Menschen aller Völker auf der Höhe ihres Erwachens zur Individualität. Die gewiß nicht unwichtige Vielfalt im Ethos und unabsehbare Vielzahl möglicher Moral fallen dieser Ethik gegenüber nicht ins Gewicht, die außerdem nicht nur zum Individuum macht, sondern auch die Individuen aufs neue verbindet. Zur jeweils eigenen Schuld tritt das Eigene der Mitschuld: unmittelbare Betroffenheit durch ausnahmslos jede Schuld jedes Schuldigen. Deshalb ist auch die Herbeiführung der Umkehr jedes Schuldigen möglich, ja Pflicht, zur Möglichkeit und Pflicht der eigenen Umkehr hinzu. Wie jeder das Gewissen, das er keinem anderen abnehmen kann, jedem anderen zu wecken vermag, kann er ihn auch zur Umkehr bewegen. Das Buch Jona ist das hierfür erste und ein bereits äußerstes Zeugnis des Triumphes dieser Verantwortung füreinander.

Sogar Ninive, die „große, über alle Maßen große Stadt" (3,2,3), für Jona nicht nur in der fernsten Fremde gelegen, sondern auch die Hauptstadt der Feinde seines Volkes, könnte umkehren, und sie kehrt um. „Die Männer Ninives wurden Gott vertrauend. Sie riefen Kasteiung aus und kleideten in Sackleinen sich, von Groß bis Klein" (3,5). Auch Jesus kann nichts noch Weitergehenderes vor die Augen stellen. Das „Zeichen des Jona" (Matthäus 12,39; 16,4) bleibt wegweisend; mehr an Warnung und Besseres an Umkehr gibt es nicht. „Die Männer von Ninive", sagt er, „werden im Gericht mit diesem Geschlecht auftreten und es verurteilen; denn sie taten Buße auf die Predigt des Jona hin" (Matthäus 12,41). Sie taten Buße, das heißt: sie kehrten um. Und da geschah es:

Gott sah ihr Tun,
daß sie umkehrten von ihrem argen Weg,
Und leid ward's Gott des Argen,
das ihnen zu tun er geredet hatte,
und er tat es nicht.
(3,10)

3. Das Gute der Umkehr

Sobald neben der Schuld die Umkehr ins Bewußtsein tritt, und da ausnahmslos jeder Schuldige von ausnahmslos jeder Schuld umkehren kann, wirkt diese Möglichkeit der Umkehr zunächst aber auch verführerisch, eine Einladung zur Schuld geradezu. Könnte das Böse jetzt nicht deshalb verübt werden, weil seine Schuld nichts Letztes, sondern etwas stets bloß Vorletztes ist, dem Letzten der Umkehr gegenüber? Aber, so heißt es schon früh in der jüdischen Überlieferung:[3] „Sagt jemand, er wolle sündigen, und der Versöhnungstag werde es sühnen, so sühnt es der Versöhnungstag nicht." Und: „Sünden des Menschen gegen Gott sühnt der Versöhnungstag." Aber: „Sünden des Menschen gegen seinen Nächsten sühnt der Versöhnungstag nicht eher, als bis man seinen Nächsten besänftigt hat."

Zur Umkehr genügt also nicht schon die eigene Sinneswandlung, und noch weniger genügt das Bauen auf ihre Möglichkeit, wenn nicht einmal diese Sinneswandlung wirklich vorliegt. Und selbst wenn sie vorliegt und bereits dazu geführt hat, daß sich der Schuldige nach dem Guten richtet, genügt dieses gute Tun in dem Fall derjenigen nicht, die ihr früheres Böse nicht auch wiedergutgemacht haben. Die Unerläßlichkeit vorausgehender Wiedergutmachung wird schon von Ezechiel mit der Umkehr verknüpft (33,14–16). Recht und Wahrhaftigkeit müssen an die Stelle des Unrechts und der Lüge treten, aber auch das Folgende muß geschehen, damit die Sünden, heißt es anschließend, die der Schuldige begangen hat, ihm nicht länger zugedacht werden. Was gepfändet war, ist zurückzugeben; was geraubt war, ist zurückzuerstatten!

Dann jedoch, wenn diese „vollkommene Umkehr" vollzogen ist: „ein Mensch eine vollkommene Umkehr vollzieht, also daß sein Herz in ihm entwurzelt ist", dann gelingt diese Umkehr als ein sittlicher Fortschritt, der sogar den Wegen derjenigen überlegen ist, deren Gutes ihnen die Umkehr vom Bösen erspart. „Dort, wo die Umkehrenden stehen", auf der von ihrer Umkehr bewältigten Höhe der Sittlichkeit, so lehrt es der um 300 blühende Rabbi Abbahu, „vermögen die vollkommen Gerechten nicht zu stehen." Und Jesus lehrt ganz dasselbe: eine innerhalb des Evangeliums nur deshalb selten beunruhigende Zuspitzung, weil sie kaum jemals so buchstäblich ernst genommen wird, wie sie ernst gemeint ist. Der umkehrende Sünder, das lehrt hier auch Jesus, und schon ein einziger Sünder, der umkehrt, freut mehr, als neunundneunzig Gerechte Freude machen, die gar nicht erst umkehren müssen.

Denn Jesus, ein dabei auch noch dadurch genauer Fortsetzer des ihm überkommenen Judentums, daß er in dem Rahmen der Gleichnisse von den verlorenen Schafen und dem treuen Hirten bleibt, die Jesaja (40,11) und Ezechiel (34,11,16) entwickelt hatten, sagt bei Lukas (15,4–7): „Welcher Mensch unter euch, der hundert Schafe hat und eins von ihnen verliert, läßt nicht die neunundneunzig in der Wüste zurück und geht dem verlorenen nach, bis er es findet? Und wenn er es gefunden hat, legt er es voll Freude auf seine Schultern; und wenn er nach Haus kommt, ruft er seine Freunde und seine Nachbarn zusammen und sagt zu ihnen: Freuet euch mit mir; denn ich habe mein Schaf gefunden, das verloren war. Ich sage euch: So wird im Himmel mehr Freude sein über *einen* Sünder, der Buße tut, als über neunundneunzig Gerechte, die der Buße nicht bedürfen."[4]

Daß aber Schuld und Umkehr dermaßen eng verbunden sind, läßt sie trotzdem nicht ineinander übergehen. Zwischen der Schuld und der Umkehr von der Schuld klafft derselbe Abgrund, der das Böse und das Gute voneinander scheidet, trotz des „Und" zwischen ihnen. Soviel Gutes die Umkehr birgt, diese Umkehr vom Bösen: das Böse selber ist deswegen nicht weniger böse und nach wie vor nur Schuld. Obgleich es getan worden sein muß, damit die Umkehr sich von ihm abwenden kann, hätte es dennoch nicht getan werden dürfen!

Was bei den neuzeitlichen Entschuldigungen der Schuld ihr Recht immer wieder zum Unrecht macht, wenn sie – deren psychologische und biologische Einsicht Richtiges und Wesentliches hinzufügen – hierdurch nun der Schuld ihr Böses nehmen wollen, so als ob das von ihnen entschuldigte Böse deswegen weniger schuldig oder womöglich gar keine Schuld sei, war und bleibt bei der Verbindung der Umkehr mit der Schuld keine Gefahr. Mag noch so frohlockend und mit Recht freudig und fröhlich von „Schuld und Umkehr" gesprochen werden, statt bloß von Schuld allein! Die Tatsache und bittere Wahrheit, daß Böses böse und die Schuld das Böse ist, wird hierdurch nicht in Frage gestellt.

4. Zuletzt nurmehr Gutes!

Zur Schuld zu stehen als zur Schuld, geschuldetem Guten, und Böses als das Böse der Verfehlung des Guten, das es schuldet, anzuklagen, bildet den ersten Schritt auf dem Weg zur Umkehr und die erste Regung jeder Sittlichkeit. So ist außerdem auch der Weg des Menschen zu sich selbst, einem Menschen, und zu sich selbst als einem Selbst eingeschlagen. Die Geschichtsstunde des Individuums beginnt erst dank dieser und nur infolge dieser Selbstverantwortung für das Böse der Schuld.

Gleichzeitig erfährt der angesichts seiner Schuld und durch sein Gewissen und durch seine Reue zu seiner Umkehr wortwörtlich auf-gebrochene einzelne Mensch hierbei seine Verbundenheit mit allen Menschen überall, sich zur

Ermutigung wie sich zur Belastung, durch weitere Schuld. Zum Bösen der eigenen Schuld tritt das Böse der Mitschuld hinzu, die Selbstverantwortung zur Mitverantwortung steigernd. Sittlich gesehen kann zwar jeder nur sich selber richten, „denn mit welchem Gericht ihr richtet, mit dem werdet ihr gerichtet werden, und mit welchem Maß ihr meßt, mit dem wird euch gemessen werden" (Matthäus 7,2). Diese Wahrheit einerseits und Warnung anderseits lassen sich gar nicht oft genug wiederholen! Aber daß sich, sittlich gesehen, jeder nur selber richten kann, befreit ihn weder davon, fremde Schuld ihrem Schuldigen ins Bewußtsein zu heben, noch davon, diese Schuld, soweit sie rechtlich richtbar ist, vor Gericht zu ziehen, und vor allem nicht davon, sich selber daran mitschuldig zu wissen, daß ein anderer schuldig ist.

Das Gute der Umkehr geht über das Böse der Schuld erst dann hinaus, wenn die Umkehr, die zu dem Bösen alles dessen steht, durch das ihr Individuum sich unmittelbar schuldig weiß, auch noch dazu steht, weltweit mitschuldig zu sein an jeder Schuld jedes Schuldigen.

Derart zur Schuld zu stehen, von der Schuld des eigenen Bösen bis zur Mitschuld an jedem Bösen überhaupt, heißt nun aber auch, in der Gestalt dieses Stehens zur Schuld: gegen die Schuld aufzustehen! Böses ist, was kein anderer Widerspruch sonst ist, unannehmbar: nicht und niemals zu dulden! Die auf die Schuld eingehende Umkehr kehrt nicht bei der Schuld ein, um sie sich bloß einzugestehen, anderen bloß vorzuhalten, sondern erhebt sich, indem sie zur eigenen und jeder anderen Schuld steht, gegen die Schuld, wenn sie sich nicht lediglich zum Richter aufwirft, ohne sich selbst gerichtet zu haben.

Was wenig scheint, wenn nicht gar zu wenig – und noch einmal wenig scheint, wenn das Gericht über soviel Schuld der Welt bei der vergleichsweise unwichtigen eigenen Schuld einsetzt, als ob nicht andere noch schuldiger wären, und man selber nicht an jeder anderen Schuld mitschuldig sein würde – ist mehr als genug und grundlegend wichtig: die eigene Klarstellung des Bösen und seiner Unannehmbarkeit, vom eigenen Bösen her. Das „Wehe!" Jesajas gilt mit Recht „denen, die das Böse gut und das Gute böse nennen" (5,20). Erst und nur die eigene Anzeige des Bösen, die außerdem mittelbar dasjenige, was dieses Böse schuldet, als das Gute erweist, gibt weder dem Bösen noch der Schuld nach und spricht der eigenen Schuld, eigenen Mitschuld und Schuld aller Schuldigen keinerlei Rechtfertigung zu. Sie, die zwar sind, was sie sind, sollten trotzdem nicht und werden – einst – nicht mehr sein!

Zunächst allerdings mag diese Annahme eines zuletzt nurmehr Guten eine Glaubensaussage, und zwar, abwertend geurteilt, nichts als eine Glaubensaussage zu sein scheinen, die in ihrem Glaubenszusammenhang bloß auf Offenbarung beruht: der Offenbarung des – zuletzt – messianisch Guten überall. Dieses „Zuletzt nurmehr Gutes!" ergibt sich aber auch als die letzte Aussicht der wißbaren Tatsächlichkeit des Guten und des Bösen, nach den Maßstäben der Vernunft und der Wissenschaft.

Daß zwar das Böse einmal dermaßen mächtig sein könnte, daß es alle Menschen in den Untergang hineinreißen würde, ist – wie bei jedem einzelnen Menschen sein möglicher Selbstmord – durchaus möglich, undenkbar dagegen das Folgende. Kein Gedanke kann es sich ausdenken, daß eine lebendige Menschheit einmal ausschließlich böse sein könnte. Denn ihr Böses verfehlt das Gute in demselben Ausmaß, in dem es sich als böse erweist, das Gute dabei also stets mitbezeugend, wenn auch nur als geschuldetes Gutes. Aber eine einmal nurmehr gute Menschheit ist eine von der Sache des Guten und des Bösen her mögliche, das heißt durchaus denkbare Aussichten, Zefanjas „Du wirst nicht Böses mehr ansehn" (3,15).

Das Gute und nur das Gute ist, was das Böse niemals ist: sich selber genug. Oder Gutes ist schlimmstenfalls noch nicht gut genug, Böses dagegen in jedem Fall Schuld. Diese Schuld weist über ihr Böses hinaus auf das Gute, aber das Gute nur darauf hin, daß seine eine und andere gute Tat sich sowohl zu noch Besserem steigern als auch in der Gestalt dieses Guten weiter ausbreiten sollten. Dem Bösen fehlt das Gute, das es verfehlt, selber etwas deshalb stets bloß Vorletztes, und dieses bloß Vorletzte auch noch dann, wenn es zuletzt übermächtig sein würde. Dem Guten fehlt dagegen nichts als seine eigene Vollendung: zuletzt nurmehr Gutes!

XI. Freiheit für den Widerspruch!

1. Dialogik statt Dialektik

Spricht die Dialogik von Offenheit, ist sie auch imstande, offen zu sein. Sich widersprechende Thesen und Antithesen sind ihr kein Ärgernis, eine diese aufhebende Synthese ihr kein Bedürfnis. Denn in die Offenheit der Freiheit für den Widerspruch, die sich auf der Höhe ihrer Vollendung selber Grenzen zieht, Grenzen aus und in Freiheit, geht das ganze All tatsächlich ein, dessen neuzeitliche Vollständigkeit jede Monologik gesprengt hat und jeder Dialektik spottet, die beide seine Vielfalt auf nur eine Schnur reihen wollen.

Aber Entscheidung tut not, wendet der Dialektiker ein, als schlösse Vielfalt Entschiedenheit aus. Der Dialogiker kann antworten, daß gerade er sich entscheidet und er vor allem auch zu seiner Entscheidung steht, in jeder wesentlichen Hinsicht sogar sehr viel eindeutiger entschieden, als der Dialektiker es nur jemals vermag. Denn dieser bleibt zwar seiner Dialektik grundsätzlich treu, die aber ihm wechselnde Entscheidungen abverlangt, während der Dialogiker, dessen Dialogik nur grenzsätzliche Entscheidungen zuläßt, sich so selber treu bleiben kann, von allen Wechselfällen, mit denen auch er zu rechnen hat, unbeirrt. Mag sein Gegenüber noch so kraß widersprechen! Die eigene Grundlage, der von diesem Gegenüber Grenzen gezogen werden, hört deswegen nicht auf, gültig zu sein: in ihrer Geltung eher dadurch bestärkt, daß die andere Grundlage, der auch umgekehrt sie ihre Grenzen zieht, ebenfalls im Recht ist.

Dem Dialektiker bricht das Ganze seiner Welt auseinander, wenn seine abschließende Synthese sich als nicht so grundsätzlich wahr erweist, wie er es von ihr annimmt, während es dem Dialogiker seine Welt bestätigt, daß zwei Wahrheiten, die einander widersprechen, nur grenzsätzlich wahr sind, erst zusammen das Ganze der Wahrheit.

So bleibt die Dialogik auch für die Dialektik offen, der sie und die ihr widerspricht, während die Dialektik einmal mehr ihre Herrschsucht austobt, sobald sie dem Widerspruch der Dialogik begegnet. Widersprüche können, wenn der Dialektiker sie überhaupt zur Kenntnis nimmt, ihm bloß eine feindliche These oder Antithese sein, die hier und jetzt so weit wie möglich aufzuheben seien, bis sie – früher oder später – restlos aufgehoben sein werden, von der künftigen Synthese überwältigt. Dem Dialogiker dagegen ist und bleibt die Dialektik ihr denkwürdiger und dankenswerter Fortschritt zur vollständigen Erfassung der geschichtlichen Widerspruchsvielfalt und jeder Widersprüchlichkeit des Alls. Nur sollte, und das allein ist es, was die Dialogik noch außerdem fordert: sollte die Dialektik auch zu dem stehen, was sie erschlossen hat! Hier ist und zwar sehr viel mehr erschlossen, als die Dialektik sich selber zugesteht, im Sinn des Altertums und des Mittelalters nach wie vor nur eine Mitte umkreisend.

Während die Dialektik die Dialogik so beiseite schiebt, wie sie – zuletzt – alles beiseite schiebt, was ihrer eigenen Zielsetzung den Weg verlegt, bezieht die Dialogik die Dialektik so mit ein, wie sie – bis in jedes Zuletzt hinein – alles einbezieht, das ihrem einen oder anderen Standpunkt widerspricht. Nur ein Unrecht ohne jedes eigene Recht, diesen durchwegs „unannehmbaren Widerspruch" gibt es allerdings: das Böse! Gerade hier aber läßt die Dialektik, weil sie nichts durchwegs zu Verneinendes kennt, auch kein unter allen Umständen Böses zu, das heißt kein wirkliches Böses überhaupt. Alle fremden Ansprüche sind, insofern sie widersprechen, böse, anderseits sind sie es aber niemals ausschließlich. Denn jeder Widerspruch bildet eine Mitverkörperung des zu durchmessenden Geschichtswegs, auf dem er zu seiner Stunde – wenn die führende Rolle ihm zufällt – ebenso entschieden gut heißt, wie er vorher böse hieß und nachher von neuem böse heißt, jenseits der ihm zugemessenen Stunde. So werden sogar eigene Entscheidungen für das jeweils Böse in Kauf genommen, um durch seine Förderung den geschichtlichen Ablauf – der dieses Böse zuletzt aufheben werde – zu beschleunigen. Die Entscheidung für das hier und jetzt Böse, das deswegen nicht aufhört, böse zu sein, dient, meint der Dialektiker, durch diese Verstärkung des Bösen seiner zunehmend krasseren Bloßstellung und rascheren Aufhebung, einem wenigstens guten Zweck.

Für den Dialogiker dagegen, der dieselbe Entwicklung am Werk sieht, von der hin- und hergerissen sich Geschichte vollzieht, so daß er auch die sie erschließende Dialektik vorbehaltlos bejaht, bleibt Gutes gut, wie Böses böse: unaustauschbar! unverwechselbar! Niemals und nirgends heiligt der Zweck die Mittel, diese seien noch so wenig böse, er selber noch so ausnehmend gut. Die Entscheidung und in dem Fall der Dialogik durchaus unzweideutige Entscheidung für das Gute oder das Böse fällt nicht zwischen dem einen und anderen Gegenüber, die einander widersprechen, sondern auf beiden Seiten ihres Widerspruchs. Dort, wo sich jedes Gegenüber bei der anderen Bewährung seiner anderen Wahrheit gegen sein eigenes Böses zu richten hat, nach seinem eigenen Guten!

2. Dialogik ohne Dialogismus

Wie die Geduld der Dialogik nicht deswegen aufhört, geduldig zu sein, weil sie das Böse nicht duldet, hört sie auch deswegen nicht auf, Geduld zu sein, weil es wählerisch ist: jedem Dialogismus gegenüber unduldsam. Zu den folgenden vier Dialogismen muß Nein gesagt werden. Scheinbar Schildträger der Dialogik, sind sie in Tat und Wahrheit bloß Versucher, die im Namen der Dialogik auf Abwege führen.

Da droht die Überschätzung der fortan auszuhaltenden Widerspruchsvielfalt, als dürfte es ihretwegen weder mehr Eindeutigkeit geben noch Entschiedenheit; – droht die Überschätzung des Du als des Inbegriffs der Berechtigung zum Widerspruch, das Du und nur das Du zu der Lenkung des künftig ausschlaggebenden Miteinanders ermächtigend; – droht von der Überschätzung des jetzt maßgeblich gewordenen Grundbeispiels des Gesprächs her der Pandialogismus: überall und mit allen und allem ein Gespräch führen zu wollen – und droht schließlich die buchstäblich verantwortungslose Pluralogik: sich von beliebig vielen Widersprüchen gleichzeitig in Frage stellen zu lassen, statt auf die Infragestellung durch den jeweils einen Widerspruch einzugehen, der jeweils zur Verantwortung zieht.

Die Widerspruchs-Überschätzung bekämpft jede Eindeutigkeit und Entschiedenheit, ihnen ihr Gewissen zu wecken. Gewissenhaftigkeit aber, die nur auf Widersprüche abzielt, ist zu keinerlei Aufbau imstande und beim Abbau, dem sie sich vor allem widmet, zwar vielleicht nicht erfolglos, aber durchwegs unfruchtbar. Der an sich richtige und sogar notwendige Kampf gegen jede einseitige Inanspruchnahme der ganzen Wahrheit ist allenfalls ein Schrittmacher der Dialogik aber nicht einmal ihr Schrittmacher dann, wenn sich seine Hervorhebung von Widersprüchen in der Bekämpfung fremder Anmaßungen erschöpft. Dem jeweiligen Du oder gar einem beliebigen Gegenüber ihr Gewissen sein zu wollen, weicht bloß dem eigenen Gewissen aus, tatsächlich – gewissenlos. Zur Dialogik kann nur von dem eigenen Monolog aus durchgebrochen werden. Dieses allein: sich selber zu richten, trägt Frucht.

Der Du-Überschätzer dagegen stürzt sich in die Demut der Abhängigkeit, um sich an seinem Gegenüber einen wieder unabhängigen Herrn zu sichern, den jedoch er sich zu seinem Herrn gemacht hat, hintergründig der Herr dieses Herrn. Jede ausdrückliche Bevorzugung des Du, die beim „Ich und Du" stehenbleibt, statt zum „Du und Du" überzugehen, bleibt Herrschsucht, eine auf dem Weg der von ihr angebahnten Dialogik um dieser Dialogik willen abzubauende letzte Anmaßung des Ich. Das Du der Losung „Ich und Du", dem ihr Bekenner rückhaltlos verantwortlich sein will, wird von ihm, einem auch schon sich selber als ein solches kennzeichnenden Ich, mitgewußt, mitgedacht, mitgefühlt, mitgelenkt. Das echte Du dagegen vertritt einen Widerspruch, den das von ihm zur Verantwortung gezogene andere Ich als deswegen nun auch seinerseits ein Du in das ihm diese Frage stellende Gegenüber nicht hineingelegt hat. Dieser Widerspruch stellt vor Verantwortungen, die sein Du, das jetzt nicht länger bloß ein Ich sein kann, von sich selber aus womöglich nicht kennt, auch – zunächst – kaum versteht, unter Umständen ungern vernimmt und noch viel weniger gern trotzdem gelten lassen muß.

Daneben droht der Pandialogismus. Der Widerspruch, der das Verschiedene, das sich in seinem Rahmen begegnet, nicht nur voneinander scheidet, sondern auch miteinander verbindet, soll überall und mit allen und allem ein „Gespräch" führen lassen, von Du zu Du. Aber die Frage der Infragestellung und die Antwort der Verantwortung oder die Losung der „Freiheit für den Widerspruch" beziehen nicht alles auf Redeweisen, sondern ein Gleichnis, dessen „Dialog" für jede Einstellung jeglichen Miteinanders über eine beispielhafte Ent-„Sprechung" aller lauten, leisen oder stummen Äußerungen und wortlosen Handlungen oder Unterlassungen verfügt. Auseinandersetzung und Begegnung fordern nicht, daß zu jeder Zeit jeder mit jedem sowie allem bis zum Kunstwerk und den Tieren, Pflanzen, Bergen, Wolken und Sternen über jeden und alles reden könnte, richten dürfte: als eines jeden Infragesteller und von einem jeden in Frage gestellt, alle, alles duzend, von allen und allem geduzt. Nur wo sich Ebenbürtiges begegnet, gibt es ein wirkliches Gespräch. Daß in jedem Augenblick Dialogik maßgebend bleibt, will nicht alles mit allen und allem ein „Gespräch" führen lassen, ohne die eigene und fremde Würde, Größenordnung, Rangordnung, Schichtung und jeweilige Aufgabe zu berücksichtigen: ob und in welchem Ausmaß diese Aufgabe den ganzen Menschen in An-„Spruch" nimmt oder nicht. Befehl und Gehorsam, Beispiel und Nachfolge, Gebot und Ausführung, Anordnung und Unterordnung schließen Fragen aus, und Antwort nur uneigentlich ein: fraglos in Frage stellend, Antwort ungefragt.

Da aber bietet sich, wenn die Flucht in den Pandialogismus abgeschnitten ist, zuletzt noch die Ausflucht der Pluralogik. Zur Bekräftigung der Losung „Du und Du" befürwortet sie die Losung „Du und Du und Du und Du usw." in dem Sinn gleichzeitiger Auseinandersetzung mit einer Mehrzahl von

Widersprüchen, sich so aber nur ihrer Verantwortung für den sie jeweils in Frage stellenden Widerspruch entziehend. Ohne die eigene und eine noch dazu rückhaltlose Hingabe gibt es keine Begegnung mit dem Du, das sich auch seinerseits so rückhaltlos hinzugeben hat, daß sie beide nicht gleichzeitig auf noch ein weiteres Du oder gar deren viele eingehen können. Ganz gewiß ziehen mehr als ein Widerspruch zur Verantwortung, so daß auf eine Vielzahl von ihnen eingegangen werden muß und auf möglichst viele von ihnen als Infragestellung durch ein Du. Aber deswegen sind zum Beispiel die Mode gewordenen Podiums-Gespräche trotzdem keine Bewährung, sondern fast immer nur Verfehlungen der Dialogik. Die Vielzahl der in sie einbezogenen Widersprüche erweitert nicht, sondern verhindert jedes wesentliche Gespräch. Ein Du muß sein Du buchstäblich „angehen", und es geht sein Du nur in demselben Ausmaß wirklich an, in dem es ihm zu widersprechen imstande ist und wirklich widerspricht, jeden anderen Anspruch übertönend. So wird auch die Liebesantwort des „Liebe deinen Nächsten wie dich selbst" (3. Mose 19,18) zwar einerseits von jedem, aber anderseits nur demjenigen Selbst jeweils eingefordert, das einem selber „am nächsten" steht, hier und jetzt. Schon die Frage „Wer ist mein Nächster?" (Lukas 10,29) weicht mit diesem Hinweis auf die in Frage kommende Mehrzahl von Gegenübern ihrem jeweiligen Nächsten bloß aus, der zwar ausnahmslos jeder andere Mensch sein kann, aber gerade nicht jeder, sondern derjenige bestimmte „nächste" Mensch ist, der vor jeder ihm geltenden Frage den nach ihm Fragenden bereits in Frage stellt.

3. Freiheit für den Widerspruch!

Kein Einwand gegen die Freiheit ist es, daß sie sich Grenzen zu ziehen hat, wenn sie es aus und in Freiheit tun kann. Gerade so meistert sie ihre Vollendung. Und in derselben Weise bewährt die Dialogik ihre Offenheit dadurch, daß sie sich immer wieder und noch einmal gegen bloß angebliche Offenheiten verschließt oder sich wenigstens von ihnen abhebt, wenn diese anderen Offenheiten zwar schon weitgehend aufgeschlossen, aber noch nicht so buchstäblich aufgeräumt sind wie sie selber. Dialogik ist weder Konvergenz noch Konkurrenz noch Koexistenz, nicht bloß Toleranz und nicht nur Kooperation, keinesfalls Kollaboration und etwas anderes als Koordination, Korrelation, Kommunikation und Komplementarität.

Das „absehbare Zusammentreffen" der Konvergenz, diese in der Richtung auf dasselbe künftige Ziel zunehmende gegenseitige Annäherung von einander widersprechenden Wegen zu diesem Ziel, vermeidet zwar die bei jedem Schritt jedem anderen Schritt gegenüber durchbrechende Unduldsamkeit der Dialektik, bleibt aber trotzdem in dem Bann dieser Unduldsamkeit. Letzten Endes, im Hinblick nämlich auf das Ziel des ganzen Alls, pocht sie auf dieselbe Möglichkeit der Vorwegnahme einer angeblich alles abschließenden Synthese. Scheinbar versöhnlich, insofern sie ein Gegenüber, das ihr widerspricht, gelten läßt, und hierin der Dialogik verwandt, ist sie anderseits unversöhnlich und ein Abklatsch der Dialektik, von der Dialogik abgrundtief geschieden. Eher wird hier noch die Monologik fortgesetzt, als daß bereits Dialogik bewährt würde. Die Konvergenz erblickt und kann in den von ihr wahrgenommenen Widersprüchen bloß vorübergehende Hindernisse auf dem Weg zu einer letzten Einheit erblicken, in deren Namen sie diese Widersprüche, die sie unterwegs „aushält", dabei nur „unterwegs" aushält, einer kommenden Aufhebung ihrer und jeglicher Widersprüchlichkeit gewiß.

Da ist, mit der Konvergenz verglichen, die Konkurrenz fast redlicher, dieser zunächst freie „Wettlauf" und schließlich freie Wettbewerb. Die Konkurrenz läßt einander widersprechen, was nur immer einander widerspricht, ohne sich mit der einen oder anderen Seite ineins oder etwas anderes zum Ziel zu setzen als die Möglichkeit der Überflügelung jedes einen durch jedes andere Gegenüber. Nur eines verhindert sie, und nur, um den Wettbewerb tatsächlich offenzuhalten: die Übersteigerung des einen oder anderen Vorsprungs der Konkurrenten zum Monopol und dessen Verewigung. Gerade so wehrt auch die Dialogik den Monolog ab, sobald die Monologik ihn zu übersteigern und zu verewigen trachtet. Aber die Konkurrenz nimmt die Widersprüche zwischen ihren Wettläufern dabei nicht wirklich ernst. Gespräche jedoch sind kein Wettbewerb, Begegnungen kein Wettlauf und das Ringen um die gegenseitige Überflügelung keine Auseinandersetzung mit dem jeweiligen Widerspruch. Was die Konkurrenz an Freiheit einräumt, das räumt sie nur dank ihrer Ziellosigkeit ein, so daß die von einer eigenen Zielsetzung herrührende Unfreiheit der Konvergenz fast noch vorzuziehen wäre, gäbe es nicht auch wirkliche Offenheit.

Also Koexistenz?! „Zusammendasein" von Verschiedenem, des Widersprüchlichen gemeinsames Da: bildet nicht diese Koexistenz die von der Konvergenz und der Konkurrenz verfehlte richtige Ausdeutung dessen, was die Dialogik fordert? Diese Vermutung ist falsch, keine Deutung der Dialogik schärfer abzuweisen! Mit Recht eröffnet Herbert Lüthy seinen im Jahr 1962 gehaltenen französischen Vortrag *Nach dem Kalten Krieg* mit den folgenden Worten. „Daß das unaussprechliche Wort ‚Koexistenz' zum Trostwort unserer Zeit geworden ist, kennzeichnet die Dürftigkeit ihrer Hoffnungen. Koexistenz bedeutet nicht Frieden, sondern höchstens die Konsequenz aus der Unmöglichkeit des Friedens wie der kriegerischen Entscheidung: das resignierte, doch stets nur vorläufige Nebeneinanderbestehen des Unvereinbaren. Nicht grundlos gehen nun die Warner durchs Land und predigen Wachsamkeit gegen die geistige Aufweichung des faulen Friedens ... Weder die Warner noch ihre Warnungen sind lächerlich ...“[1]

Denn weshalb räumt die Koexistenz das gemeinsame Dasein von Verschiedenem ein? Weshalb läßt sie Widersprüchliches zusammen bestehen? Weil ihr für den vollständigen eigenen Sieg, mit dem sie unbeirrbar und unduldsam rechnet, der Augenblick noch nicht gekommen zu sein scheint. Um eine Atempause zu gewinnen, als jedoch keine Atempause der besseren Besinnung auf die Möglichkeiten des Friedens, sondern eine Atempause zur besseren Inangriffnahme der restlosen Beseitigung jedes ihr widersprechenden Gegenübers, deshalb läßt die Koexistenz den Widerspruch des jeweiligen Gegenübers zu: ein letzter Trumpf der Dialektik. In dieser Gestalt der Koexistenz ist auf alle Forderungen der Dialogik eingegangen, ohne von der eigenen Herrschsucht abzugehen. Die mit und wegen der neuzeitlichen Weltvollständigkeit auf ihrem Boden zur Verantwortung ziehende Widerspruchsvielfalt wird von der Koexistenz stets nur scheinbar ernst genommen, bis sie ihre stillschweigend im Auge behaltene eigene Zielsetzung wieder in die Tat und Untat totalitärer Ganzheitsanmaßung umzusetzen versucht; von der Atempause – so rechnet sie – gestärkt. Ein Aufschub, meint sie, kann nur ihr zugute kommen, der, meint sie, unausweichlicherweise künftigen Siegerin.

Ist also Toleranz, das heißt „Duldsamkeit“, gefordert? Wer möchte hier nicht ja sagen, angesichts des beispielhaften Mutes und des tausendfachen Rechtes dieser weder selbstverständlichen noch ungefährlichen Forderung, deren Abwehr jeder Unduldsamkeit sich außerdem keineswegs überholt findet. Und doch ist Duldsamkeit nicht schon Dialogik, Dialogik niemals bloß Duldsamkeit. Denn hinter der Toleranz steht entweder nur vorübergehende Duldsamkeit, die den eigenen Sieg, auf dem sie weiterhin beharrt, lediglich hinausschiebt, oder sonst der Verzicht auf jede letzte Zielsetzung überhaupt. So schlägt frühere Unduldsamkeit in den Kampf gegen die eigene um jede Unduldsamkeit um, als ob keinerlei Ziel gesetzt und Sieg angestrebt werden dürften und dieser Verzicht ein Fortschritt und derjenige zur Dialogik sei. Duldsamkeit ist aber bestenfalls gerade nur eine Voraussetzung dieser Dialogik, deren Fortschritt die Geduld ist, und zwar nicht blindlings duldsame, sondern vielmehr entschieden wählerische Geduld. Die Duldsamkeit der Toleranz geht an der Dialogik, deren Offenheit sie zunächst mit den Weg bahnt, durch die Ausschließlichkeit ihres Offenheitsverlangens zuletzt wieder vorbei, außerdem auch dem eigenen Mißbrauch durch die Dialektik und die Dialogismen in keiner Weise gewachsen. Bloß für die Offenheit als solche „entschieden" zu sein und deswegen nun alles zu dulden, genügt nicht. Diese Entschiedenheit hat sich noch als eine Entscheidung zu begreifen, die sich weder des Zieles noch des Sieges ihrer Dialogik zu schämen braucht und sie mit aller Kraft und Leidenschaft sowohl zu behaupten und durchzusetzen als auch hartnäckig zu verteidigen hat.

Offenheit um der Zusammenarbeit willen statt bloß Offenheit in dem Sinn eines Selbstzwecks, das ist Dialogik und die Zwecksetzung ihrer Offenheit. Willkommen ist da die Kooperation, die aber den richtigen Weg allzu farblos vertritt, und höchst unwillkommen jede Kollaboration, ein hier grundfalscher Abweg. Die Kooperation, weitgehend nur der Ausdruck eines guten Willens, ohne dem vollen Ernst und der ganzen Schwere seiner Bewährung ausdrücklich verpflichtet zu sein, muß noch durch das vertieft werden, was bei der Dialogik dadurch anklingt, daß ihr Begriff bewußt und ausdrücklich an die Dialektik erinnert, diese gerade so – bewußt und ausdrücklich – in ihre Schranken zu weisen. Kooperation ist also zwar auch Dialogik, sie aber noch nicht entschieden genug. Die Kollaboration jedoch ist und bleibt die nach dem Maßstab der Dialogik und überhaupt durchwegs verwerfliche und ausschließlich abzuweisende Zusammenarbeit durch Selbstpreisgabe. Das ist der anrüchige Beigeschmack, den der hier zunächst ebenfalls eher farblose Begriff der Zusammenarbeit angenommen hat und der ihm nicht wieder genommen werden sollte, um diese mögliche Verkehrung der Zusammenarbeit unzweideutig anprangern zu können. Mag die Selbstpreisgabe des Kollaborateurs aufrichtig oder vorgetäuscht sein, um sich dort von einer starken Hand führen zu lassen oder hier das Gegenüber doch noch und hinterrücks in die eigene Hand zu bekommen. Beide Male wird das verspielt, was sich dank der Zusammenarbeit sonst fruchtbar einstellt: das gesteigerte Selbstbewußtsein, die befriedigende Selbstbewährung und die zunehmende Selbstvollendung sowohl des einen wie des anderen Mitarbeiters der Zusammenarbeit.

Dagegen ist Koordination, diese „Beiordnung", weniger voreingenommen als die Konvergenz, stärker verbindend als die Konkurrenz, keine bloße List wie die Koexistenz, entschiedener als die Toleranz und dabei und vor allem keine Selbstpreisgabe des einen oder anderen Mitarbeiters der Zusammenarbeit wie die Kollaboration, aber anderseits durch und durch ungeschichtlich, zutiefst schwunglos oder jedenfalls – in einem unguten Sinn – allzu sachlich. Hier fehlen die erregende Herausforderung des eigenen Mitgehens mit dem Gegenüber und die schwerwiegende und schwierige eigene Betroffenheit durch sein Eingehen auf dieses Mitgehen, das indem es jede Selbstgenügsamkeit in Frage stellt –, die eigene Selbständigkeit und ihre Notwendigkeit gerade so besiegelt.

In die Lücken der Koordination tritt die Korrelation. „Wechselseitigkeit" hat größeren Schwung und verlangt ein betroffeneres Mitgehen, dabei vor allem auch die gegenseitige Ergänzung unterstreichend. Doch es bleibt dieser Korrelation gleichgültig, ob das eine oder andere Gegenüber, die sich wechselseitig ergänzen, einander ebenbürtig sind oder nicht. Auch die Dialektik und die Dialogismen setzen Wechselseitigkeiten, und die Kommunikation und die Komplementarität sogar solche, die ihr Gutes hatten und haben, das aber seit der Heraufkunft der Dialogik als etwas weniger Gutes von dem Besseren der Dialogik abzuheben ist, diesem Besseren den Weg zu eröffnen.

Und Gleichgültigkeit, eine wenigstens letzte Gleichgültigkeit, ist auch der Kommunikation vorzuwerfen. Wie die Korrelation ist ihre „Mitteilung" an der Zahl, dem Wesen, gegenseitigen Verhältnis und der Art und Weise der Zusammenarbeit ihrer Teilnehmer gar nicht oder lediglich am Rand interessiert. Daß die Kommunikation eines Gegenübers bedarf, um sich mitteilen zu können, und deshalb die Begegnung sucht, Begegnung braucht, bei denen sie Mitteilungen nun außerdem nicht bloß selber macht, sondern dabei auch – vielleicht – selber empfängt, ist für sie bereits alles. Nur beiläufig und vor allem dank Jaspers bildet die Kommunikation auch einen Begriff der Philosophie, aus dem aber weder das Nein zur Monologik noch die Abhebung von den Dialogismen und weder die klare Abweisung der Schwächen noch die ebenso unzweideutige Beibehaltung aller wesentlichen Errungenschaften der Dialektik hervorgehen, um die es sich bei der Dialogik schon ihrer Wortprägung nach handelt.

Die Komplementarität schließlich, diese „Vervollständigung durch sich Ausschließendes", verlangt – wie die Kooperation – noch einmal weniger ihre Abhebung von der Dialogik als vielmehr ihre Vertiefung durch sie. Beispielsweise Raum und Zeit zusammen gelten lassend, die anderseits nicht und niemals auf einmal festzustellen sind, erweist die Komplementarität Dialogisches als eine wirkliche Grundgegebenheit des Alls, die Dialogik dagegen den Dialog als hier Aufgegebenes: eine buchstäblich grund-legende Aufgabe, die immer erst noch zu verwirklichen ist. Die Komplementarität des Alls besteht, ob sie erkannt oder nicht erkannt wird, während die Dialogik in diesem All nur so lange Bestand hat, als ihre Bewährung gewagt wird und gelingt. Die Komplementarität ist und bleibt Wissenschaft, die Dialogik zur Wissenschaft Zielsetzung hinzu. Das Wissen der Dialogik, ganz gewiß auch Forschung nach dem Maßstab der Wissenschaft, stellt dabei vor Möglichkeiten, die erst noch wahrzunehmen sind: durch die eigene Tat! So verankert die Komplementarität die Dialogik in einer allgemeinen Gesetzmäßigkeit, mit der als solcher aber nur erst die Schwelle zur Dialogik gesetzt ist. Hier Fuß fassend, wagt die Dialogik und muß sie von hier aus den vom Wachstum zur Erwachsenheit auf der Höhe der Menschheit weiterführenden Fortschritt weltweit verantwortungsbewußter Vollendung der Freiheit wagen, deren schreckliche Großartigkeit es ist, daß sie auch verfehlt und verkehrt werden kann, statt bewährt zu werden.

4. Statt Aufhebung – Aufgeräumtheit

Erfreulich sei es, sagt Hegel in bezug auf den Begriff der Aufhebung, die „soviel als aufbewahren, erhalten bedeutet, und zugleich soviel als aufhören lassen, ein Ende machen": erfreulich sei es, „in der Sprache Wörter zu finden, welche eine spekulative Bedeutung an ihnen selbst haben; die deutsche Sprache hat mehrere dergleichen".[2] Ein anderes solches Wort von spekulativer Bedeutung ist der Begriff der Aufgeräumtheit, der vor seiner Verankerung in der Dialogik nur jeweils beiläufig auftaucht, beispielsweise bei Goethe:

Sankt Peter war nicht aufgeräumt,
Er hatte so eben im Gehen geträumt ...[3]

Aufhebung, diese, wie Hegel fortfährt, „Grundbestimmung, die schlechthin allenthalben wiederkehrt", ist in viererlei Hinsicht ebensosehr Beseitigung wie Bewahrung und ein Aufwärts, das heißt Erhebung, in Erneuerung hinein. Dagegen ist die Aufgeräumtheit, auch sie, eine schlechthin allenthalben wiederkehrende Grundbestimmung, der dreifache Vorgang des Mit-Etwas-Aufräumens und Aufgeräumt-Habens und Aufgeräumt-Seins. Wer mit etwas aufräumt, wird dadurch, daß er aufgeräumt hat, selber ebenfalls „aufgeräumt": zufrieden, ausgeglichen, heiter, froh. Was der Aufräumende nach außen hin leistet, tritt in dem Ausmaß seiner Bewährung auch an und in ihm selber hervor. Ordnung schaffend, wird er einer, der „in Ordnung" ist.

Diese höchste Genugtuung der Aufgeräumtheit bleibt der Aufhebung versagt, deren beseitigend-aufhebendes Mit-Etwas-Aufräumen ihr Gegenüber hierdurch aus dem Weg räumt, während die Aufgeräumtheit mit der Tatsache, daß ihr Gegenüber ihr im Weg steht – oder etwas anderes oder sie selber ihm den Weg verlegt – aufräumt: jedes eine, andere und sich selber dort einräumend, wohin sie gehören. Das von der Aufhebung in der Gestalt dessen, was ihr „Bewahrung" heißt, zwar ebenfalls in die Wege geleitete Aufgeräumt-Haben geht durch die sehr wirkliche Vernichtung des von ihr deswegen nunmehr „erinnerten" Gegenübers hindurch, mit der jede Möglichkeit eines Aufschwungs zur Freude abstirbt, die der stattdessen schadenfrohe Dialektiker dank seiner Schadenfreude allerdings nicht selber vermißt. Die Aufgeräumtheit aber kann und darf sich der vollen Wirklichkeit des Gegenübers ihres Mit-Etwas-Aufräumens dank seiner hieraus hervorgehenden wirklichen Bewahrung von Herzen freuen. Die von ihr vorgenommene „Aufhebung" hat an und mit ihm nur seine Unaufgeräumtheit vernichtet: ihre eigene Verfehlung. Mit deren Beseitigung fehlt ihr selber und fehlt dem All nichts und garnichts, weil erst und gerade so ausnahmslos alles so zusammen und so vollständig zur Geltung kommen kann.

Auf der Höhe der Aufhebung bleiben die hier dialektisch errungene Bewahrung und das Aufwärts ihrer Erhebung mit ihrer hierdurch in die Wege geleiteten Erneuerung davon belastet, daß sie unausweichlicherweise etwas ersetzen, dessen Aufhebung die Vornahme seiner Beseitigung ist. Nur die Aufgeräumtheit, die auf diese Weise einmal mehr das vollendet, was in der Dialektik an Fruchtbarkeit angelegt war, ohne innerhalb der Dialektik ausreifen zu können, räumt jeden und alles in den ihnen zukommenden Bereichen miteinander ein, nichts als das Versagen der Unaufgeräumtheit „beseitigend". Ihre Dialogik kann und darf deshalb auch selber aufgeräumt sein: wie nach außen hin Freude verbreitend dieser Freude selber froh.

XII. Im Widerspruch zur Welt

1. Herausgeforderte Umwelt

Zu allem, was den Menschen und die Menschheit bisher in Frage gestellt hat und es annehmen ließ, daß die Bewältigung dieser Widerspruchsvielfalt bereits alles verantworte, was zu verantworten sei, hat sich eine neue Herausforderung hinzugesellt. Die Welt oder – vom Menschen aus gesehen, der auch selber Welt ist – die Welt, die der Mensch nicht selber ist, seine Umwelt, widerspricht jedem Versuch, sich zu ihrem „Herrn und Eigentümer" aufzuwerfen. Wie spekulativ und verhängnisvoll weltfremd klingt plötzlich diese Losung! Descartes, der mit dieser Losung auf die Welt besser hatte eingehen wollen, als es bis dahin geschehen war, und zunächst auch die Welt so tatsächlich besser erfaßte, hat zuletzt hier ein Gegenüber herausgefordert, das beherrschen und besitzen zu wollen auf gerade diese Weise sich an ihm und sich selber verfehlt. Was der Umwelt angetan wird, fällt auf die Welt des Täters zurück, dessen Welt aus demselben Grund auch umgekehrt reicher und wesentlicher Frucht trägt, wenn er sich seiner Umwelt gegenüber bewährt.

Trotzdem war Descartes nicht im Unrecht oder jedenfalls nicht nur im Unrecht, als er sein denkwürdiges erstes Buch, den *Discours de la Méthode*, im Jahr 1637 über alle Spekulation stellte, die in den Schulen gelehrt wurde. Nach kurzer Zurückhaltung, weil soeben – im Jahr 1633 – Galilei wegen desselben Versuchs dieser geistigen Umwälzung verurteilt worden war, wende er sich nun doch, schreibt Descartes, an die Öffentlichkeit, um nicht gegen das Gesetz zu verstoßen. „das uns verpflichtet, soviel an uns liegt, das allgemeine Beste aller Menschen zu befördern". An die Stelle der bisherigen Spekulation sollte und könnte eine praktische Philosophie treten, „die uns die Kraft und die Wirkungsweise des Feuers, des Wassers, der Luft, der Sterne, des Himmels und aller anderen Körper, die uns umgeben, ebenso genau kennen lehrt, wie wir die verschiedenen Tätigkeiten unserer Handwerker kennen". So daß wir, folgert und jubelt Descartes, diese unsere Umwelt „auf ebendieselbe Weise zu allen Zwecken, für die sie geeignet ist, verwenden und uns so zu Herren und Eigentümern der Natur machen könnten: *maîtres et possesseurs de la nature*".[1]

Aber die Natur widerspricht. Von der Menschheit herausgefordert, tritt die Natur dieser Menschheit als ihre Umwelt dermaßen eigenständig entgegen, wie sonst nur der Mensch dem Menschen Widerstand zu leisten vermag.

Descartes war im Unrecht, als er das Feuer, das Wasser die Luft, die Sterne, den Himmel und alle anderen Körper, die uns umgeben ("qui nous environnent"), zu allen Zwecken gebrauchen lassen wollte, für die sie geeignet seien, vom Menschen aus gesehen. Wenn aber künftig auch über ihn hinauszugehen ist, geht es dabei auf dem von ihm gewiesenen Weg um den abschließenden Fortschritt in derselben Richtung zu derselben Vollendung. Die Herausforderung eines Gegenübers, das einem selber Grenzen zieht, ist als dieses Ende der Beliebigkeit jedes eigenen Herrschens und Besitzens Anfang und Voraussetzung der auch für das eigene Selbst fruchtbareren Zusammenarbeit mit diesem und jedem Gegenüber auf der Höhe der Freiheit für den Widerspruch.

Der cartesische Weg, in dessen hierdurch weitergeführter und einst selber weiterführender Richtung schon Jahrtausende zuvor der erste Schritt die Erfassung der Kosmologie gewesen war, führte und führt unaufhaltsam zu den weiteren Fortschritten der Theologie und der Anthropologie; unter diesen drei Lehren, wie auch den Begriffen des Altertums, des Mittelalters und der Neuzeit, ihren "Weltaltern", wieder Idealtypen verstanden.

Zunächst war es das Äußerste und etwas Alleräußerstes, daß die Eigenmächtigkeit der Götter und Menschen mit den von ihnen in die Wege geleiteten "Geschichten" aus dem heraus und dem entgegentrat, was nach der Lehre der Kosmologie unabänderlich die Welt war und blieb: eine den Menschen wie den Göttern enthobene letzte Gesetzmäßigeit und ewige Notwendigkeit unerbittlichen – und buchstäblich "un-erbittlichen" – Beharrens auf dem Kreislauf des Alls. Der Theologie und jedem mit ihr einhergehenden Idealtypus des Mittelalters wird dieses All zur geschichtlichen Schöpfung von nur einem Anfang her auf nur ein Ende hin. Für diese Geschichte von der Weltschöpfung bis zur Weltvollendung und im Gegensatz zu den von ihr mithervorgerufenen Kreisläufen der Natur ist der Mensch – in dem Bild seines Schöpfers geschaffen – mitverantwortlich.

Die neuzeitliche Anthropologie schließlich baut und anfangs so, als ob es nicht länger Kreisläufe gäbe oder von ihnen jedenfalls abzusehen sei, auf die volle Verantwortung des sich seiner Ganzheit restlos bewußt gewordenen Menschen für die Menschheit und das All. Doch es gibt zweierlei Anthropologie. Der eigenen Verantwortung sich bereits bewußt und von ihr aus sich

150

wortwörtlich alles „heraus-nehmend", was er nur immer selber machen und verbrauchen kann, werden von diesem Menschen einer ersten und sich eigentlich erst anbahnenden Anthropologie die Kosmologie und die Theologie wie bisher vorausgesetzt. Sei es eine letzte Gesetzmäßigkeit dort oder ein letzter Schöpfungswille hier! Sie behüten, meint dieser Mensch, den ebenfalls, der sich an ihrer Stelle zum Herrn und Eigentümer der Schöpfung aufgeworfen hat. Letzten Endes bleibe die Menschheit, was immer sie verübe, vor der Selbstzerstörung und ebenso das All vor den Folgen seiner Zerstörung durch den Menschen bewahrt.

So gäbe es auch, meint der Mensch dieser ersten Anthropologie, „freie Güter", einen von der liebenden „Mutter Natur" oder einem liebenden „Vater" der Schöpfung vorsorglich und unerschöpflich angelegten Vorrat zu beliebigem Gebrauch bis zum Mißbrauch und bis zur Verschwendung. Und Spielraum gäbe es, meint er, buchstäblich „Spiel"-Raum für jede Dummheit, jede Bosheit! Wie Kinder und Jugendliche verlassen sich die Menschen dieser ersten Anthropologie der frühen Neuzeit bei allem, was sie anstellen – und schon mit der ganzen Kraft und vollen Gewalt von Erwachsenen anstellen – darauf, daß ein Herr der Welt oder diese Welt selber für sie einstehen, wenn etwas von dem schiefgeht, was ihr Leichtsinn verschuldet. Solche Kindlichkeit ist aber nur noch Kindischkeit in dieser Stunde eigener Erwachsenheit.

Demgegenüber begreift sich die zweite und so jetzt erst eigentliche Anthropologie als Verantwortung ohne Spielraum für Kindereien und ohne jeden Schutz vor dem eigenen und allgemeinen Untergang, wenn der Mensch seine Selbstzerstörung nicht selber verhindert. Auch gab es, lehrt diese zu Ende gedachte Anthropologie, nirgends und niemals, was es auch in keiner der Richtungen ihrer Gegenwart gibt und in keiner Zukunft jemals geben kann: „Freie Güter"! Was der Mensch sich dem Stoff und dem Leben gegenüber oder seelisch und geistig „herausnimmt", muß von ihm oder jemand anderem auf die eine oder andere Weise früher oder später ebenso bezahlt werden, wie die Menschen zusammen auch für alles das einzustehen haben, was ihr Leichtsinn und ihre Dummheit und Bosheit verschulden.

Die sich fortan aufdrängende und auf der Höhe der zweiten und eigentlichen Anthropologie schließlich übernommene volle Verantwortung des sich seiner Ganzheit restlos bewußt gewordenen Menschen ist Verantwortung angesichts des Alls in der Gestalt der Welt als Menschheit und der Gestalt dieser Welt als Umwelt, sie zur Menschheit, wie diese zu ihr im Widerspruch. Hier der Herr, hier der Eigentümer sein zu wollen, damit ist es jetzt vorbei. Solche buchstäbliche All-Macht war zwar während des Mittelalters von der Theologie jenseits des Menschen vorausgesetzt worden, in des Schöpfers

Hand. Und wohl sprach Turel, als sein Buch des Jahres 1947 den Bogen *Von Altamira bis Bikini* spannte, nun von der *Menschheit als System der Allmacht.* War doch – und in dem Sinn seiner denkwürdigen Buchüberschrift von 1931 – die neuzeitliche *Eroberung des Jenseits* gewagt worden und gelungen.[2]

Aber nur die erste Anthropologie der frühen Neuzeit, von der sich hier auch Turel noch nicht gelöst hat, spricht die Allmacht der Menschheit zu, weil die Menschheit sie eben noch Gott zugesprochen hatte. Wenn das Jenseits wirklich erobert ist, bricht es im Diesseits auf, jedem Diesseits als ein anderes Diesseits Grenzen ziehend. Die Welt, die der Mensch, der selber ebenfalls Welt ist, angesichts des durchwegs verdiesseitigten Alls sich gegenüber vorfindet, seine Umwelt, zieht jetzt ebenso Grenzen, wie auf diesem Boden der Neuzeit auch der Mensch dem Menschen Grenzen zieht: Grenzen der Infragestellung durch einen Widerspruch. Sei es die Umwelt, sei es der andere Mensch! Ihr jeweils anderes Diesseits begegnet dermaßen jenseitig, wie das „Jenseits" einst nur jemals jenseitig war.

Diese Grenzen der Infragestellung durch einen Widerspruch halten jedoch nicht noch einmal auf, wie die von der antiken Kosmologie, mittelalterlichen Theologie und frühneuzeitlichen Anthropologie gezogenen Grenzen es taten, eine Verführung dann außerdem zur Spekulation, dem Schicksal auch noch von Descartes. Wo kein Widerspruch Grenzen zieht, braucht es trotzdem ein Gegenüber: das Gegenüber spekulativer Wirklichkeit. Etwas ganz anderes, nämlich keine Spekulation, ist es, an den Grenzen haltzumachen, die ein wirklich widersprechendes Gegenüber wirklich zieht. Zu diesen Grenzen zu stehen, diese nunmehr restlos verantwortliche und von Grund aus verantwortungsbewußte Überwindung der Ausbreitung in die Weite durch die Vertiefung in die Reichweite ist an diesem Ende jedes bisherigen Fortschritts – dem die von ihm so schließlich herausgeforderte Umwelt widerspricht – gerade kein Abschluß des Fortschritts, sondern seine Vollendung: Erwachsenheit!

2. Herausfordernde Erwachsenheit

Im Anfang war das Wachstum, bis die restlos umkreiste Erde und restlos umfaßte Menschheit der Neuzeit hier vor Grenzen stellten wie vor eine Entscheidung zwischen Wachstum und Wachstumsverzicht. Mit dem Wachstum ist es aber so keineswegs zu Ende, mag auch seine beliebige Fortsetzbarkeit ein Ende nehmen. Denn das Ende dieses bis dahin „quantitativen Wachstums" bildet gerade so den Anfang des „qualitativen Wachstums" fortan zunehmender Wachstumsvertiefung, eine einzige Bedingung vorausgesetzt. Die Grenzen bisherigen Wachstums – die statt zu seiner Fortsetzung seinem Abschluß nötigen – müssen das Ziel der ebenso wirklich wie endgültig umkreisten ganzen Erde und umfaßten ganzen Menschheit tatsächlich erreicht haben.

Heranwachsende, deren Grenzen übersteigbar sind, sehen und können jede Hinnahme von Grenzen nur als einen Stillstand ansehen, der – scheint es ihnen – zu früh verzichtet. Was keine Kindheit und keine Jugend jemals begreifen, ist die Eroberung einer neuen Schwelle dadurch, daß Grenzen hingenommen werden. So aber und nur so eröffnet sich noch einmal ein Fortschritt in einem All, das alles ist, was es gibt: wenn es sich tatsächlich so verhält. Statt in einer der alten oder einer nochmals neuen Richtung Fortschritte zu machen, ist der Fortschritt jetzt ihre Vertiefung. Ging es bisher darum, neuen Bereichen entgegenzuwachsen, und das hieß Grenze um Grenze zu überschreiten, in keiner Richtung und für keinen Bereich jemals endgültig haftbar, geht es für den, der hier allen Richtungen und Bereichen zusammen gewachsen ist, in dieser Stunde seiner „Erwachsenheit" darum, sich in dem Rahmen der Grenzen seines Alls zu bewähren: immer und überall verantwortlich.

Erwachsenheit ist zwar ebenfalls eine neue Fähigkeit, die sich aber nicht den bisherigen anreiht, sondern sich in die jetzt vollständige Reihe sämtlicher Fähigkeiten auf von Grund aus neue Weise vertieft. Auch der Erwachsene wächst, obgleich er von der Ausbreitung her, die bis dahin mit dem Wachstum ineinsgesetzt wurde, stehenzubleiben scheint. Dort war es die Herausforderung, daß Grenzen überschritten sein wollten, die hierdurch weiterführte, während jetzt die Herausforderung weiterführt, daß Grenzen ernst zu nehmen sind. Wie wesentlich aber und von neuem schöpferisch an diesem bloß scheinbaren Ende des Wachstums sein bewußter Abschluß noch einmal ein Fortschritt, und zwar derjenige Fortschritt ist, dem das Wachstum entgegenwächst, ohne – solange es auf seiner Ausbreitung beharrt – dieser weiterführenden Vertiefung gewachsen zu sein, erweist nicht zuletzt der Blick in eine sich zur Ökophilie bekennende Zukunft, Frucht und Vollendung der folgenden Vorgeschichte.

Oikos, das griechische Haus, wurde mit *nemo*, der Zuteilung des Gebührenden, und *nomeus*, dem guten Hirten, zur *oikonomia* verbunden.[3] Denn Hausen ist mehr als nur Siedeln, nämlich das Wirtschaften von Haushaltungen, diese „Ökonomie" der Familien, Stämme, Staaten und Götter. Auch Zeus, der Gott der Götter, ist ein *oikonomos*: Hausvater und Haushalter in einem. So klingt schon bei Homer auch die *oikophilie*[4] an, Hauspflege bis zur Heimatliebe, und diese Heimatliebe als Haushaltsbetreuung: auf die Bewohner in jedem kleinen und dem großen Heim der Heimat und sowohl die gewinnbringende Bewirtschaftung ihrer Habe als auch die sachgerechte Bearbeitung des Bodens ihres Landes bedacht.

In derselben Weise geht es der biblischen Lehre des Judentums um das Land, wo und weil es ihr um den Menschen geht, beim Hausen stets den ganzen Haushalt vor den Augen. Vom Fremdling, der nicht bedrückt werden darf – denn „ihr wißt, wie dem Fremdling zu Mute ist; seid ihr doch auch Fremdlinge gewesen im Lande Ägypten" (2. Mose 23,9) –, zieht sich ein Bogen zu den Armen des eigenen Volkes, den wilden Tieren des Feldes, die mit dem Land als solchem und mit seiner Landwirtschaft vom Haustier bis zum Hausgesinde mitzuberücksichtigen sind. „Ebenso" – wie mit dem Fremdling, dem Armen und dem Wildtier – „sollst du es mit deinem Weinberg und mit deinem Ölgarten halten. Sechs Tage sollst du deine Arbeit tun, am siebenten Tag aber sollst du feiern, damit dein Rind und dein Esel ruhen, und der Sohn deiner Magd und der Fremdling aufatmen können" (23, 9, 11–12).

Frei zu sein und zum Feiern frei zu sein gilt dem ganzen Haushalt und nicht zuletzt dem ihn tragenden Grund. Was dem Land genommen wird, muß – früher oder später – in dem vollen Ausmaß dessen, was der Mensch sich ihm gegenüber herausgenommen hat, nachgeholt werden. Verstummt das Land, veröden die Städte, heißt es in Bubers Übertragung, vom Menschen verwüstet und um seinetwillen nun Wüste (3. Mose 26,33),

dann feiert das Land,
es schatzt seine Feiern ein.
Alle Tage seines Verstummens wird es feiern,
was es nicht feierte bei euren Feiersitten ...
(26,34)

Was immer zum Haushalt gehört, ist um seiner selbst willen zu hüten, auf daß alle und alles zusammen gedeihen. Wie kein Mensch dauernd zum Dienst gezwungen werden darf, so wenig darf „das Land in die Dauer verkauft werden" (25,23). Und so hat auch das Land sein Recht auf Ruhe: dasselbe Freiheits- und dasselbe Erholungsrecht wie das Tier und jeder Mensch.

Aber im siebenten Jahr
Sei Feier, Feiern dem Land ...
(25,4)

Diese Geschlossenheit des antiken und auch noch mittelalterlichen Haushalts wurde jedoch und mußte gesprengt werden. Umfassendere und in jedem schöpferischen Sinn des Wachstums weiter ausgreifende Fruchtbarkeit

154

erschloß die frühneuzeitliche Aufspaltung in Ökonomie, Ökumene und Ökologie sowie das zu ihr außerdem hinzutretende folgende Nebeneinander. Die Wirtschaft wird zur „Volks"-Wirtschaft der National-Ökonomie, den auf die ganze Menschheit und die ganze Erde bezogenen Universalismen der Ökumene und der Ökologie entgegengesetzt. Wie sich damals auch der Staat, die Wissenschaft, die Kunst und ebenso die Persönlichkeit des Menschen als solche „emanzipierten", ist Ökonomie nun nicht länger die umfassende *oikonomia* der griechischen Überlieferung und biblischen Lehre, sondern nurmehr Wirtschaft in dem Sinn der „Wirtschaftlichkeit" jedes einzelnen Haushalts: um jeden anderen Haushalt wie um jeden anderen Wert unbekümmert.

Gerade so stellt dasselbe sechzehnte Jahrhundert, das mit der Wortprägung der „Ökonomie" die griechische *oikonomia* des ganzen Haushalts nur scheinbar fortsetzt, indem es statt dessen sein Gewinnstreben verselbständigt, mit der Wortprägung der „Ökumene" die Eigenständigkeit der Menschheit heraus, statt sie auch auf die von ihr bewohnte Erde zu beziehen, dem ursprünglichen griechischen Wortsinn gemäß. Weder wird auf die Wirtschaft noch auf diejenigen Wurzeln Rücksicht genommen, die das menschliche Leben an die Natur binden, vom Wasser bis zum Boden und zur Luft und zum Licht. Wie die Wirtschaft zuletzt bloß noch an das Wirtschaften und nicht länger an den Menschen denkt, der hinter ihr steht, bedenkt die Ökumene weder die Ökonomie des Menschen noch seine Ökologie, der Gemeinschaft der Menschen als solcher zugewandt. Den gewiß sinnvollen und notwendigen Aufrufen zur Ökumene ging es und geht es fast ausschließlich um die seelische und geistige Gemeinsamkeit der Menschen, als ob die Seele und der Geist nicht in Körpern hausen würden, die Boden unter den Füßen haben müssen und als Lebewesen von ihrer Wirtschaft und davon abhängig sind, daß die Erde, auf der sie Menschen sein wollen und sollen, bewohnbar bleibt.

Die schließlich diesem Wurzelgrund der Lebewesen nachgehende Ökologie wird sich erst im Jahr 1873 mit diesem neuen Begriff ihrer Eigenständigkeit bewußt und braucht als Wissenschaft dann noch einmal Jahrzehnte, um auch noch das menschliche Leben in den Haushalt der Natur einzubeziehen. Plötzlich jedoch geht es um sie und sogleich nur noch um sie, als ob die zum Widerspruch herausgeforderte Umwelt durch diese Erhebung der Ökologie zum Universitätsfach schon so ausgiebig zur Sprache gebracht wäre, daß die Menschheit und die Wirtschaft hierdurch aller weiteren Verantwortung enthoben seien. Jede andere Wissenschaft und sonstige Wertbeachtung erübrige sich jetzt, meint man, den Ökologen eine anfangs nicht unwillkommene Überschätzung der Möglichkeiten ihrer Wissenschaft. Was jedoch not tut, wenn auch erst und nur deswegen, weil die abgeschlossen ganzheitliche Haushaltsführung des Altertums und des Mittelalters unwiderruflich auseinandergebrochen ist, das ist keine sich absondernde, sondern eine alles umfassende Forschung, jeder Besonderheit – und dem Recht zur eigenen Aussonderung jeder Besonderheit – vorbehaltlos aufgetan: Ökophilie!

Bereits ein Prägungsversuch Homers, vergegenwärtigt die Ökophilie auch den Ursprung der von ihr abschließend zusammengefaßten Entfaltung des Haushalts der Menschheit und des Alls, indem sie außerdem eine bisher kaum verwendete und in keiner Weise abgeschliffene Losung bildet. In ihr Wort kann das Ganze der Welt und mit diesem Ganzen alles eingehen, was die Haus- und Heimatliebe – die auf griechisch und im biblischen Zusammenhang zwar schon einmal das Ganze des Haushalts, aber es noch weitgehend unentfaltet umfaßte – künftig von neuem und als fortan widerspruchsvolle Vielfalt umfassen muß, nachdem die Menschheit die Bewohnerschaft ihres Haushalts geworden ist und die ganze Erde als seinen Boden zur Verantwortung zieht: Umwelt zur Menschheit hinzu, dieser Menschheit ihr Gegenüber.

Unerwartet und ermutigend ist während der sechziger Jahre des zwanzigsten Jahrhunderts der Begriff des „Raumschiffs" – dessen ursprüngliche Zielsetzung die Erweiterung der irdischen Reichweite war – ein zusätzlicher Inbegriff der Vertiefung in die irdische Reichweite geworden. Raumschiffdenken, diese sich zur Ökophilie hinzugesellende Kennzeichnung einer neuen Weltstunde, vergegenwärtigt nicht das, woran zunächst gedacht war, als zur Raumschiffahrt aufgebrochen wurde: die Überschreitung von Grenzen. Raumschiffdenken vergegenwärtigt vielmehr, was sich bei der Verwirklichung der Raumschiffahrt nur zu bald als der wesentliche Kern und die eigentliche Leistung dieser „Eroberung des Jenseits" herausstellte, sobald sie seit 1959 und am 12. April 1961 – als der erste bemannte Raumflug glückte – tatsächlich gelang: die Hinnahme von Grenzen!

Im Raumschiff mit dem in seinen Grenzen Gegebenen auszukommen, diese Vertiefung in die jeweilige Reichweite des jeweiligen Raumschiffs, was auch immer sein Flug jemals erreicht, ist die hier eigentliche, schwerste und wegweisende Leistung. Denn das Raumschiff ist alles, was den Raumfliegern an und im All zur Verfügung steht. Niemals können sie die eigenen Grenzen ihres Raumschiffs überfliegen, sein Flug führe sie noch so weit.

So hat in der Stunde der Ökophilie auch die jetzt gemeisterte Raumschiffahrt – mit der die Menschheit über die Erde hinauswachsen wollte – sich an dieser Erde ihre Heimat erflogen. Dem All bisher immer nur entgegenwachsend, ist aus der erst kindlichen und dann jugendlichen Menschheit des Altertums und des Mittelalters die erwachsene Menschheit der Neuzeit geworden. Gerade auch am Raumschiff, das sie jetzt meistert, wird die Menschheit sich der Meisterschaft, die ihr künftig abverlangt wird, bewußt. Sie selber und sie ganz allein ist für alles das voll verantwortlich, was sie sich dem All gegenüber herausgenommen hat.

3. Eingeforderte Kosten

„Sozialkosten" oder „volkswirtschaftliche" oder „gesellschaftliche Kosten"[5] sind ein weiterer Schlüsselbegriff der endgültigen Anthropologie, vollendeten Neuzeit und künftig herausfordernden Erwachsenheit. Mit dieser neuen Prägung kommt die Ökonomie der Ökologie zu Hilfe, Mahnerin und Helferin so auch der Ökumene und von ihrer Wirtschaft aus – dank der hier zu Ende durchdachten „Wirtschaftlichkeit" – ebenfalls nun Wegbereiterin der Ökophilie.

Was sind „Sozialkosten"? Das sind die von der Wirtschaft auf die Gesellschaft und deren Umwelt, den Naturhaushalt der Menschheit, abgewälzten Kosten, die von ihren Nutznießern nicht selber beglichen werden, denen es nur um den unmittelbaren Gewinn geht, hier und jetzt. Ganz im Dienst des Wettbewerbs der „Wirtschaftlichkeit", ließ und läßt die Wirtschaft des Westens wie des Ostens die Schadensfolgen ihrer Produktion rücksichtslos und immer noch rücksichtsloser außer acht. Daß andere und das All diese „Sozialkosten" tragen müssen und ihre bittere und böse Abrechnung ein nur vorübergehend abgeschobener und zuletzt auch die Wirtschaft wieder mitangehender Rechnungsinhalt bleibt, wurde während langer Zeit – als es noch freien Raum und vor allem, wie man dachte, „Freie Güter" gab – übersehen. Oder zwar eingesehen, seitdem die Endlichkeit des Alls und der Zusammenhang seiner Menschen und ihrer Ökonomie mit der Ökologie dieser Abrechnung nicht länger ausweichen läßt, aber nun verdrängt, um das Wachstum der Wirtschaft nicht bremsen zu müssen.

„Sobald man jedoch", schrieb K. William Kapp schon im Jahr 1950 – dabei allerdings, weil er beispielhaft selbstkritisch vorging, fast nur gegen *The Social Costs of Private Enterprise* gerichtet, diesen Raubbau der Privat- und Marktwirtschaft, als ob nicht die Plan- und Staatswirtschaft demselben Raubbau huldigen würde:

Sobald man jedoch die herkömmlichen Abstraktionen in der Selbstkostenanalyse fallen läßt und die übergangenen Sozialkosten in die Theorie einbezieht, wird klar, daß die vermeintlich wohltätige Ordnungskraft des Wettbewerbsprozesses nichts als ein Mythos ist. Denn wenn die Kosten des Unternehmers nicht die gesamten Produktionskosten darstellen, dann sagt das Preis-Kosten-Kalkül der Wettbewerbswirtschaft nicht nur nichts aus, sondern ist weiter nichts als eine institutionalisierte Tarnung, unter der es dem Privatunternehmer möglich wird, einen Teil der Kosten auf die Schultern anderer abzuwälzen und eine Form großangelegter Ausbeutung zu betreiben, die alles übertrifft, was sich die frühen Sozialisten vorstellten, als sie von der Ausbeutung des Menschen durch den Menschen sprachen ... Der erste Schritt auf eine Neuorientierung der Wirtschaftswissenschaft hin muß eine Rückkehr zur Philosophie sein ... [6]

Eine Rückkehr zur Philosophie, hierunter – wie Kapp wohl meint – die Überwindung der Ausschließlichkeit des wirtschaftlichen Denkens durch seine neuerliche Verbindung mit der Ökologie und der Ökumene verstanden auf dem Weg zur Ökophilie ihrer Einordnung in das zeitgenössische und geschichtliche Ganze der menschheitlichen Welt und der Umwelt als dem nicht weniger rücksichtslos ausgebeuteten Haushalt der Natur: eine solche Rückkehr zur Philosophie kann sogleich zweierlei klären.

Nicht das Wirtschaften als solches, sondern nur dasjenige Wirtschaften, das dem Zwang zum Wachstum verfallen ist, scheut im Dienst – und Götzendienst – der „Zuwachsrate" vor keinem Opfer zurück. Mit diesem Opfer, und das heißt den Schadensfolgen, die der für dieses Wirtschaften wegleitende Glauben an den höheren Sinn und allein maßgebenden Wert des Wachstums rücksichtslos „in Kauf nimmt", wird hier nicht die eigene Rechnung belastet. Den Schaden haben hier die Opfer zu tragen. Und diese Mißwirtschaft ist nichts Neues, fällt aber – und das ist etwas, und zwar etwas umwälzend Neues – künftig ins Gewicht.

Dank der restlos umkreisten Erde und der ebenso restlos umfaßten Menschheit dieser Erde und ihrer neuzeitlichen Erwachsenheit sind jedem Abwälzen des hier angerichteten Schadens Grenzen gezogen. Getanes ist nicht länger und ist niemals wieder bloß Angetanes. Die jeweils verursachten Unkosten oder – wie es in bezug auf die Folgen der Technik in deren Sprache heißt – der „Reibungsverlust" bilden kein Jenseits des einzustreichenden eigenen Gewinns, sondern eine den Täter mitheimsuchende Tat. Auch er selber muß das, was er „geopfert" hat, in dem Diesseits seines, wie es sich jetzt herausstellt, also bloß scheinbaren Gewinns mitbegleichen. Die Stunde der Abrechnung schlage früher, sie schlage später! Auf dem Boden der Neuzeit hat jeder Mensch und die Menschheit mit ihm für das miteinzustehen, was von ihnen angerichtet wurde und wird.

So aber bildet diese Entdeckung der bisher erst unbewußt und dann bewußt abgewälzten Sozialkosten mit ihrem Durchbruch zur künftigen Mitberechnung des bei einem Nutzen jeweils angerichteten Schadens keinen Rückschritt gegenüber früheren Zeiten, sondern einen Fortschritt. Denn so hat jetzt die Überwindung der Mißwirtschaft dieser früheren Zeiten und des eigenen Zeitalters begonnen, voller, wie Goethes *Braut von Korinth* es klagt, „Menschenopfer unerhört!"[7] Indem die Neuzeit das bisher ohnmächtig hingenommene Menschen- und Naturopfer der Sozialkosten in das Bewußtsein hebt, wird zwar die Schuld einer letzten Endes selbstmörderischen Schuldenmacherei sichtbar, an der ganz gewiß und in schrecklichem Ausmaß auch die Neuzeit selber, aber diese Neuzeit nicht allein schuld ist, der nun außerdem das Verdienst der Einsicht zukommt, daß dieser Schuld und jeder Schuldenmacherei Einhalt geboten werden muß und Einhalt geboten werden kann.

Nichts und niemand darf „geopfert" werden! Sklaverei ist unerträglich geworden, der Kriegsschaden eine keineswegs unvermeidliche Katastrophe und die Gesundheitsschädigungen, die – beispielsweise – von Lärm, Gift und Schmutz herrühren, sind verursacht, das heißt ein in Rechnung zu stellender Preis des unter diesen Umständen in keiner Weise mehr „wirtschaftlichen" Wachstums der Wirtschaft. Oder jede Ausnutzung der Frau durch den Mann, des Kindes durch den Erwachsenen oder des Alters durch die Jugend sind unzumutbare Kostenabwälzungen auf die Schultern des jeweils Schwächeren und derselbe anzuprangernde Raubbau, mit dem der Mensch auch die Natur so ausbeutet, als ob er nicht früher oder später für alles das aufkommen müßte, was sein Wirtschaften kostet.

Mag dieser Einblick in die Sozialkosten der Gegenwart und aller Zeiten noch so niederschmetternd sein! Seine Einsicht ist gerade so eine Hinwendung zu künftig besseren Zeiten.

Jeder Mensch zählt, und zwar ausnahmslos jeder Mensch jeden Alters und beider Geschlechter, er sei schwach oder stark, krank oder gesund, so wie selbstverständlich jeder Mensch jeglicher Hautfarbe zählt und jeder Mensch jeden Glaubens, jeden Wissens! Und wie jeder Mensch, so hat die Umwelt des Menschen von der Natur bis zur Kultur ihre eigene Würde und vor allem auch als Natur einen buchstäblich und wortwörtlich unersetzlichen Wert. Ob in der Zukunft die Sozialkosten restlos „internalisiert" werden können, so daß ein Gewinn erst dann kein Verlust und gerechtfertigt wäre, wenn der Schaden, den seine Wirtschaft unvermeidlicherweise anrichtet, in seine Rechnung einbezogen und den von ihm geschädigten Opfern voll vergütet sein würde, oder diese Sozialkosten wenigstens teilweise von der Gesellschaft übernommen werden müssen und dann „externalisiert" bleiben, sind Fragen zweiten Ranges. Der hier gemeisterte Durchbruch zur unverkürzten Mitberücksichtigung der Sozialkosten bleibt in beiden Fällen seine umwälzende Wendung.

Fortan zählt nur das als Gewinn, was ein solcher der ganzen Wirklichkeit gegenüber, und das heißt ein Gewinn nicht bloß scheinbar ist, weil der Schaden, den er kostet, außer acht gelassen wurde. So kommt es, wo bisher nur Erweiterung wichtig war, zur Vertiefung. Nicht nur der Erlös, sondern auch das Opfer fällt ins Gewicht. Dasjenige und allein dasjenige Wachstum ist – künftig – ein solches, das im Gleichgewicht mit dem allen, was es jeweils verbraucht, Frucht und auch denen diese Frucht trägt, ohne deren Saat es nicht Frucht tragen könnte.

Aber es geht, wenn es beim Übergang von der bisher wegleitenden Quantität zur in der Zukunft allein noch vertretbaren Qualität des Wachstums um diese Zukunft geht, nicht nur um sie, sondern auch darum, einen in den Seelen, den Geistern und der Wirtschaft tief verwurzelten Götzendienst erst einmal zu überwinden, mit dessen Preisgabe die Gegenwart, meint diese Gegenwart, ihren eigentlichen Sinn verliert.

Nicht nur die Nachfolge von Adam Smith, sondern auch diejenige von Karl Marx findet sich hier in Frage gestellt. Denn für beide Bahnbrecher bildet das Wachstum in dem äußeren und äußerlichen Sinn der Erweiterung, Ausbreitung und Steigerung der Produktion und ihrer „Einnahmen" den Kern und Beweis der Wirtschaftlichkeit. So baut die Privat- und Marktwirtschaft beim innerstaatlichen Wettbewerb des Kapitals, das daneben auch über die eigenen Staatsgrenzen hinausgreift, auf dieses und nur dieses Wachstum, während die marxistische Plan- und Staatswirtschaft diesem selben Wachstum ebenfalls huldigt. Ihr geht es um den zwischenstaatlichen Wettbewerb, um durch ihn dem Kapitalismus den Rang abzulaufen. Wenn dort Grenzen gezogen werden, hört, so scheint es, die Marktfreiheit auf, bis es mit jeglicher Freiheit, meint man, bald ganz zu Ende sei, während hier – wenn dem plan- und staatswirtschaftlichen Wachstum Grenzen gezogen werden – der Marxismus in der Tat die Möglichkeit verliert, den Kapitalismus jemals ganz „aufheben" zu können.

Aber ist es mit dem Marxismus deswegen schon zu Ende, wenn und weil er seinem kapitalistischen Gegenüber womöglich „nur" ebenbürtig ist? Und hört umgekehrt der Markt schon deswegen auf, eine Wettbewerbswirtschaft zu sein, wenn und weil diese Wirtschaft nun auch dafür verantwortlich gemacht wird, was ihr Gewinn jeweils kostet?

Einmal mehr ist hier die Freiheit für den Widerspruch, diese Freiheit zur Dialogik, der gebotene Schritt weiterführender Aufgeräumtheit nach innen

160

und außen. Mit Ausnahme des Versagens der Unaufgeräumtheit ist nichts und gar nichts zu beseitigen, aber jedem und allem der ihnen zukommende Bereich einzuräumen, auf dessen einem und anderem Boden sie in ihren einander widersprechenden Richtungen zusammen fruchtbar sein können. Ihre Widerspruchsvielfalt ist, wenn sie ausgehalten wird, statt aufgehoben zu werden, als ob das möglich wäre, kein Stillstand, geschweige denn ein Rückschritt, sondern ein Fortschritt: der Fortschritt zum Reichtum und zur Reife der vollständig entfalteten Ganzheit des neuzeitlichen Alls.

Es braucht sie beide, obgleich sie einander widersprechen: die Marktwirtschaft wie die Planwirtschaft und das Unternehmertum wie den Staat. Und braucht beide, obgleich beide einander widersprechen: die Welt des Menschen auf der einen und die Welt der Umwelt des Menschen auf der anderen Seite. Und es braucht sowohl die Ökonomie als auch die Ökologie trotz des Widerspruchs zwischen ihnen und braucht ihnen beiden gegenüber die Ökumene, die ihnen widerspricht, wie sie beide ihr widersprechen. Die Wirtschaftlichkeit ist nicht im Unrecht, weil die Haushälterischkeit auch im Recht ist und die Menschheit ebenfalls recht hat, wenn sie dort nicht das Opfer der Wirtschaft werden will und sich hier ihren Haushalt trotzdem etwas kosten läßt, unter womöglich sogar schweren Opfern.

Der Durchbruch zur künftigen Mitberechnung des bei einem Nutzen jeweils angerichteten Schadens will nicht die Sozialkosten aus der Welt schaffen, ohne die es keine menschheitliche Bewirtschaftung der Welt geben würde, wohl aber ihre Abwälzung beseitigen. Was getan wird, muß verantwortet werden, und das heißt auch, daß nichts angetan werden darf, dessen Opfer bloß den Schaden davonträgt, unentschädigt.

Aber hat nicht die Stunde der „Wegwerfgesellschaft" geschlagen? Bietet sich nicht Reichtum bis zum Überfluß, dessen unvergleichlicher Wohlstand in der Zukunft – in die auch alle jetzt noch Darbenden bald einbezogen sein werden – ausnahmslos allen Menschen und weltweit das erlaubt, was sich bisher nur einige wenige und sie sich bisher nur auf Kosten anderer herausnehmen durften: Verschwendung?!

Zwar wird mit dem Begriff der „Wegwerfgesellschaft" auch so etwas wie ein Vorwurf und zuletzt sogar eine unzweideutige Anklage laut. Aber man hört hier zunächst doch nur die für die Menschheit neue und im Grunde, so will es scheinen, eher schmeichelhafte Bezichtigung heraus, daß ihre neuzeitliche Weltstunde über einen Reichtum entweder schon verfüge oder jedenfalls demnächst verfügen werde, der so reich sei, daß er verschwendet werden kann. Selbst dann, wenn der Tadel im Begriff der „Wegwerfgesellschaft" mitvernommen wird, kommt sein Vorwurf nicht gegen das hier ebenfalls herauszuhörende Selbstlob der Verschwendung auf, die der Mensch an seinen Göttern, Priestern und Königen jahrtausendelang nur immer anstaunen durfte. Nach wie vor wirkt es sich aus, daß der Mensch diese Verschwendung einst maßlos bewundert hat, weil er selber gerade noch mit dem auskam, was er besaß, im günstigsten Fall.

Sich jedoch als „Wegwerfgesellschaft" zu verstehen und sich von dieser Bezichtigung äußerlich anklagen und innerlich schmeicheln zu lassen, erfüllt so zwar einen uralten Menschheitswunsch, dessen neuzeitliche Verwirklichung aber nicht einmal mehr das fortsetzt, was die Verschwendungen der geschichtlichen Vorzeit und bisherigen Weltgeschichte noch weitgehend waren, wenn es bei ihrem Ablauf einmal und für einige wenige tatsächlich zur Verschwendung kam: menschheitliche Kindlichkeit. Auf der Höhe der menschheitlichen Erwachsenheit spricht sich so nur noch Kindischkeit aus. In dieser Weltstunde der ebenso wirklich wie endgültig umkreisten ganzen Erde und umfaßten ganzen Menschheit ist und kann jedes Wegwerfen nurmehr ein Abschieben sein, das die Kosten der eigenen Verschwendung anderen Menschen oder der Umwelt überbürdet, sie opfernd.

Die sogenannte „Wegwerfgesellschaft" ist eine Abschiebgesellschaft, und nichts und gar nichts anderes außerdem. Hier wurden und werden lediglich Schulden gemacht, für die andere aufzukommen haben. Diese abgewälzten Sozialkosten werden aber schließlich auch von denen wieder eingefordert, die sie – und sich hierbei ihres „Wegwerfens" rühmend – bloß abgeschoben haben, und zu einer dann nicht von ihnen bestimmten und ebenso unerwarteten wie ungelegenen Stunde unbarmherziger Abrechnung.

4. Gefordert: Menschen!

Nicht an anderen Menschheiten anderer Sterne, die bloß Ausreden sind, wie die auf diesen Sternen zum Ersatz für den irdischen Raubbau ihrer Herbeischaffung angeblich harrenden Vorräte, sondern an der Umwelt, mit der sie zusammengestoßen ist und in der Zukunft immer noch widerspruchsvoller zusammenstoßen wird, hat die Menschheit ihr Du. Die mit Recht vielgerühmte Weltoffenheit des Menschen, seine „Exzentrizität", mit der er sich von der Gebundenheit des „zentrierten" Tiers abhebt, dessen Umwelt nur nochmals seine eigene Welt ist und sie buchstäblich ausweglos bleibt: diese Weltoffenheit des Menschen ist nicht sein Letztes. Das für ihn Letzte nach dem Vorletzten der Weltoffenheit ist vielmehr die dem Menschen am Widerspruch zur Welt aufgehende eigene Infragestellung durch die Welt als seine

162

eigenständige Verantwortung ihr gegenüber. Die Welt, welche die Menschheit nicht selber ist, ihre Umwelt zieht und darf die Welt der Menschen so zur Verantwortung ziehen, wie nur das Du sein Du in Frage stellen kann, wenn Ebenbürtiges einander begegnet.

So ist die bisher immer nur innerhalb der Menschheit, die in der festen Hut ihrer Kosmologie und Theologie selber noch kindlich und jugendlich war, von einzelnen Menschen errungene und bewährte Erwachsenheit das Schicksal dieser Menschheit geworden. In der Stunde der vollendeten Neuzeit sind ihre Grenzen nicht noch einmal übersteigbare Grenzen, die bloß vorübergehend hingenommen sein wollen, bis die weiter wachsende eigene Kindheit oder Jugend über sie hinausgewachsen sind. Sondern diese Grenzen, jetzt solche bewußter Anthropologie, sind unübersteigbar, so daß sie endgültig hingenommen werden müssen und hierdurch das gerade so noch einmal weiterführende „qualitative Wachstum" eröffnen, eine von neuem schöpferische Bewährung.

Daß jedoch diese Grenzen der nunmehr erwachsenen Menschheit nicht bloß solche sind, die sich die Menschheit selber zieht – die dann im Monolog oder einer Dialektik steckenbliebe als noch einmal einem Monolog –, wird von der sich auf ihre eigene Weise unüberhörbar zu Wort meldende Umwelt verhindert. Was die geträumten, erhofften und tausend- und abertausendfach ausgemalten anderen Menschheiten, die bloß Ausreden darstellen, nicht sind, ist sie: ein der Menschheit leibhaftig widersprechendes Gegenüber. Die Umwelt ist es, welche die Menschheit vor Verantwortungen stellt, die – auf der Höhe der „Dialogik ohne Dialogismus" – diese Menschheit von sich selber aus womöglich nicht kennt, auch zunächst kaum versteht, unter Umständen ungern vernimmt und noch viel weniger gern trotzdem gelten lassen muß.

Aber daß es sich wegen dieser menschheitlichen Erwachsenheit nun für die Individuen erübrige, auch selber erwachsen zu sein, ist wieder bloß deren Ausrede. Zwar kommt dem Menschen der erwachsenen Menschheit deswegen nicht auch schon selber Erwachsenheit zu. Und zwar nimmt sich dieser Mensch sogar sehr viel mehr Unreife heraus, als die Menschen früherer Zeitalter es wagten, da dieser Mensch die Verantwortung, meint er jetzt, der Menschheit als solcher überlassen kann.

Niemals wurde die Kindheit ausgiebiger ausgekostet, als es auf dem Boden der Neuzeit geschieht, zumal der hier bewußt gewordene Übergang zur menschheitlichen Erwachsenheit auch die anderen Lebensalter in das Bewußtsein hebt, bis zurück zum vorgeburtlichen Dasein. Welche Bedeutung und von Grund aus selbständige Eigenart den neun Monaten des gezeugten und der Frühzeit des geborenen Menschen zukommt, steht erst seit wenigen Jahrzehnten fest. Und noch niemals hat die Jugend als ein dem Lebensanfang und der anschließenden Kindheit gegenüber weiteres Lebensalter sich so sorglos selber genossen, und mit Recht. Denn die Erwachsenheit – und die menschheitliche Erwachsenheit, vor deren Hintergrund sich nun auch die anderen Lebensalter „emanzipiert" haben – ist im Unterschied zu dem jeweiligen Fortschritt dieser Lebensalter mit ihrer jeweiligen Aufhebung aller zu ihnen hinführenden Schritte der von Grund aus anders weiterführende Fortschritt sie zusammen einräumender Aufgeräumtheit: bewährte Dialogik.

Solange es auf das quantitative Wachstum ankam, war nicht möglich, was auf der Stufe des qualitativen Wachstums in dieser Stunde der Erwachsenheit nunmehr unausweichlich ist. Jedem Lebensalter und allem überhaupt kann und soll ihr einer und ihr anderer Bereich, die einander widersprechen, zusammen eingeräumt werden!

Anderseits jedoch besteht die Menschheit nur in der Gestalt ihrer Individuen. Das und allein das, was bei ihnen beginnt, hat begonnen. Bringt nicht jeder einzelne Mensch es fertig auch selber erwachsen zu sein, ist die Menschheit, die es als solche ist, trotzdem verloren. Das Ziel der Menschheit kann nur dadurch eingeholt werden, daß ihre Menschen es erreichen, und zwar deren alle, keiner ausgenommen!

Weder können und dürfen die Individuen sich damit zufriedengeben, daß die Menschheit als solche in die Verantwortung hineingewachsen ist, die ihnen selber wegweisend vorschwebt, noch schon dann zufrieden sein, wenn sie nur erst selber zu dieser Verantwortung stehen. Sinn wie Fruchtbarkeit und Freude, Freiheit und Frieden sind nur entweder allen gesichert oder keinem gewiß. Daß es möglich wurde, jedes Lebensalter in seiner Eigenständigkeit zu erfassen, so daß es jedem ermöglicht werden muß, die bloß seinen Jahren reifende Fruchtbarkeit restlos oder jedenfalls so weitgehend auszuleben, als sie keinem anderen Lebensalter seine andere Fruchtbarkeit verwehrt, gründet in der folgenden Voraussetzung. Das und gerade dasjenige Lebensalter muß ebenfalls bewährt werden können und weltweit bewährt werden, dessen persönliche Erwachsenheit dafür verantwortlich zu sein fähig ist, daß es hier und jetzt und künftig menschenwürdiges Leben sowie eine Umwelt gibt, mit der zusammen dieses Leben Frucht tragen kann: hier, jetzt und künftig.

Im Gesichtskreis der menschheitlichen Erwachsenheit kommt es mehr denn je darauf an, daß die Menschen erwachsene Menschen werden, weil es von jedem einzelnen Menschen dieser Menschheit – und von nichts und niemand anderem außerdem – abhängt, daß ihre Welt und die Umwelt ihr gegenüber nicht untergehen, sondern dauern.

Nachwort

1976 zum ersten Mal erschienen, führt die *Freiheit für den Widerspruch* die Dialogik, wie sie Goldschmidt seit den vierziger Jahren entwickelt hat, auf eine entscheidende Weise weiter. Mit dem Begriff des Widerspruchs, der nun als das Prinzip der Dialogik in den Mittelpunkt rückt, gelingt die Vertiefung der Philosophie als Dialogik. Während das Moment des Versöhnlichen, der Begegnung, des schlicht Menschlichen noch Bubers Dialogisches Prinzip bestimmte, kommt mit Goldschmidts philosophischer Aufarbeitung des Widerspruchs als einer Grundproblematik der Philosophie wie auch der menschlichen Existenz überhaupt, das zentrale Thema der Differenz und Andersheit in den Blickpunkt philosophischen Nachdenkens. Differenz und Andersheit werden dabei nicht weiter mehr als bloß menschlich zu vermittelnde Anforderungen verstanden, sondern treten nun als grundsätzlich zu bedenkende und durchzudenkende Herausforderungen der Philosophie selbst auf.

Vermittlungsbemühungen theologischer, politischer und anderer Provenienz stellt sich so auf dem Boden kritischer Philosophie der Widerstand entgegen, der den Widerspruch nicht länger der Jurisdiktion der Logik überantwortet sehen, sondern den translogischen Kern im Begriff des Widerspruchs in philosophisch konsequenter Weise als Problem verstanden wissen möchte. Damit erhält der zunächst noch metaphysisch wirkende Begriff der Dialogik seine dezidiert gesellschaftskritische und politische Dimension. Erschien diese anfänglich mit der Dialogik nur insofern verbunden, als sie andrerseits ebenso auch als apolitische Option abgekoppelt werden zu können schien, so ist mit der Einführung des Begriffs des Widerspruchs die politische Richtung der Dialogik in nicht länger zu übersehender Weise eingeschrieben.

Mit dem Widerspruch als Prinzip und Movens der Dialogik wird nun auch vollends deutlich, daß *dialogisch* nicht weiterhin das Prädikat darstellt, mit dem ein Schmelztiegel von Gegensätzlichkeiten und Widersprüchen bezeichnet würde. Vielmehr bezeichnet *dialogisch* gerade die Spannung, das Unaufgehobene und nicht Aufzuhebende, das im Dialog zum Ausdruck kommt. Der Eintopf sich frei gebender Kommunikation ist genau, was Dialogik als dem Wesen nach zutiefst monologisch moniert. Die Nichtaufhebbarkeit des

Widerspruchs ist Garant dafür, daß die Verschiedenheit und das Konfliktpotential sich widersprechender Forderungen und Ansprüche in ungehinderter Weise zur Sprache kommen können und dabei dialektischen Einebnungsbemühungen der Riegel vorgeschoben wird.

Denkbemühungen, mit dem Widerspruch zu Rande zu kommen, sind dabei ebenso alt wie das Denken selbst. Denken ist von Anfang an Denken in Widersprüchen. Seit Nietzsche wissen wir, daß Denken und insbesondere die Logik als Ausschlußverfahren operieren, die einer kritischen Betrachtung bedürfen. War in der vorsokratischen Zeit für Heraklit der Widerspruch geradezu Prinzip und Anfang von Kosmos, Mensch und Denken, so ist seit Sokrates der Dialog der Ort oder eher der Schauplatz geworden, wo Widersprüche ausgetrieben, oder wenigstens früher oder später diszipliniert, nämlich zum – zuweilen beschämenden – Schweigen gebracht werden.

So wird der Dialog von früh an selbst der Mechanismus und das Medium einwertiger Logik. Und es ist freilich gerade erst dadurch möglich, daß in der Folge der Widerspruch in seiner ganzen Bedeutung deutlich wird. Denn durch die Herausbildung und Entwicklung der Logik wird das Bestreben, mit dem Widerspruch zu Rande zu kommen ein immer prekärer werdendes Unterfangen.

Seit Montaignes Reformulierung der Skepsis und den neuen Herausforderungen zu Beginn der Neuzeit tritt aber der Rand und das dorthin Ausgeschlossene immer unvermittelter hervor. Als Verdrängtes ist es dem Gesetz der Ökonomie der Rückkehr alles Verdrängten unterworfen. Je integrierter die Welt als geographische, politische und erkenntnistheoretisch erschlossene Ganzheit erscheint, desto prekärer wird die Stellung der und des Ausgeschlossenen. Der Widerspruch meldet sich immer unmißverständlicher zu Wort, und das Resultat seiner Verdrängung mit ihren Nebenfolgen an Angst- und Hysteriekosten erscheint zusehends fragwürdiger. Kritische Philosophie erkennt in der Voraussetzung eines vernünftigen Umgangs mit dem Widerspruch die Bedingung ihrer eigenen Möglichkeit.

Mit Kants *Versuch, den Begriff der negativen Größen in die Weltweisheit einzuführen* (1763) beginnt die Ausdifferenzierung von Widerspruch als dem logisch Entgegengesetzten und Widerstreit als dem real Entgegengesetzten. Während logische Widersprüche auf die Endsumme = 0 hinauslaufen, bezeichnet für Kant das, was er als Widerstreit beschreibt, eine Realität, deren Bilanz zwar = 0 sein könne. In diesem Fall aber wäre die Summe 0 der Ausdruck der Resultanten eines höchst aktiven Kräftefelds, dessen gegenläufige Vektoren eine „Realrepugnanz" bewirkten. Das Resultat wäre ein Schwebezustand höchsten Kräfteaustausches. Die „Realentgegensetzung" kann nach

Kant jedenfalls durch den Satz des Widerspruchs weder erklärt noch aufgelöst werden. „Realrepugnanz" hebt sich anders auf als logische Widersprüche.

Mag dies einerseits nur als eine weitere Bestätigung des Satzes vom Widerspruch erscheinen, so signalisiert Kants *Versuch, den Begriff der negativen Größen in die Weltweisheit einzuführen* gleichzeitig die indirekte Anerkennung der Problematik und die Einführung eines Lösungsvorschlages. Auf seine Weise weist dieser die Problematik in ihrer philosophisch zentralen Bedeutung aus. Dies geschieht nämlich, indem Kants Lösungsversuch seiner Lösung die Problematik als Doppelung Widerspruch/Widerstreit integral einschreibt. Von diesem Punkt an bleibt der Widerspruch dem anderen Begriff, nämlich dem Widerstreit als sein anderes aufs engste verknüpft.

Bezeichnet Goethes *Faust* eine geistesgeschichtlich prominente Transformationsstelle innerhalb des Säkularisationsprozesses, und stellt in diesem Rahmen das kritische Spiel mit dem Christentum dar, so erscheint die Gestalt des Mephistopheles als bedenkliche Figur. Der Geist des Widerspruchs behält weiter die moralische Unterschwelligkeit des Bösen und Verworfenen, die er schon immer in absoluten Systemen hatte. Die ganze Maschinerie teuflischer Lustigkeit verhilft nicht darüber hinweg, daß der Geist des Widerspruchs das Gute nur wider Willen – aufgrund seines Bösen – schafft (nach Kants Bestimmung, die im Willen zum Guten das Gute sieht, also gerade nichts wirklich Gutes schafft). Das ist schon metaphysische Verklärung dessen, was für die Aufklärung politische Frage praktischer Philosophie war. So hält Moses Mendelssohn etwa fest: „In jeder Republik ist der Geist des Widerspruchs nicht nur eine notwendige Folge, sondern öfters auch eine heilsame Stütze der Freiheit und des allgemeinen Wohlstandes."[1]

Es hatte eben der entspannten, theologie- und metaphysikkritischen Stimmung des 17. Jahrhunderts bedurft, um Kritik und Widerspruch zu entdämonisieren und als die eigentlichen Agenten des Geistes der Republik und der Freiheit überhaupt, der Selbstbestimmung und der neuzeitlichen Politik einzuführen. Aufgrund der grundsätzlichen Neuorientierungen in Metaphysik und Erkenntnistheorie von Hobbes und Descartes wies Spinoza gerade in der Denkfreiheit, die für ihn mit der Freiheit der Meinungsäußerung eins ist, die prinzipielle philosophische Bedeutung nach, welche die Freiheit zum politischen Widerspruch als Garanten dieser wie jeder Freiheit darstellte.

Daß es mit der Wahrheit und Vernunft deshalb nicht ganz so eindeutig bestellt sein mochte, stellte Pierre Bayle dann am Ende des 17. Jahrhunderts fest. Der Widerspruch liegt für ihn schon in der Vernunft selbst: „On s'abuserait grossièrement si l'on croyait que notre raison est toujours d'accord avec elle-même ..."[2]

Die Antinomie, nämlich der Widerstreit der Vernunft mit sich selbst, erhält dann bei Kant ihre erstmals kritische Darstellung. Für Kant besteht der Ausweg aus dieser Antinomie darin, die Vernunft selbst einer strengen Kritik zu unterwerfen. Das heißt, daß die Zuständigkeitsbereiche der Vernunft neu bestimmt werden müssen. Diese sind für Kant bestimmt durch die Grenzen möglicher Erfahrung. Sein streng kritisches, das heißt auf das Prozedere der Erkenntnisproduktion reflektierendes Verfahren erkennt zwar so die Problematik der Antinomie der Vernunft, schließt sie aber zugleich in einem präzis definierten, das heißt begrenzten Vernunftbegriff ein. Dagegen revoltiert Hegel. Für ihn wird die Vermittlung des Widerspruchs von Absolutem und Reflexion auf dieses zur Aufgabe der philosophischen Reflexion[3]. Seine erste Habilitationsthese lautet: „Contradictio est regula veri, non contradictio falsi." (Der Widerspruch ist der Maßstab des Wahren, der Nicht-Widerspruch der des Unwahren).[4]

Sein bewußtseinsphilosophischer Zugang jedoch treibt diese Einsicht in eine Dialektik hinein, die in dem Moment, in dem sie über Kants enge Grenzen des Vernunftbegriffs hinausgeht, sich in den Raum reiner Spekulation begibt. Dort gelten allein die Regeln des freien Spiels des Bewußtseins. So zumindest denkt sich dies das Bewußtsein, das sich nun als Geist geben muß, um seinen Anspruch einlösen zu können. Auf den Schein dieser Hypothek lebt der Geist. Und darin besteht auch seine Problematik.

In einem Gespräch mit Goethe bestimmt Hegel einmal die Dialektik „als de(n) geregelte(n), methodisch ausgebildete(n) Widerspruchsgeist"[5]. Aber es ist gerade diese Disziplinierung auf das Dreischritt-Schema und seiner mit regelmäßiger Pünktlichkeit eintretenden, den Widerspruch versöhnenden, Aufhebung, die ein neues Problem schafft, indem sie ein altes – scheinbar – beiseite schafft. Wollte Marx Hegel vom Kopf auf die Füße stellen und die dialektische Methode das Gehen, wenn nicht Marschieren lehren, so erhielt zwar Hegels Philosophie ihr volles emanzipatives Potential. Im selben Maße aber traten auch ihre eigenen Grenzen in der Folge deutlicher hervor.

Adornos *Negative Dialektik* suchte dem Abhilfe zu verschaffen. Seine Absage an eine einmal definitiv zu erreichende Aufhebung reformulierte den Begriff der Dialektik in kritisch radikaler Weise von innen her. Dies mußte zur Paralyse, wenn nicht zur Implosion der Dialektik führen. Das unerbittliche Verdikt, welches Adornos Resistenz gegen jeden Vermittlungsversuch in aller Strenge aussprach, ist dabei dialektisch ebenso konsequent, philosophisch stringent, wie es letztlich selbst problematisch werden muß. Denn die vollständige Begriffssperre unterläuft Adornos eigenen Ansatz und droht in sein Gegenteil umzuschlagen.

Derrida sieht schon in Hegels Begriff des Widerspruchs selbst die Tendenz zur schlechten Aufhebung. Der Widerspruch steht so schon von Anfang an bei Hegel in Gefahr, bloße Funktion für die Aufhebung in der Dialektik zu sein. Darum zieht Derrida es vor, statt von Widersprüchen als dialektischen Theoriepräparaten von Konflikten aufeinander prallender Kräfte *(conflits de forces)* zu sprechen. An die Stelle von Hegels Gebrauch des Widerspruchs tritt bei ihm der „Nicht-Begriff" der *Différance,* der sich nicht weiter unter den Begriff des logischen Widerspruchs subsumieren läßt, sondern das Moment des Konfliktes und des Widerspruchs in nicht mehr weiter zu reduzierender Weise als solche beläßt.[6]

Insofern die Geschichte des Satzes vom (ausgeschlossenen) Widerspruch immer über die Logik abgehandelt wird[7], vermag sie zwar, und immer genauer, die Phasen ihrer Entwicklungsgeschichte benennen. Sie vermag jedoch den axiomatischen Charakter dieses Satzes nicht anders als technisch zu überprüfen. Ihre Diskussion muß deshalb notwendigerweise ins Leere hinauslaufen. Solange dem systematischen Ansatz die historische Dimension entgeht, solange bewegt sich auch jede Frage nach einer Definition des Widerspruchsbegriffs auf der Oberfläche. Nietzsche hat dieses Problem genau beschrieben: „[A]lle Begriffe, in denen sich ein ganzer Prozeß semiotisch zusammenfaßt, entziehen sich der Definition; definierbar ist nur Das, was keine Geschichte hat."[8] Aus diesem Grund greifen alle rein definitorisch operierenden Versuche zu kurz. Sie prätendieren, daß eine rein systematische Analyse, wenn es sie denn gäbe, ein Begriffsverständnis ermögliche. Ein solches bewegt sich aber immer schon innerhalb eines historischen Vorverständnisses. Geschichte, und dies trifft für die Geschichte der Philosophie nicht weniger zu, ist immer schon auch ihre eigene Philosophie ihrer Geschichte. Philosophie präsentiert deshalb in ihrer Darstellung auch immer ihre eigene Geschichtsdarstellung mit.

Goldschmidts *Freiheit für den Widerspruch* setzt an diesem Punkt ein. Nur ein Durchschreiten der ganzen Weite menschlicher Mehrdimensionalität in Natur und Geschichte vermag philosophische Reflexion dazu führen, die Problematik des Widerspruchs als philosophisches Problem – und nicht nur als eines der Logik allein – in seiner historischen Vernetztheit zu durchdenken. Dies ist es, was sich die *Freiheit für den Widerspruch* zur Aufgabe setzt. Sie tut dies nicht, indem sie im historischen oder philosophiehistorischen Durchgang die Mechanik dieses Prozesses in seinen Einzelentwicklungen aufwiese. Vielmehr geht es zunächst einmal darum, in philosophischer Arbeit die Koordinaten philosophiegeschichtlicher Entfaltung aufzuzeigen. Die Einsicht, daß der Begriff des Widerspruchs, soll er kritisch betrachtet werden, nicht mehr als bloß logischer begriffen werden kann, wird dabei zur impliziten Forderung. Aus dem lebensweltlichen Erfahrungsraum stammend, geht der Begriff erst in abgezogener Form in die Logik ein. Seine praktischen und politischen Konnotationen aber weisen auf eine ungleich umfassendere Komplexität, welche logische Erklärungsmuster, in Begriffssprache konvertiert, in Gefahr sind, verlieren zu müssen. Es sind aber gerade die lebensweltlichen Implikationen und Vernetzungen des Widerspruchsbegriffs, die seine tieferen Motivationen ausmachen. In der *Freiheit für den Widerspruch* bringt Goldschmidt diesen Komplexknäuel in seiner unverkürzten Problematik auf klar verständliche Weise zur Sprache. Die außerordentliche Lesbarkeit des Buches erklärt sich vielleicht nicht zuletzt gerade aus seiner philosophisch meditativen Qualität. Die Abstraktionsgewalt der Schulphilosophie, die sich alles und jedes unverrückbar an seinen vorgedachten Ort gestellt denkt, ist der *Freiheit für den Widerspruch* ebenso fremd wie der Reduktionszwang aufs eine Prinzip, dessen Denkrigorismus sich noch munter vorstellt, die Welt in ihrer Mannigfaltigkeit lehrbuchgerecht zurichten zu können. Vielmehr sind die Gegenwartsprobleme auf ihre philosophische Bedeutung hin grundsätzlich zu durchdenken. Die alltäglichen Widersprüche von Natur und Technik, Mann und Frau, Alter und Jugend, Rassen-, Klassen- und politischen Konflikten, das heißt der Widersprüche unserer wirklichen Welt, treten hier in ihrer ganzen Dringlichkeit vor Augen. In ihrem lebensweltlichen und konkret existentiellen Kern verweisen sie auf die zutiefst philosophische Problematik der Moderne und Postmoderne. Die Alltäglichkeit dieser Widersprüche in ihrer prinzipiellen Problematik zu erkennen, und dabei die Sachzwangästhetik des Grau-in-Grau auf seine ideologische Abgestandenheit hin kritisch zu durchleuchten, das heißt diese Widersprüche als wirkliche und produktive Widersprüche zu erkennen, darin erweist sich aber die Lebendigkeit des Denkens selbst. Hierin ist auch der Grund für die Lesbarkeit dieses Buches zu finden. Sie ergibt sich aus der Einsicht, daß Widersprüche in ihrer ganzen Bedeutung ernst genommen, den Blick immer nur schärfen, das Verständnis nur vertiefen können. Die Unverstelltheit des Gedankens erweist sich so als die der Philosophie selber.

Willi Goetschel

Anmerkungen

I. Entdeckung des Widerspruchs

1 JOSEPHUS, Gegen Apion, X, 22.
2 PLATON, Apologie, 20 St. ff.
3 PLATON, Der Staat, VII, 533 St.
4 Ebenda.
5 PLATON, Philebos, 16/17 St.
6 PLATON, Der Staat, VII, 539 St.

II. Vergessener und übersteigerter Widerspruch

1 Vgl. GOLDSCHMIDT, Dialogik, Philosophie auf dem Boden der Neuzeit, 1964, 163/65.
2 Dante ALIGHIERI, Die Göttliche Komödie, III, 33.
3 Peter WUST, Gesammelte Werke, III, 2, 338.
4 Ebenda, 397f.
5 AUGUSTINUS, Vom Gottesstaat, XI, 18.
6 Nicolaus VON CUSA, Über den Beryll, XXI.

III. Widerspruchs-Verdrängung

1 Johann Wolfgang GOETHE, Faust, Zweiter Teil, II, 1.
2 ARISTOTELES, Metaphysik, IV, 3. Vgl. GOLDSCHMIDT, Werkausgabe, Band 1, Wien 1993, 192f, sowie Dialogik, Philosophie auf dem Boden der Neuzeit, 138f.
3 Franz VON BAADER, Fermenta Cognitionis, I, Vorwort, in: Gesammelte Werke, II, 1851, 141.
4 Arthur SCHOPENHAUER, Die Welt als Wille und Vorstellung II, 41. (Großherzog Wilhelm Ernst Ausgabe, 1258).
5 HEGEL, Vorlesungen über die Philosophie der Geschichte, Einleitung, IIa.
6 Karl MARX, Das Kapital, Vorwort zur 2. Auflage 1873.
7 Ebenda.
8 Mao TSE-TUNG, Über den Widerspruch (April 1937), Peking 1970, 17, 27f, 36f.
9 Ebenda, 1.
10 Ebenda, 16f.
11 Mao TSE-TUNG, Über die Praxis (Juli 1937), Schluß.

12 Mao TSE-TUNG, Über den Widerspruch, 70.
13 Ebenda, 62f.
14 Bertolt BRECHT, Arbeitsjournal 1938-1955, II, 1973, 813.
15 Martin HEIDEGGER, in: Neue Zürcher Zeitung vom 21.9.1969, Nr. 579.

IV. Versuchte Abwälzung

1 LENIN, Werke, Berlin 1959, XXXI, 414.
2 Theodor HERZL, Tagebücher, I, 1922, sowie Der Judenstaat, 1896, Einleitung.
3 HERZL, Tagebücher.
4 Sigmund FREUD, Das Unbehagen in der Kultur, 1930, III.
5 Ebenda, VIII am Schluß.
6 Vgl. GOLDSCHMIDT, Weil wir Brüder sind. Biblische Besinnung für Juden und Christen, Stuttgart 1975, 43ff.
7 Adrien TUREL, Und nichts fiel auf ein gut Land, 1958, 363; Splitter, 1961, 23.
8 GOLDSCHMIDT, Dialogik, Philosophie auf dem Boden der Neuzeit, 7f.
9 TUREL, Generalangriff auf die Persönlichkeit und dessen Abwehr, 1955, 2; vgl. hierzu auch GOLDSCHMIDT, Dialogik, Philosophie auf dem Boden der Neuzeit, 20.

V. Versuchte Unterdrückung

1 GOLDSCHMIDT, Dialogik, Philosophie auf dem Boden der Neuzeit, 16.
2 Ebenda, 17.
3 Karl MARX, Der achtzehnte Brumaire des Louis Bonaparte, 1852, 7. Teil.
4 Ernst BLOCH, Erbschaft dieser Zeit, Zürich 1935, 58f, 69, 81f, 84. Gesamtausgabe, IV, 1962, 68f, 104, 116f, 118f.
5 Friedrich SCHILLER, Wilhelm Tell, 11, 1.
6 Theodor ADORNO, Erziehung zur Mündigkeit. Vorträge und Gespräche mit Hellmut Becker, 1959-1969. Hrsg. von Gerd KADELBACH, 1970, 153.
7 Vgl. GOLDSCHMIDT, Haltet euch an Worte: Im Ganzen! Betrachtungen zur Sprache, Schaffhausen 1977.

VI. Versuchte Beseitigungen

1 Herbert MARCUSE, Der eindimensionale Mensch, 1967, 261.
2 Ebenda, 266.
3 Vgl. GOLDSCHMIDT, Schuld in der Sicht des Judentums (Weltgespräch 6: Schuld und religiöse Erfahrung), Freiburg/Br. 1968, 21ff.
4 Robert JUNGK, Die Zukunft hat schon begonnen, 1952.
5 Adrien TUREL, Von Altamira bis Bikini, die Menschheit als System der Allmacht, 1947, 91.
6 TUREL, Generalangriff, 61ff.

7 Hans ALBERT, Traktat über kritische Vernunft, 1968, 43.
8 Karl R. POPPER, Logik der Forschung, 4. Auflage 1971, 59.
9 ALBERT, Traktat über kritische Vernunft, 43.
10 GOLDSCHMIDT, Dialogik, Philosophie auf dem Boden der Neuzeit, 97ff.
11 Friedrich NIETZSCHE, Der Wille zur Macht, Vorrede, § 2.
12 Ebenda, § 24.
13 Ebenda, § 112.
14 Ebenda, § 28.
15 Ebenda, § 23.

VII. Widerspruchs-Herausforderung

1 Leo N. TOLSTOI, An die Arbeiter, Leipzig 1903, 32ff.
2 Ebenda, 3.
3 Zit. bei Derrick LEON, Leo N. Tolstoi, Zürich 1946, 108.
4 Max STIRNER, Der Einzige und sein Eigentum, Zweite Abt., II, 2, Reclam Ausgabe 1892, 259.
5 PROUDHON, Bekenntnisse eines Revolutionärs, 1849, XV, XXI.
6 STIRNER, Der Einzige und sein Eigentum, Zweite Abt., II, 2, 259.
7 Ebenda, 260.
8 Ebenda, 260, 274f.
9 Ebenda.
10 Ebenda, 304.
11 Michail BAKUNIN, Gott und der Staat, in: Gesammelte Werke, Berlin 1921-1924, I, 182f.
12 Peter KROPOTKIN, Worte eines Rebellen, Wien 1924, 174f.
13 James JOLL, The Anarchists, 1964, 223.
14 MARCUSE, Der eindimensionale Mensch, 267f.
15 Ebenda.
16 MARX, Das Kommunistische Manifest, I. Teil.
17 Michail BAKUNINS sozial-politischer Briefwechsel mit Alexander HERZEN und OGARJOW, Stuttgart 1895, XLIIf.

VIII. Widersprüche der Freiheit

1 Vgl. Kurt GOLDAMMER, Der Mythus von Ost und West. Eine kultur- und religionsgeschichtliche Betrachtung, München 1962.
2 ARISTOTELES, Politik, I, 3–7.
3 GOETHE, Was wir bringen, Lauchstädter Fassung, XIX.
4 NIETZSCHE, Also sprach Zarathustra, I, Vom Wege des Schaffenden.

IX. Der unausweichliche Widerspruch

1 PLATON, Der Staat, III, 407 St.
2 Giambattista VICO, Neue Wissenschaft von der gemeinschaftlichen Natur der Völker, Erstes Buch, 3. Abt.
3 Vgl. Martin HEIDEGGER, Der Spruch des Anaximander, in: Holzwege, 1950, 296ff.
4 Medizin statt Gesundheit?, in: Brennpunkte 3/1975, Publikation des Gottlieb-Duttweiler-Instituts, Rüschlikon, 127ff.
5 Max SCHELER, Die Stellung des Menschen im Kosmos, 1928, 65f. Vgl. GOLDSCHMIDT, Von der Kunst, schöpferisch nein zu sagen. Das Landvolk, Baden, Juli-Oktober 1975 (Nr. 7–10).
6 Ebenda.
7 HEIDEGGER, Anaximander, 296 ff.
8 GOLDSCHMIDT, Qualitatives Wachstum: Slogan? Mythos? Chance?, in: Verein für freies Unternehmertum-Bulletin, Zürich, Nr. 93, September 1973, 6.
9 GOLDSCHMIDT, Vorlesung über die *Philosophie der Gesellschaft*, Ungedruckte Vervielfältigung der Volkshochschule Zürich, 17. 1. 1974.

X. Der unannehmbare Widerspruch

1 GOLDSCHMIDT, Schuld in der Sicht des Judentums, 21ff.
2 Hermann COHEN, Religion der Vernunft aus den Quellen des Judentums, 2. Auflage 1928, 214.
3 GOLDSCHMIDT, Schuld in der Sicht des Judentums, 21ff.
4 GOLDSCHMIDT, Weil wir Brüder sind, 103ff.

XI. Freiheit für den Widerspruch!

1 Herbert LÜTHY, Nach dem Untergang des Abendlandes, 1964, 404.
2 HEGEL, Wissenschaft der Logik, I, 1, 1, C, 3.
3 GOETHE, Legende. Sämtl. Gedichte, II, Artemis 1953, 109.

XII. Im Widerspruch zur Welt

1 René DESCARTES, Discours de la Methode VI, 1637, 2.
2 Vgl. Adrien TUREL, Die Eroberung des Jenseits, Berlin 1931; Von Altamira bis Bikini, die Menschheit als System der Allmacht, Zürich 1947.
3 Vgl. Ferdinand WAGNER, Das Bild der frühen Ökonomie, Salzburg 1969.
4 HOMER, Odyssee, XIV, 223.
5 K. William KAPP, Volkswirtschaftliche Kosten der Privatwirtschaft, 1958, 12.
6 Ebenda, 201.
7 GOETHE, Sämtliche Gedichte I, Artemis 1950, 154.

1 Moses MENDELSSOHN, Über die Evidenz, Schluß des 2. Abschnitts.
2 Pierre BAYLE, zit. bei Rudolf EUCKEN, Bayle und Kant, in: ders., Beiträge zur Einführung in die Geschichte der Philosophie, Leipzig 1906, 91.
3 G. W. F. HEGEL, Differenz des Fichteschen und Schellingschen Systems der Philosophie, in: Werke, Band 2, Frankfurt a. M. 1968, 25.
4 HEGEL, Band 2, 533.
5 Johann Peter ECKERMANN, Gespräche mit Goethe, Zürich 1948, 669f.
6 Jacques DERRIDA, Positions, Paris 1972, 60; vgl. auch Différance, in: Randgänge der Philosophie, Wien 1988.
7 P. STEKELER-WEITHOFER, Stichwort „Satz des (ausgeschlossenen) Widerspruchs" und „Satz vom ausgeschlossenen Dritten", in: Historisches Wörterbuch der Philosophie, Band 8, 1993, 1202-5 und 1198–1202.
8 Friedrich NIETZSCHE, Genealogie der Moral II, §13, in: Kritische Gesamtausgabe, Band 5, hrsg. von G. COLLI und M. MONTINARI, Berlin/München 1980, 317.

Bibel

Namen

Passagen Verlag
Eine Auswahl

Max Brod im *Kampf um das Judentum*
Zum Leben und Werk eines
deutsch-jüdischen Dichters aus
Prag
Von Claus-Ekkehard Bärsch

Wie nicht sprechen
Verneinungen
Von Jacques Derrida

Schibboleth
Für Paul Celan
Von Jacques Derrida

Philosophie als Dialogik
Frühe Schriften, Werke I
Werkausgabe in neun Bänden
Hg. von Willi Goetschel
Von Hermann Levin Goldschmidt

Erstickte Worte
Von Sarah Kofman

Ethik und Unendliches
Gespräche mit Philippe Nemo
Von Emmanuel Lévinas

Heidegger und ''die Juden''
Von Jean-François Lyotard

Verfolgung und Trauma
Zu Emmanuel Lévinas' *Autrement qu'être ou au-delà de l'essence*
Von Elisabeth Weber

Dialogdenken --
Gesellschaftsethik
Wider die allgegenwärtige Gewalt
gesellschaftlicher Vereinnahmung
Von Angelica Bäumer/Michael
Benedikt (Hg.)

Gelehrtenrepublik -- Lebenswelt
Edmund Husserl und Alfred
Schütz in der Krisis der
phänomenologischen Bewegung
Von Angelica Bäumer/
Michael Benedikt (Hg.)

Randgänge der Philosophie
Von Jacques Derrida

Die Wahrheit in der Malerei
Von Jacques Derrida

Positives Paradox
Entwurf einer
neostrukturalistischen
Religionspädagogik
Von Bernd Beuscher

Heidegger. Sein und Wissen
Eine Einführung in sein Denken
Von Rudolf Brandner

Warum Heidegger keine Ethik
geschrieben hat
Von Rudolf Brandner

Was ist und wozu überhaupt --
Philosophie?
Vorübungen sich verändernden
Denkens
Von Rudolf Brandner